U0908828

思维导图法
应用宝典

（修订版）

孙易新 著

浙江人民出版社

图书在版编目（CIP）数据

思维导图法应用宝典 / 孙易新著. -- 修订本. --
杭州 : 浙江人民出版社, 2020. 5
ISBN 978-7-213-09671-6

Ⅰ. ①思… Ⅱ. ①孙… Ⅲ. ①思维方法 Ⅳ. ①B80

中国版本图书馆CIP数据核字（2020）第035551号

浙江省版权局
著作权合同登记章
图字：11-2019-382号

思维导图法应用宝典（修订版）

孙易新　著

出版发行：浙江人民出版社（杭州市体育场路 347 号　邮编：310006）

市场部电话：（0571）85061682　85176516

责任编辑：徐　婷

特约编辑：赵　霞

营销编辑：陈雯怡　陈芊如

责任校对：陈　春

责任印务：聂绪东

封面设计：琥珀视觉

电脑制版：北京唐人佳悦文化传播有限公司

印　　刷：北京阳光印易科技有限公司

开　　本：710 毫米 ×1000 毫米　1/16　　印　　张：22

字　　数：306 千字　　插　　页：1

版　　次：2020 年 5 月第 1 版　　印　　次：2020 年 5 月第 1 次印刷

书　　号：ISBN 978-7-213-09671-6

定　　价：88 元

如发现印装质量问题，影响阅读，请与市场部联系调换。

目　录

推荐序 1

跟孙易新一起学思维导图法

Mickey shares with you a wonderfully comprehensive introduction to the background of Mind Maps and even more importantly the many-fold applications of them -'Mapplications'- as I like to call them.

Enjoy as Mickey takes you through the serious and deeply helpful uses to the infectious and fun!

Follow along with Mickey,he is an expert and passionate about sharing how they can improve your life.

译：孙易新老师通过本书，与思维导图法应用者全面地分享了许多绝妙的思维导图法的背景知识与实际应用案例。

尽情享受书中一系列严谨且深入的思维导图法的相关知识吧！您将会感受到它对您的帮助，同时您也会乐在其中！

孙易新老师是一位能够带领大家提升生活质量的专家。让我们以他为师吧！

凡达 · 诺斯

英国 Mind Chi 培训机构创办人

英国博赞中心共同创办人、前首席执行官

推荐序 2

打通职场达人任督二脉的“人间道”

工作内容太多、太杂导致时间不够、脑力不足、信心不佳，这是很多上班族的现状。自从 13 年前接触了思维导图法（Mind Mapping），我的工作效率提高了，职业生涯变得顺利了，我也感受到了生活上的许多快乐。

2000 年左右，我担任惠普科技的产品经理，那时，我的工作内容包括产品定位、价格策略、渠道拓展、营销策划、活动开展等，十分复杂。当时，我觉得事情多，工作如一团乱麻，时间不够用。于是我就想，连电饭锅都有说明书，大脑也应该有说明书吧！有没有什么方法能让大脑高效运转，让我迅速把各种事情条理化、结构化呢？

我上网搜索相关课程信息，发现各方专家推荐最多的就是思维导图法。我便毫不犹豫地报名参加了孙易新老师的培训课程，并一路深度钻研，最后不但获得了“孙易新思维导图法”的讲师资格，还让我的工作能力因此得到大幅提升，在职场上几乎无往不利。

思维导图法的好处包括以下几个方面。

瞬间消化大量信息，一次抓住所有重点

思维导图长得像章鱼，要解决的问题和要实现的目标是章鱼头，然后从中“长”出若干章鱼须。过去，职场人士既是信息发送者，也是信息接收者，现在，还要充当信息消化者的角色。在这个信息泛滥的时代，看电视、上网、收电子邮件、读杂志，我们几乎在不停地接收信息，被各种信息追着跑。在这种状况下，人们主动产生想法与创

意是很困难的。因此，我必须找到让大脑同时处理很多信息的方法。

我觉得思维导图法是一种懒人成功术。我喜欢 work smart、work happy（有技巧地工作、开心地工作），不喜欢 work hard（死板地工作），我认为 work hard 的人可能不会成功。多数职场人士都是今天就做今天的事，明天就做明天的事。如果我们提升自己消化处理信息的能力，就能提早做计划，在今天做明天的事。大脑变得强大了，时间管理的能力自然就会变强。

举例来说，有一次，我要接受电视新闻记者的采访，介绍我们的打印机，但新闻画面出现的时间大概只有几秒钟，那么，在这么短的时间里，如何把重点一次说清楚对我来说是很大的挑战。

我用快速整合的方式，先在大脑中整理出打印机“省空间、省电、省纸、省钱”这四个重点，再找出支持这四个重点的内容。那天记者采访时，原本记不住那么多关于产品内容的我，根据这四个重点，很快就掌握了受访内容结构，记者也能马上跟随我的思路进行采访，当晚的新闻也是根据这个采访内容播出的。

电视新闻记者很辛苦，一天要跑好几个采访，我能帮他节省时间，也就等于帮助自己提高了效率。

团队沟通、简报、学习样样通

这套方法同样适用于团队内部的沟通。我所在的部门负责惠普 PC（个人计算机）、NB（笔记本包）、平板电脑、打印机等在台湾地区的市场规划，这是非常庞杂的任务。要如何化繁为简？其实，就是将其结构化、简单化。

在我们的业绩报告会上，每位同事只报告三件事：销售数字、未来业绩设定、最近主要的促销活动。每个人都只讲这三点即可，不必报告无关的信息。我也常跟下属开玩笑：“能不能在电梯从一楼升到十楼的时间内，把你的方案用三个重点跟我说清楚？”这些都是思维导图法的训练，也是孙易新老师经常强调的“善用思维导图法进行 one page report,one page control（一张纸内汇报，一张纸内掌控全局）”的精髓。

用思维导图法打通任督二脉

职场的能力等级可分为“不会、会、熟、精、通”五个。在工作中，多用思维导图法思考，能用简单的话把复杂的观念、知识说清楚，才是对工作内容真正的融会贯通，也唯有如此，你的职场能力才能达到精与通的等级。

对我来说，学会运用思维导图法就像金庸小说里的张无忌学会了九阳神功，从此打通了任督二脉，学什么都很快。通过思维导图法，我不仅能够快速整理自己的想法，而且学什么东西都很快，因为我能快速抓住重点。比如钢琴、塔罗牌、魔术等，我都能在很短的时间内学会，它们也为我的生活增添了许多乐趣。

我非常感谢孙易新老师，他从英国引入了这门改变我一生的课程，并著书推广思维导图法，惠及大众。我常想，孙老师可以不辞辛苦地去英国“取经”，成就别人，为何我们就不能花点时间成就自己呢？

孙老师曾说，教育是让人从“不知道”变成“知道”的过程，是一种“心法”；训练是让人从“不会”变成“会”的过程，是一种“技法”。思维导图法就是一种生活的心法或技法。你若细细品味，加以训练，它便能打通你思考的任督二脉。

依我看，思维导图法不只是一种心法或技法，更是一种道，一种可以让人安然处世的“人间道”。

陈国钦

惠普科技（HP）台湾地区前副总经理

自 序

出版缘起

2012年10月27日，我应邀到台湾地区的板桥高中和一群热爱学习的学生分享如何用思维导图法提升学习能力。当时，我询问了参与研习的学生："在小学或初中阶段，学校老师有使用思维导图法作为辅助教学的请举手!"没想到居然有三分之一的学生举手了。当然，也不能就将这一调查结果推论成台湾地区已经有三分之一的老师在用思维导图法辅助教学了，但是，从中确实可以看出思维导图法正在普及。

每当听到有人得益于思维导图法而顺利通过各种考试，或在职场上事半功倍时，我除了感到欣慰之外，还产生了一种继续努力的使命感。

孩子快乐学习、主动学习，获得优异的学习成绩，是每一位家长与老师的愿望。然而，孩子每天要写一大堆作业，如何快乐得起来呢?

自1989年学习了被誉为"大脑的瑞士刀"的思维导图法，从小学到高中，因为阅读障碍而成绩非常不理想的我，竟然顺利通过了多项重要考试，我还获得了三个硕士学位，完成了台湾师范大学博士班的课程。因为我拥有二十几年实际应用思维导图法的成功经验，所以，我希望以专业、务实的态度，带领读者进入思维导图法的学习中。

从1997年起，我正式将思维导图法的课程自英国博赞中心（Buzan Centres）引入中国，并开始推广、教学。我发现，思维导图法原创者东尼·博赞（Tony Buzan）写作出版的一系列思维导图法的相关书籍中多数是介绍思维导图法多么好用、可以用在哪些领域的内容，也就是说，大多是属于 know what（事实知识）的内容，而很少说明为什么要这么做，以及如何做，也就是说，欠缺 know why（原理和规律知识）及 know how（技能知识）的内容。因此，东尼·博赞的思维导图法被维基百科描述为“伪科学”。

所谓伪科学，是指不符合科学方法基本要求的知识、方法论或实践经验的“科学”。我身为英国博赞中心全球第一位华人认证讲师，肩负着在华人世界推广思维导图法的使命。为了让思维导图法的教学与学习更符合科学方法的要求，十几年来，我除了教学工作之外，还进入台湾地区的实践大学企业创新发展研究硕士班及台湾师范大学社会教育研究所硕士班与博士班进修，力求对思维导图法做更深、更广的研究。读博期间，我为了梳理出思维导图法的理论脉络，追随李明芬教授、李瑛教授、林振春教授、洪仁进教授、黄明月教授等，深入研究学习与教学理论、教育社会学、教育哲学与教育心理学，阅读并钻研了一百三十余篇思维导图法相关的硕士、博士论文，归纳出思维导图法的理论结构，让其不再背负伪科学的“罪名”。我与各学科教师、教授、企业管理专家共同研究、规划出对学生学习和职场人士工作真正有帮助的“孙易新思维导图法”教学方案。目前，这套方案已经成为深受学校老师与企业员工欢迎的课程。因此，我非常乐意将近二十年来的研究成果、教学经验、心得与启发撰写成书，以飨大众。

不正确、不完整的学习比不学习更可怕

近年来，我们常常听到一些似是而非的说法：“学习思维导图不需要花那么长时间，只要一天、半天甚至一小时，保证把你教会”，“思维导图是你自己的笔记，不要管别人怎么做，更不要拘泥于规则”。没错，如果你只是想学习“画”思维导图，可能只要 30 分钟就学会了，尤其是现在有很多免费的思维导图软件，绘制出一张五彩斑斓、令人眼前一亮的思维导图一点都不难，更不需要遵守所谓的规则。

然而，令人担忧的是，不少人只重视思维导图的“形、貌”，却忽

略了它的“意、法”。也就是说，很多人只专注于“画”出漂亮的思维导图，而不懂得正确地运用思维导图“法”。

为了让读者充分理解、掌握思维导图的“意、法”，我会在书中探讨思维导图法的理论背景，并解说其实际应用的原则、技巧与步骤。

思维导图法的创新突破：守、破、离

第二次世界大战之后，日本能够从一片废墟中快速崛起，跻身世界强国之列，原因之一就是掌握了创新的三大步骤：“守、破、离”。完全模仿成功者的模式，这是“守”；在运用过程中不断反思并进行改良，以求突破，这是第二阶段的“破”；最后，在汇总之后自成一格，这就是“离”。

1989 年，我第一次接触、学习思维导图法；1997 年，我到英国博赞中心接受师资培训；2001 年，我撰写了第一本中文版思维导图法的书。这 12 年间，我秉持东尼・博赞的思维导图法的精神与原则，并将其落实到工作与学习上。这就是学习任何知识、技能时不可或缺的模仿阶段，即“守”。经过多年使用思维导图法获得的心得体会与教学经验的累积，2001 年，我的《多元知识管理系统：心智图法基础篇》一书得以出版，在华人世界思维导图法领域树立了崭新的里程碑。之后，我帮助多位硕士研究生进行思维导图法论文的研究工作，同时，自己也完成了三篇思维导图法相关的学位论文。从研究的设计、执行、分析评估到成果展示，无论是在学习应用领域，还是在工作应用领域，我都已经突破了东尼・博赞的思维导图法。这个阶段属于创新的三大步骤中的“破”，也就是突破。最后，我在 2009 年进入台湾师范大学社会教育研究生院深造，力图从教育社会学、教育心理学与教育哲学的理论观点出发，配合多年来教学与实际应用的经验心得，重新梳理并建构思维导图法的理论基础，包括给出思维导图法的操作定义，提出崭新的理论模式，以及详述诸多实际应用的步骤与技巧等。本书的出版也象征着具备理论基础及实用价值的思维导图法的诞生。这是创新过程中的“离”。

如何使用本书

想对思维导图法有全方位的了解，尤其是想从事教学与学术研究的读者，就需要仔细、深入地阅读整本书；但若只是想在学习或工作上应用思维导图法的读者，可以翻阅第一章至第十二章，先对思维导图法的背景知识有个基本的认识，然后把阅读的重点放在第十二章至第二十章的实践应用上，并根据需要选择相应的章节详细阅读。当然，大家在阅读的同时，也要动手模仿书中的案例进行练习。

孙易新（Mickey Sun）

绪　论

美国后现代主义文化学家弗雷德里克·詹姆逊（Fredric Jameson）提出了 Mapping（导图）这个概念，随后有许多后现代主义学者将其应用于自己的理论研究与实践中。Mapping 以图形或图表的形式组合相关概念，进而说明相关概念之间的关系，对阅读者具有指示作用。

美国西北大学教授、认知科学协会第一任主席阿兰·柯林斯（Allan Collins）于 20 世纪 60 年代提出的“语义网络”（Semantic Networks），以及美国康奈尔大学教授约瑟夫·D. 诺瓦克（Joseph D. Novak）与他的研究团队在 20 世纪 70 年代提出的“概念构图”（Concept Map），都具备了 Mapping 的功能。英国大众心理学家东尼·博赞也在 1974 年通过《启动大脑》（*Use Your Head*）一书向世人介绍了“放射性思考”（Radiant Thinking）模式的“思维导图法”。

思维导图法是能让大脑有效运作的方法。思维导图法能否成为一种理论，关键在于能否经由相关文献的整理、探讨，再从实践的检验中，经过综合、比较、分析及批判等，逐渐构建思维导图法的理论体系。本书旨在梳理思维导图法的相关理论基础，并为思维导图法学习者提供良好的实践指导原则。

第一章

缘起与意义

思维导图法的缘起

英语教学泰斗乔伊·M. 雷德（Joy M.Reid）博士在《不同学习者的不同风格》（*Different Styles for Different Learners*）一书中指出，若以身体的知觉来区分人类的学习形态，就是视觉型、听觉型、动觉型、触觉型、团体型及个人型六类。每一种学习形态都各有优点，但论及方便性与实用性，视觉型占有极大的优势，不但容易吸收信息，也方便表达想法。美国心理学家罗伯特·麦金（Robert Mckim）也强调，有效的视觉思考必须包含三种视觉意象：

知觉的意象：通过视觉对物质世界的感知，也就是我们看到并记忆在脑子里的经验。

心灵的意象：以知觉意象记录数据，并在脑中运用想象力想象出来的图像。

图表式的意象：运用涂鸦、素描或一种可沟通的图表记录思考过程，或与他人交流意见。

思维导图是一种可视化的图像，它依照人类大脑最自然的思考方式，以直观的图解形式，网络化地描述多个概念之间的关系，呈现大脑的思维过程。它可以激发我们的创意，提高我们的记忆力、解决问题的能力，以及快速掌握并交换信息与知识的能力。东尼·博赞在1971年产生初步的构想，并在《启动大脑》一书中，向世人介绍了这一划时代的学习与思考方法——思维导图法。其主要工具“思维导图”是一种反映我们大脑思考模式的可视化思考工具。

从东尼·博赞思维导图法的放射性思考结构可看出，它与中国《易传·系辞上传》中的“《易》有太极，是生两仪。两仪生四象，四象生八卦”，以及20世纪早期的学者研究的“信息组织图”（Graphic Organizer）非常类似。例如，美国心理学家爱德华·C. 托尔曼（Edward C.Tolman）提出的“认知地图”（Cognitive Map）、日式质量管理的集大成者石川馨所创的“鱼骨图”（Fishbone Diagram）、约瑟夫·D. 诺瓦克和鲍勃·古温（Bob Gowin）提出的“概念构图”，尤其是 20 世纪 60 年代美国西北大学的阿兰·柯林斯教授研究的“语义网络”，已经具备思维导图的雏形，因此他被称为现代思维导图之父。

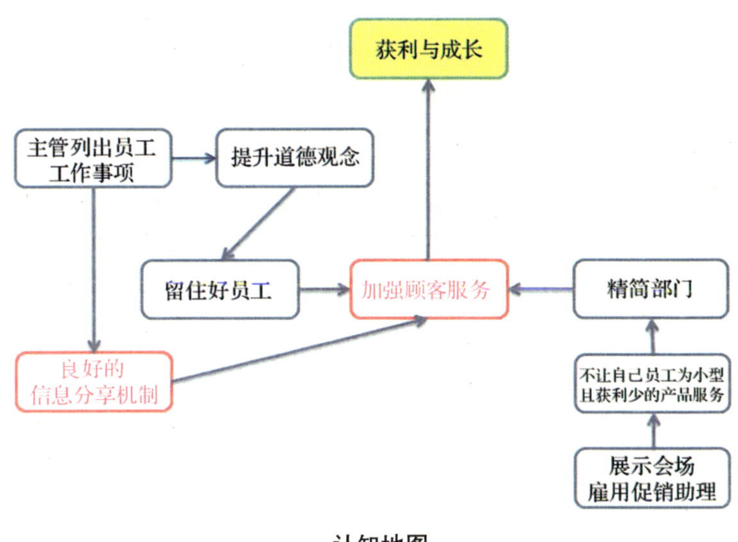

认知地图

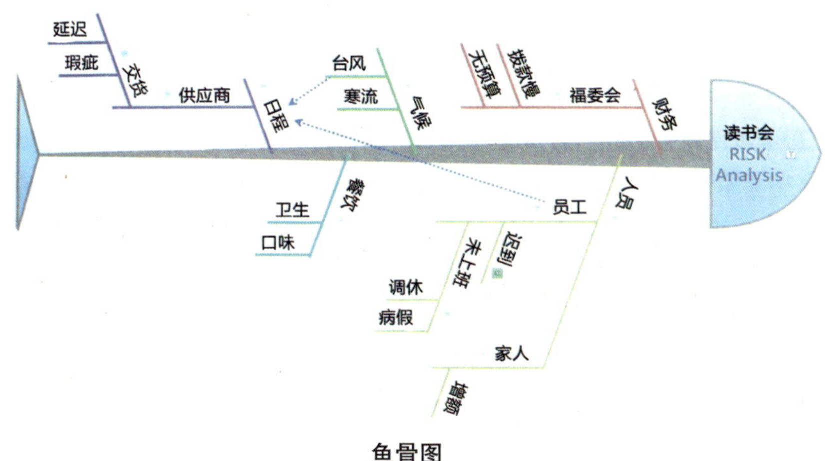

鱼骨图

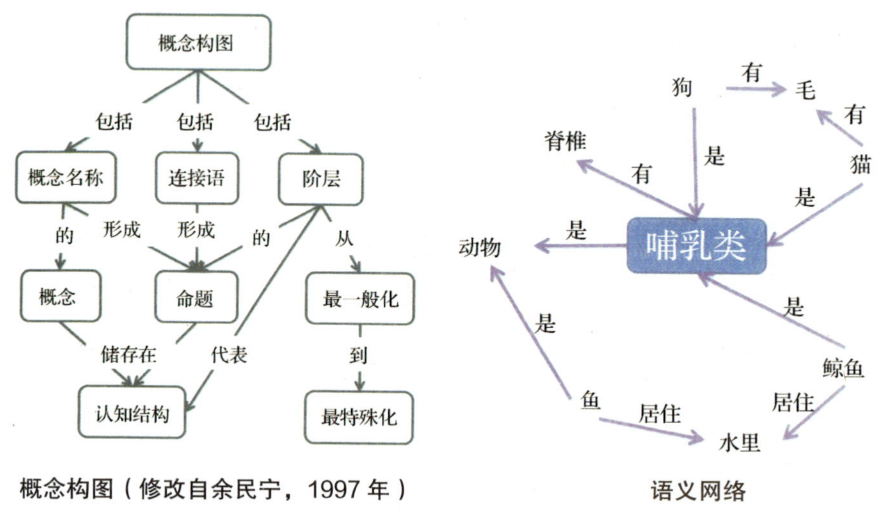

概念构图（修改自余民宁，1997 年）　　语义网络

为世界华人讲授思维导图法

在华人世界，最早系统地认识、学习思维导图法的是陈英明老师。1989 年，他在国外参加了思维导图法研习课程，回国之后便立即在台湾地区的青商会举办了一场分享会。我很荣幸地参与了该次盛会，接受陈英明老师的指导。这算是我学习思维导图法的启蒙课，也对我日后学习思维导图法产生了重大影响。1993 年，国际青年商会世界大会在中国香港举办，在此次大会的众多研习活动中，我意外发现有一场创意思维导图的课程，于是再次投入思维导图法的学习中。由于这次是由专业讲师讲解，我对思维导图法有了更清晰的认知，并掌握了正确运用它的技巧与原则。回台湾之后，我便在青商会各研习活动中分享了思维导图法的应用方法。

东尼·博赞在 1994 年 10 月受邀来到台湾地区参加思维导图法讲习会并担任主讲人，活动获得热烈的反响，开启了台湾地区企业界新的思考习惯。我深感思维导图法对提升学习能力与思考能力有巨大的帮助，且自己深深受惠。因此在 1997 年 9 月奔赴英国博赞中心，踏上思维导图法专业学习与讲师培训之路。我先在基础应用班、工作应用班、学习应用班奠定了良好基础，再接受了基础讲师与进阶讲师的培训。后来，我成为当时全球华人中的第一位博赞思维导图法认证讲师。于是我便开始系统地将思维导图法课程引进华人世界，并针对华人的思维模式与语义结构修正其学习方法，将思维导图法与各种思考方法及学习策略相结合，使思维导图法成为具有实际应用价值的华人的思维导图法。

为了在华人世界更系统地推广思维导图法，我在 1998 年成立浩域企业管理顾问股份有限公司，并分别在中国台湾与中国大陆将“孙易新思维导图法”登记为注册商标，同时与英国博赞中心签约成立思维导图法课程的台湾地区代理机构（Buzan Taiwan）。2004 年，我们公司的经理陈资璧（Phoebe）也前往英国接受思维导图法的讲师培训，他成为台湾地区第二位博赞思维导图法认证讲师。在此之后，前往英国博赞中心接受思维导图法的讲师培训的人数并没有大幅增加，其因素当然有很多。但我认为，这与近年来在华人地区，尤其是在台湾地区，思维导图法教学方案研究的蓬勃发展有关。所谓“青出于蓝而胜于蓝”，台湾地区和大陆地区的思维导图法的培训机构如雨后春笋般增多，专业学习和讲师培训愈趋专业、健全，俨然已自成一格，本土化的“华人思维导图法”教学与应用模式应运而生。

推广思维导图法的时代意义

在全球化的趋势下，企业经营环境日新月异，知识就是竞争力，无论是企业经营者还是员工，都无法将一种技能或知识作为永久的竞争优势。“学习力即竞争力与发展力”，因此，经济合作与发展组织（OECD）在《全民终身学习》（*Lifelong Learning for All*）的报告中特别强调学会求知与培养学习能力的重要性，“学习如何学习”的能力是创建学习型社会不可或缺的指标之一。

今天，世界各国面临的最大挑战就是，如何提升国民的脑力素质。因此，联合国教科文组织（UNESCO）于 1996 年在《学习：内在的财富》（*Learning：The Treasure Within*）一书中强调，人类为了适应社会变迁，必须终身学习。同时，随着近 20 年来科技与经济结构的转变，通过提升自己的学习能力来创造就业与成长的机会是非常必要的。“学习如何学习”亦成为终身学习的关键质量指标之一，培养学习能力除了可以树立自信心之外，也是职场成功的必要条件。

北欧未来学大师麦茨·林德格伦（Mats Lindgren）接受《天下杂志》专访时指出，未来商业竞争的核心不是生产线，而是思考线（thinking line）与思考力（thinking capability）。思考力是指能够理解复杂的问题，并快速想出正确的方向、创意、可执行的构想、概念和解决方案的能力。为达到这一目的，必须通过系统化的思考流程，让创意产生并变成可以执行的策略。

从以上所述可以得知，无论对个人还是组织来说，提升竞争力的不二法门都是终身学习，而学习是需要培养能力与应用策略的。从台湾地区思维导图法的相关论文研究中均可发现，思维导图法确实是一种有效的思考与学习的方法。我自己也是用了思维导图法才顺利通过多项考试的。同时我还成功经营了全球华人思维导图法第一品牌。自始至终，我的理念都是：

◎事业经营成功，还不算成功，帮助许许多多的人把事业经营成功，才算成功。

◎自己考试第一名，不是真的第一名，帮助许许多多的人考试得到第一名，才是真正的第一名。

◎赚大钱发大财，不是真的富有，帮助许许多多的人改善生活质量，才是真正的富有。

因此，在强调终身学习与讲求学习方法的时代，我希望能尽毕生之力将这一学习利器推广到华人世界，甚至世界上的每一个角落，也期盼经由更多读者的传播，将思维导图法普及到社会中的方方面面。

第二章

教学与企业的应用概况

我是个教育工作者，因为思维导图法让自己受益匪浅，所以我深入了解思维导图法的原理与应用，想分享给更多人，从而让大家都受益。经过多年的教学与研究，我发现，若只是把思维导图法定位成如何画那张看起来像脑细胞一样的树形图，它就会被认为“超级简单”。但若要灵活运用思维导图法，就需要掌握它的理论背景与实践应用策略。在此，我首先从思维导图法在教育界、企业界的应用方面做一个大致说明。

教育界的应用

世界一流学府哈佛大学、剑桥大学的师生都已经使用思维导图法教学与学习；思维导图法在新加坡已经是中小学生的必修课，我在2006年也曾应新加坡政府邀请，为中学语文老师讲授如何应用思维导图法提升教学质量；韩国已经将思维导图法正式纳入小学教科书；在中国大陆地区，北京教育出版社、广西师范大学出版社、湖南教育出版社也将思维导图法融入初中、高中的教科书，帮助老师提升教学质量，帮助学生有效学习。

教育专家认为，“信息组织图”可以帮助人们思考时在各种概念之间建立连接，以求理解事物，发现并解决问题，进而提高学生独立思考的能力。在诸多图解方法中，思维导图法能够兼顾左脑的具象思考与右脑的抽象思考，让“心”门敞开，“智”慧无限。而以“图”解说文，让教学内容或文章结构一目了然，是训练学生“归纳整理”与“多元联想”的有效策略。因此，2008年，台湾地区的教育部门出版了《语文心智图教学指引》一书，供学校老师参考。2009年，南一书局将初中的语文阅读教学以思维导图的形式，配合每次段考（台湾地区的学校在学期内进行的考试），精选两篇文章编制成教师教学手册及PPT（演示文稿软件），以加强学生对课文内容的理解，提高他们的写作水平。

台湾地区已经有100所以上的学校邀请我或我培训的讲师团队，为学校老师、同学以及家长讲解如何运用思维导图法提升教学与学习质量。龙华科技大学与亚东技术学院甚至安排了二十几位教授接受我规划、执行的讲师培训方案。培训结束之后，他们便开始在各自的学科领域指导学生应用思维导图法。

近几年来，“国际项目管理师”资格证在全球范围内成为企业人士专业资格必备的条件之一，不少辅导考试的专业书籍与培训机构会将思维导图法作为辅助学员学习的方法，用以厘清项目管理五大过程组、十大知识领域之间的复杂关系。

全球知名的人力资源发展专家罗伯特·W. 帕克（Robert W.Pike）指出，发展高效能训练体系与课程规划的先决条件就是以思维导图法为方法。思维导图法能让我们明确各种想法与信息之间的关联，这是传统笔记无法做到的。

在华人世界，思维导图法已经被普遍应用到小学、中学、大学，以及职场中。在倡导终身学习的现代社会，面对高龄化社会的“逼近”，思维导图法仍有很大的发展空间。在社会教育机构、乐龄学习中心等机构的课程中，思维导图法也将扮演重要角色。

企业界的应用

“思维导图法已经是 2000 家跨国企业采用的思考法”，日本管理大师神田昌典、经济评论家胜间和代认为思维导图法是最佳的思考方法之一，微软、惠普科技等跨国企业也纷纷采用。

至于思维导图法在企业应用的效果如何，这几个国外公司的成功案例可以说明：

◎负责波音公司员工教育培训的史丹利博士运用思维导图法整理课程，将工程技术训练的完成时间由一年浓缩为短短数周，节省教育培训经费约 1100 万美元。

◎时间管理专家杰弗里·迈耶（Jeffrey Mayer）指出，思维导图法能够让他在几分钟之内处理完过去要花几小时甚至好几天才能完成的事情。

◎列支敦士登的全球信托公司（Liechtenstein Global Trust）运用思维导图法记录客户数据、开会的发言大纲、问题分析与解决方法、年度工作计划，建立起一个既具有包容性又充满活力的机制，为企业带来了高效率。

◎甲骨文软件公司的主管阿兰·马查姆（Alan Matcham）指出，思维导图法已进入甲骨文各个部门，成为公司内部推动变革的驱动力。许多人都用思维导图法来组织、策划活动，用它处理工作中遇到的复杂问题。

◎为美国纽约提供通信与电力的联合爱迪生公司（Con Edison）在“9·11”事件中，通过思维导图法实时提供各个团队所需的信息，并有效整合救援抢修资源，让通信与电力顺利恢复供应。

◎新加坡华睿泰公司（Veritas DCG）办公室不幸遭遇火灾，许多重要文件和计算机中心毁于一旦。副总裁萨米·可汗（Sami Khan）以思维导图法协助董事长制订重建计划，将每项任务详细地展现在思维导图中。华睿泰公司花了大约 10 天时间重建计算机中心，计算机中心很快开始恢复正常运作，节省了三四百万美元的费用。

◎世界贸易组织于 2003 年 11 月在墨西哥坎昆召开会议，反全球化的示威者扬言要进行大规模示威与破坏行动。墨西哥政府与军队在维塔利斯（Vitalis）安保公司的协助下，利用思维导图法讨论会议期间可能会发生的危机，最后确认了 8829 项艰巨任务，并将冲突发生时的应对策略全部记录到一张大型思维导图中。他们也用思维导图展现示威者的计划与意图，并与示威者沟通协调，最后，双方达成共识，事件平息，没有发生任何暴力事件。原本对立的双方达成合作关系，反全球化运动组织的领导者感激世界贸易组织为他们做的一切努力。由于思维导图法在这次行动发挥了重要作用，因此，主办方将思维导图内容整理成一份 200 页的文件，以指导人们处理类似的国际暴力事件。

除了以上国外的案例，自从 1998 年我应 IBM 台湾地区分公司的邀请为他们讲授思维导图法课程至今，在华人地区，已经有超过 300

家跨国公司或知名企业为提升员工的工作能力与工作效率，邀请我讲解思维导图法的应用，并取得了显著的成果。1998 年，宏碁计算机的“学习月”课程首度引入思维导图法，其全球教育训练中心前处长张博尧发现，思维导图法为宏碁的员工打开了一扇创意思考的窗；自 1999 年起，思维导图法已经是强调研发创新的工研院每年必开的课程；自 2002 年起，全球四大会计师事务所之一的普华永道在台湾地区的分所资诚联合会计师事务所（PwC Taiwan）为了提高审计人员的分析与解决问题的能力，每年定期开办思维导图法研习课程；2010 年，联华电子将思维导图法列入新员工教育训练的必修课，以提高员工的工作能力；惠普科技台湾地区前副总经理陈国钦先生自称，自从使用思维导图法带领团队之后，不但在工作上屡创佳绩，而且还从忙碌的无头苍蝇“蜕变”成享受工作的达人；台新银行总稽核吴弘仁表示，运用思维导图法可以轻松了解客户的需求，为客户提供最贴心的专业金融服务；2000 年，华邦电子的人力资源部在前处长陈培光的全力支持下引入思维导图法后，无论是在创意思考、人际沟通、会议讨论中还是项目企划中，部门职员都能做到思路清晰，工作效率大幅提升。

以上案例显示，很多个人与企业都认同，只要正确使用思维导图法，就可以让思维更有条理、更清晰，也能让想法更有创意。这也促使各企业管理者将思维导图法逐渐引入他们的培训课程，让他们的员工将其应用于实际工作中。

一种技巧或方法的科学化，必须植根于一定的理论。此理论或源于既有理论，或来自实践的检验，通过综合、比较、分析及批判等过程，我们应当求同存异后逐渐归纳、构建自己的理论基础。有人认为，实践应用比研究一大堆理论更重要。殊不知，随着社会环境的变迁，原来的东西可能变得不适用了。这时，理论的功能就会显现出来。因为理论是用来解释、说明和预测某种现象的产生原因、过程及结果的，换句话说，理论是一种观察视角、思考方式，其作用在于“了解”“反省”与“批判”实际的现象。通过实践经验的累积，我们归纳出了理论，也因为具有理论基础，实践应用中的错误得以修正，两者是相辅相成的关系。

思维导图法亦不例外，必须经历从理论基础到实践应用的过程。从百余篇思维导图法相关学位论文中发现，有关思维导图法“知其然，并知其所以然”的实践经验是经得起科学方法检验的。思维导图法在台湾地区的发展，已经和英国博赞的思维导图法在方法论与实际应用上有了差异，而且更具有进步性与实用性。

前文提及的“心智”必然与大脑有着密切的关联。以下是一些有关大脑的描述。

东尼·博赞把人类的大脑比喻成一个沉睡的巨人，这个巨人拥有数量繁多的神经元。

莫斯科大学彼得·库兹米奇·阿诺金（Petr Kuzmich Anokhin）教授表示，大脑蕴藏的潜能不可限量，但自古以来，还没有一个人能发挥出大脑的全部潜能，因此有一种说法是，我们只开发使用了大脑的十分之一。英国博赞中心共同创办人诺斯与东尼·博赞指出，我们在20世纪50年代只使用了大脑50%的能力，这一数据到20世纪60年代降到25%，到20世纪70年代降到10%，到20世纪80年代降到4%，到20世纪90年代降到只剩下1%了。

我们真的只用到大脑这么一点点能力吗？这一问题广为流传，却一直无法得到真正的解答。我们关注的重点应该是，能否充分、正确、有效地运用大脑的心智能力。

东尼·博赞在其早期著作《启动大脑》和《心智图圣经》中所讲述的思维导图法的运用范畴包括，认识大脑及大脑的工作原理、记忆原理与技巧、正确的阅读方法、创造力、放射性思考等，以及它在学习与工作上的应用。因此，其理论基础包括大脑信息处理、知识表征、建构主义与后设认知等。

现在就让我们进一步探索，研究一下脑力、智力、语义学、信息组织图、图像思考、色彩学等与思维导图法之间的联系，梳理出一套逻辑结构，并建构出思维导图法的知识基础。

第三章

大脑与记忆

大脑如何思考？

大脑如何记忆我们接收到的信息？

记忆分为哪几类？

记忆储存在大脑的哪个地方？

美国加州大学圣地亚哥分校医学院教授斯奎尔（Larry R. Squire）与获得2000年诺贝尔生理学或医学奖的哥伦比亚大学神经生物学与行为学研究中心主任埃里克·R. 坎德尔（Eric R. Kandel）指出，影响记忆的因素有重复的次数、事物的重要性，而且要能与现有的知识联系、组织在一起。记忆的种类又可分为陈述性记忆与非陈述性记忆。可以用语言或心像描述我们累积的知识、经验、学习的记忆，被称为陈述性记忆；而不依赖于意识或认知的记忆则属于非陈述性记忆。

王建雅、陈学志在《脑为基础的课程与教学》一文中指出，坊间所谓“大脑的潜能只用了10%”的商业广告并非事实。因为个体看似简单的行为，实际都是调动大脑许多部位而合力达成的，虽然各种感官在大脑皮质有不同的投射区，但其功能却依赖皮质整体的联合。

思维导图法植根于大脑工作的原理。在实践中，我们注重的是如何应用才有效，但要有效就得掌握其背后的理论基础。接下来，本书将探讨大脑的基本结构、功能，以及信息处理模式，以说明思维导图法对提高记忆力的作用。

认识神奇的大脑

美国科学家代尔·欧布莱恩说：“地球上未开发比例最高的地区，就是介于我们人类两只耳朵中间的方寸之地。”大脑蕴藏着无限潜能，人类在21世纪面对的挑战之一就是了解并有效地运用我们的大脑。

大脑有一千亿个神经元网络

大脑重量约为1300克，由约1000亿个神经元网络组成，每个神经元之间平均又有1万个突触，换句话说，大脑神经元的联结高达

1000 万亿之多。人类的近亲——黑猩猩的大脑神经元数量与我们差不多，但神经元之间的联结数量却只有人类的四分之一。人类的大脑由数量庞大的神经元联结形成网络节点，这也缔造了人类相对于其他动物在智力、创造力、情绪、意识和记忆等方面的优势。

这颗神奇大脑的快速成长期是在母亲孕期的第六周到第六个月之间，这时候它是以每分钟 25 万个新神经元的速度成长的，总数量可高达一兆，然而到了出生时却只剩下其中的 10%，其他 90% 的神经元因为不具有功能性联结而遭淘汰。也就是说，大脑会“用进废退”，唯有不断动脑，脑神经细胞的突触才会不断延伸，并与其他细胞沟通，产生连接的神经回路。反之，没被使用的大脑神经元则逐渐萎缩，最终丧失功能。教育或学习是构建大脑神经网络的重要途径，相关研究也指出，脑神经元之间突触的连接会持续一辈子。这也证明了“多动脑筋可以保持年轻”“一旦学习停止，死亡便开始”。

大脑乃三位一体

脑神经学家保罗·麦克里恩（Paul D. MacLean）则以“三位一体的大脑（triune brain，也称三重脑或三层脑）”来描述大脑的进化过程与功能。

第一部分是脊髓向上延伸的部分，即脑干。它是脑部在子宫里发育过程中最先成形的部分，也是进化过程中最先出现的脑部形态，负责传送感觉器官所接收到的信息，并控制呼吸、心跳等本能反应。两亿八千万年前，最先出现在地球上的动物是爬虫类，它们只有脑干，与我们现在的脑干非常类似，因此，脑干被称为“爬虫类脑”（reptilianbrain）。

第二部分是负责处理情绪、情感行为的“边缘系统”。动物有了边缘系统才发展出社会合作关系，这个部位又被称为“古哺乳动物脑”（old mammalian brain）。边缘系统不仅影响情绪，对记忆力也有重要作用，因为边缘系统中有海马体与杏仁核。海马体是脑部记忆中心，储存了某些短期、长期的记忆。大部分长期记忆都储存在新皮质区。

人到了两岁左右，海马体才会发育完全。许多研究人员认为，我们之所以无法记得婴儿时期的事，是因为那时海马体尚未发挥将短期记忆“输送”到长期记忆的作用。老年痴呆症患者的脑部最先受损的器官便是海马体，因此，他们通常会丧失短期记忆。但是，以前的事情却安全地储存在他们的新皮质区的长期记忆数据库里，所以，他们总是忘记刚刚发生的事情而满口陈年往事。最新研究指出，杏仁核是处理感情记忆的中枢，可以帮助海马体区分并储存记忆。当处理的信息带有丰富的感情因素时，杏仁核就越有可能将信息储存到长期记忆区。

第三部分是脑部进化过程最后完成的，即新皮质，又称为“新哺乳动物的脑”，它负责理性思考、说话、归纳、推理与创造。

大脑两侧的区域大致对称，沿脑中央画一条直线，以此为对称轴，左右两边就是我们平时常说的左右脑。

左右两个脑

20 世纪 60 年代末期，美国加州理工大学罗杰·斯佩里（Roger Sperry）教授研究发现，大脑皮质区左右两边有不同的能力，左脑的能力与文字、数字、逻辑、排列、顺序有关；右脑则与图像、色彩、想象力、空间、韵律等有关。罗杰·斯佩里凭借自己的研究成果，获得了 1981 年的诺贝尔生理学或医学奖。美国斯坦福大学心理学家罗伯特·奥恩斯坦（Robert E. Ornstein）教授与美国加州大学大脑研究中心的脑神经行为学家赛德（Eran Zaidel）博士等人继续进行研究，除了证实了罗杰·斯佩里的理论，还有一些不同的发现：虽然左右脑支配一些固定的行为活动，但实际上大脑皮质区的每一处都拥有心智能力。现代的新观点是：每个记忆和思考过程都需要大脑不同区域协同工作才能完成。

英国牛津大学生理学教授约翰·斯坦（John Stein）指出，97% 的人用左脑处理语言，用右脑处理视觉空间与情绪表达。但也不是绝对的二分法，因为在处理语言时右脑也扮演着重要的角色，例如，带有情感的语言；同样，左脑也会辅助视觉空间运作，例如，文字在句子中的相关位置等。还有一些研究发现，即使是同等水平的心智能力，大脑也会因为文化的差异而改变处理模式。例如，汉字的造字法以象形文字为主，其他还包括指事、会意、形声、转注和假借，这些能力大部分是通过右脑来学习的。西方国家则使用字母式的文字，学习字母式文字能大量用到左脑的功能。

约翰·斯坦针对老鼠的实验也发现，环境的刺激可以增加并增强大脑皮质的神经元的联结。因此，从实践中学习的效果比单纯的听和看更好。

大小两个脑

大脑由边缘系统与新皮质区组成，包括脑前端的额叶，负责思考与解决大部分抽象问题；额叶下方是顶叶，处理知觉接收到的信息；枕叶体积较小，位于大脑底部，负责控制视觉；最后，接近太阳穴、位于大脑两侧的是颞叶，控制记忆力、听觉、语言等。小脑则位于脑干的正后方，负责运动、协调肌肉及动作的记忆。

信息处理与记忆

学习的行为是如何发生的，记忆是如何储存的，这一直是哲学、心理学及生物学的重点议题。在 19 世纪末之前，有关记忆的研究一直属于哲学范畴。到了 20 世纪，研究重心才逐渐转移到以实验为主的心理学和生物学上。在 21 世纪的今天，人们已经将心理学和生物学合在一起共同讨论。心理学探讨的是，记忆如何运作，是否有不同类型的记忆。生物学研究的重心是，学习活动是发生在大脑哪个部位，我们接收到的外界信息储存在大脑哪个地方，记忆储存是否可以转化到神经细胞的层次，如果可以，记忆机制是怎样的。如果只从心理学或生物学的角度回答上述问题都无法令人满意，但集中两者的优点便可产生一个新视角，它可以让我们了解大脑是如何接收与储存信息的。

心理学家研究心理学基本都是从人类如何处理信息开始的，包括运用语言信息、记忆、复述、理解、表达、评价等过程，在每个过程中都会用到语言知识。因此，若要解释说明人的心理过程或思维过程，就必须了解语言是如何储存与应用的。换言之，我们必须清楚语言知识在人类信息处理中发挥的作用。

学者们对大脑记忆从外界接收到的信息有不同的分类，大部分分类都是以内容和可提取性为依据的，也就是以“储存在记忆里的东西的内容”，以及“这些东西被提取出来的困难程度”两个原则来划分的。因此，美国细胞生物学博士丽贝卡·鲁普（Rebecca Rupp）将记忆分为“陈述记忆”与“程序记忆”。陈述记忆又可分为“事件记忆”与“语义记忆”。陈述记忆属于有意识的回忆，是生活中的经验和事件，以及通过学习得到的知识。例如，通过陈述记忆，我们可以说出2011年3月11日的大地震是在哪里发生的，造成了什么重大灾情。程序记忆又称肌肉记忆，是我们学会的技能，例如开车。运用思维导图法记录与呈现的内容属于陈述记忆的范畴。

美国伊利诺伊州立大学教育心理学博士靳洪刚则认为，记忆可大致分为“阶段论”与“层次论”两类。阶段论强调信息在人脑的处理过程中的连续性，层次论着重探讨不同信息的接收方式如何影响大脑对信息的记忆效果。

记忆：阶段论

阶段论包含三大结构：感知系统、短期记忆系统与长期记忆系统。

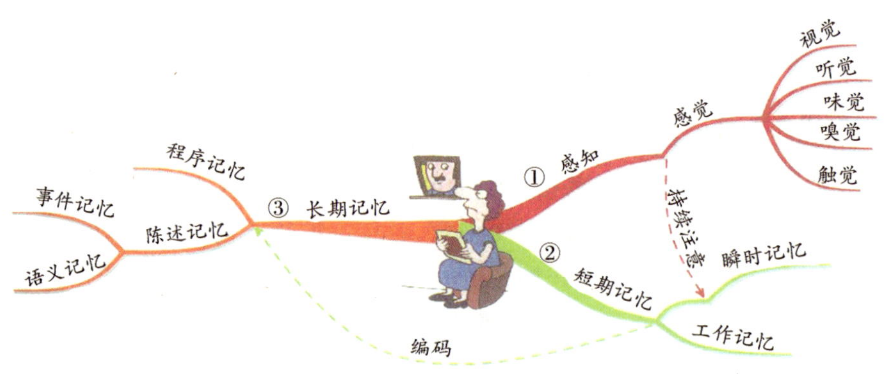

感知、短期记忆与长期记忆

感知系统

感知系统（或称感官记忆）属于人类处理信息的第一个系统，通过视觉、听觉、味觉、嗅觉与触觉接收信息，将信息保存一段时间，以便在下一阶段处理。“模式识别系统”是感知系统的一例，当我们接收到新信息时，大脑会从已经储存的长期记忆中提取相关信息，以便识别新信息。感知系统的记忆时间非常短暂，当刺激五官的信息消失后，记忆效果也随之减退。强化的方式就是再现感官信息，例如再看一次或再听一次。通过不断地注意刺激来源，感知系统的信息会进入短期记忆系统。

短期记忆系统

德国心理学家赫尔曼・艾宾浩斯（Hermann Ebbinghaus）在 1880 年左右的研究中发现了记忆的两个原则：

◎有些记忆只能存在几分钟，有些却可以存在几天、几个月，甚至更久；

◎重复练习可以使记忆维持得更长久。

后来，美国的心理学家威廉・詹姆斯（William James）将艾宾浩斯的研究结果更清楚地定义为短期记忆和长期记忆。

赫尔曼・艾宾浩斯的实验证明，通过学习，人们接触到的信息会成为短期记忆，如果不及时复习，很快就会遗忘这些记忆内容，首先是快速、大量地遗忘，然后是缓缓地遗忘。因此，他发明了著名的“艾宾浩斯遗忘曲线”。我们刚结束学习时，可以记住 100% 的内容。但是，20 分钟之后，我们记住的内容会立刻降到 58.2%，一天之后降到 33.7%，一个月之后只剩下 21.1%。详细时间间隔与记忆量如下表。

详细时间间隔与记忆量表

时间间隔	记忆量
学习刚结束	100%
20 分钟之后	58.2%
1 小时之后	44.2%
8 小时之后	35.8%
1 天之后	33.7%
2 天之后	27.8%
6 天之后	25.4%
1 个月之后	21.1%

赫尔曼·艾宾浩斯发现，只要有规律地进行复习，一天之后，我们可以保持 98% 的记忆，一周后可保留 86% 的记忆。这也说明，复习可以将短期记忆延长为长期记忆，这也证明了孔子在《论语》中揭示的方法——学而时习之。

短期记忆可细分为“瞬时记忆”（immediate memory）和“工作记忆”（working memory）。瞬时记忆指的是外界刺激以极短的时间一次呈现后大脑对于自己处理过的信息的短暂保留，类似于感知系统。美国教育心理学教授艾伦·D. 盖聂（Ellen D. Gagné）等人在《教学心理学：学习的认知基础》（*The Cognitive Psychology of School Learning*）一书中引用赫伯特·H. 西蒙（Herbert H. Simon）的研究指出，大脑运作处理一个单位的新信息大约要花 10 秒钟，也就是说，大脑一分钟大约只能储存 6 个新知识单位，若在接收信息的过程中还主动去思考、论述新知识的话，会让每分钟储存的新知识数量降到更少。哈佛大学心理学家乔治·A. 米勒（George A. Miller）也指出，人的瞬时记忆的容量非常有限，大约只能维持 7 个项目或 7 个串节，因此提出“神奇的数字：7±2 法则”。除非一直不断反复背诵，否则，我们可能不到 30 秒就会忘记刚刚记住的内容。很多人都有这样的经验：从客厅走到卧室的短短时间里，竟然已经忘记去卧室要干什么了。

瞬时记忆通过信息的重复刺激及主动反复背诵等过程，可以延长人们记忆的时间。著名心理学家阿兰·巴德利（Alan Baddeley）将此定义为“工作记忆”（working memory），因为在这个记忆阶段是强调信息正在“工作中”。换句话说，工作记忆是一种有意识的心理活动，通过整合信息的方式来完成任务。

进一步的研究发现，大脑是非常巧妙的，信息并非完全独立，可以是一组或成块。通过富有创造力的“组块”心智技能，我们可以把较多信息储存到较小的空间。为了突破短期记忆的局限，有效的策略是将组块“分段”或“分类”，把要记住的内容分成几个有意义的部分去记忆，然后将它们凝聚成一个有意义的大单位。例如，以下这个由45个字母组成的英文单词：

Pneumonoultramicroscopicsilicovolcanoconiosis（火山矽肺尘症）可以分成八个部分来记忆。

Pneumonoultramicroscopicsilicovolcanoconiosis
肺...　超　微　观　矽　火山　尘　病变

换句话说，短期记忆通过编码过程，可将信息转化为长期记忆。但是，如果一次性出现大量数据，例如，上课、听演讲时，仅靠分段法立刻记住所有的内容，最终的记忆效果还是很有限的。这时就需要借助其他方法，例如，运用拼图游戏，或者组织大量信息并将信息具体化的思维导图法，在接收信息时即时处理信息，将信息转化成长期记忆。

长期记忆系统

长期记忆储存了我们过去所有的经历，可用来解释新的经验或处理新接收的信息，然后将其储存到记忆系统中。

要了解长期记忆是如何建立的，首先必须知道灵长类动物视觉处理的神经回路。视觉皮质的神经回路投射到大脑皮质许多区域，包括额叶与颞叶内侧。最早（1938年）提出人类记忆可能储存在边缘系统的颞叶的人是加拿大神经外科医生怀尔德·彭菲尔德（Wilder

Penfield）。

大脑皮质可分为四大区域：

一、额叶（frontal lobe）：四个区域中扩展、成长最快，所占面积最大的一部分，前半部是前额叶，负责解决大部分抽象问题，包括思考、策划、行政管理与决策。人类前额叶的大脑皮质在所有生物中所占比例最高。额叶后半部是运动皮质层（Primary Motor Cortex），负责指挥身体各种动作。额叶左边有一个重要区块叫作布罗卡氏区（Broca's area），它负责将我们想要表达的句子意义传到运动皮质层。

二、顶叶（parietal lobe）：前半部是感觉运动区，主要接收来自身体各部位传来的信息。后半部的顶叶继续分析、整合接收到的信息，让我们可以知道所处环境的空间距离。

三、枕叶（occipital lobe）：掌控视觉中心，位于大脑皮质后方，当视丘把视觉信息送到枕叶之后，会在枕叶分辨、整合。大脑会比较现在所接收的新信息与储存在脑内的既有数据，让人能明确看到的是什么东西。

四、颞叶（temporal lobe）：控制记忆力、听觉，尤其是语言的长期记忆，在颞叶左后边有个维尼基区域（Wernicke's area），它主要负责解析听到的语言，并将其转换成有意义的句子，让我们明白别人说话的内容。

最新的图像处理技术证明，每一次记忆、思考都需要大脑皮质几个不同区域的通力合作才能完成。如果我们要将视觉信息和瞬时记忆转换为长期记忆，颞叶内侧与边缘系统的海马体和杏仁核必须先储存正在进行发展中的记忆。也就是说，颞叶内侧能维持短期记忆的知觉经验，然后它们会成为长期记忆。海马体决定非情绪的信息，杏仁核则决定情绪性的信息，如果没有它们的“筛选与运送”，就不会有新信息储存到长期记忆里。海马体特别容易受到生物性的破坏，特别是可体松的破坏，所以失忆的初期症状就是丧失创造新记忆的能力，这就是为什么老年人通常都记得很久以前的事，却经常忘记刚刚发生的事。因此，两侧边缘系统与颞叶受损，将会逐渐造成陈述记忆衰退、选择性记忆失常，也就是所谓的失忆症。

美国佛罗里达州州立大学教育心理学教授德里斯科尔（M. P. Driscoll）在《教导学习心理学》（*Psychology of Learning for Instruction*）一书中指出，下列五种形式有助于将信息储存为长期记忆：

1. 网络模式（Network Models）：在长期记忆中，许多概念是用层级方式联结的。

2. 特征比较模式（Feature Comparison Models）：找出不同概念的主要特征，并比较各个特征的异同之处。

3. 命题模式（Propositional Models）：长期记忆中最基本的单位是命题而不是概念，也就是要将概念结合成一个有意义的句子。

4. 平行分布加工模式（Parallel Distributed Processing Models）：这一模式也被称为神经网络模式。学习历程分输入、精致化处理及输出三个阶段。精致化处理阶段又可分为信息的组织与转换，可以同化或调适学习者已有的认知结构，以及信息的记忆与保留，而且其过程是同步分工进行的。

5. 双码模式（Dual-Code Models）：同时使用图像与文字来为记忆编码，在回忆时会比单纯使用文字有更多可提取的线索。

加拿大多伦多大学认知心理学家托尔文（Endel Tulving）认为，必须把长期记忆区分为“语义记忆”（semantic memory）与“事件记忆”（episodic memory）。语义记忆是关于词语、概念、象征、事物的系统知识，不与时间、地点相联结。事件记忆是自传记忆，一个人一生发生之事的记录，往往保存了事件发生的时间、地点等信息，它关乎个人经验中的人、事、时、地、物。这两种记忆在信息处理过程中会相互作用，用来解释与分辨外界的事物与规律。事件记忆随着生命的成长而不断变化，语义记忆却随之相对稳定。将信息赋予意义，可强化长期记忆的效果。

美国宾夕法尼亚大学医学中心的神经学家格罗斯曼（Murray

Grossman）综合了短期记忆与长期记忆，提出了 W–I–R–S–E 五种记忆类型：

1.W 代表工作（Working）记忆：属于短期记忆，许多人到了 40 岁，工作记忆的能力就开始退化。

2.I 代表内隐（Implicit）记忆：或称暗示性记忆，属于长期记忆的程序记忆。除了肌肉记忆之外，有些反射性动作也属这类。

3.R 代表久远（Remote）记忆：又称遥远的记忆，属于终身不断累积的信息，也会随着年龄增长而退化。

4.S 代表语意（Semantic）记忆：也译成语义记忆，属于文字符号代表意义的记忆。这种记忆不容易消失。

5.E 代表事件（Episodic）记忆：也译成情境记忆或插曲式记忆，是有关个人特殊经历的记忆。

短期记忆的信息会经由编码程序成为长期记忆。所谓编码，就是将信息转换成对学习者有意义的概念的过程。常见的编码策略有：

组织分类

将需要记忆的大量事物先根据其属性或目的做出分类。先记忆类别，再记忆每一类的项目，这样数量就可大幅减少，以符合神奇的数字：7±2 的原则。例如，要记忆苹果、剪刀、橘子、飞机、汽车、圆规、火车、尺、香蕉、轮船、铅笔、西瓜这 12 个项目，可先分成“水果”“文具”“交通工具”3 类，每一类下只有 4 项，这样就比较容易记忆了。

前缀联想

把要记忆的各项事物名称的第一个英文字母或中文字排列成另一个单词，或重新编成一个有意义的短句。例如，要记忆美国五大湖——Superior、Huron、Michigan、Erie、Ontario，可将每个单词的第一个字母重新排列组成“HOMES”或重编成 She Has Many Ears On

作为记忆提示。

心像联想

发挥个人的想象力，通过谐音、意义等联想方式将文字转化成画面。例如，要记忆台湾地区的五大毒蛇“龟壳花、眼镜蛇、雨伞节、百步蛇、青竹丝”，你可以想象一个画面：忍者龟，戴着眼镜，手拿雨伞，走了一百步，来到竹林。

除了上述三大编码策略之外，常见的还有利用中介元素及时光回溯两种策略。所谓中介元素技巧就是，要记住 A 与 B 时，不容易从 A 联想到 B，于是找一个中介元素 X，从 A 可以联想到 X，从 X 也能联想到 B，这样就能记住 A 与 B。例如，“苹果”与“运动”两者很难直接联系在一起，于是使用中介元素“健康”——吃“苹果”会“健康”，想“健康”就要“运动”。时光回溯则像电影倒带一样，将时间逐步往前推进，让画面一一浮现，直到答案出现为止。例如，早上出门时，忘记昨晚回家时把车子停在哪里了，这时，就从昨晚回到家门口的画面往前回想是走哪条巷子、哪条路，让画面逐步回到停车时的场景，就能想起车子停在哪里了。

长期记忆的回忆效果不佳，原因除了时间久远之外，还可能是干扰记忆的因素出现了，例如，不正确的信息分类造成储存不当，以及未能将信息做有意义的转化。因此，当我们以思维导图法为学习工具时，尤其在提取信息、整理信息时，必须注意提取有意义的关键词，避免选择无意义或不重要的信息，以减少干扰，提升记忆效果。根据学习目的与文本属性做出合适的分类，可以有效强化我们对内容的理解，增强长期记忆的效果。

记忆：层次论

“层次论”强调信息如何被接收。此理论中有一个重要概念是“练习”。多伦多大学心理学教授弗格斯·克雷克（Fergus I. M. Craik）博士与罗伯特·S. 洛克哈特（Robert S. Lockhart）博士认为，练习是通过一种控制过程，让短期记忆的信息被重新使用并得以被保存，从而最终被输送到长期记忆中。这一理论认为，在短期记忆中，处理信息的“方式”比处理该信息所用的时间重要得多。记忆大量信息时，尤其是关于事件记忆，先针对内容建立意义联结（底层信息处理），再花一分钟来记忆，记下的数量会比耗费十分钟把每个项目单独记下（表层信息处理）多得多。所以，大量无变化的重复对记忆没有帮助，新信息到达时，必须先强调它的特殊性，将其与现有知识建立联系，赋予其意义，以及建立强烈的情绪联结，之后再经常复习，才能有效成为长期记忆。博学多闻、生活阅历丰富的人在学习时，会将脑内四通八达的思考网络与丰富的数据库产生意义关联，因此他们学习起来会比一般人轻松有效。但是，如果重点只是语义记忆或程序记忆，可以只通过反复练习而获得进步。

1993 年，德国心理学家冯·雷斯托夫（Hedwig von Restorff）为渴望提高社交能力的人做了实验，结果发现人们倾向记住一些特殊且与众不同的人、事、时、地、物。此一结果被称为“冯·雷斯托夫效应”（Von Restorffeffect），又称隔离效应（Isolation Effect）或新奇效应（Novelty Effect）。这些特殊事物会对大脑产生吸引力，有助于短期记忆转化成长期记忆。

冯·雷斯托夫指出，特殊的事物要比普通东西容易记忆。当“背景不同”（例如，一个与周遭事物不同的东西），或“经验不同”（例如，新信息与记忆中的经验不同）时，就会产生这种效应。比如说，要回想起一组字符串 376A92，我们会很容易记住当中的 A，因为 A 是字符串里唯一的英文字母。产品广告会请知名人士代言来提高品牌知名度，让广告与周遭信息有明显差异，以提高对消费者的吸引力。但是，如果该知名人士代言太多不同的品牌、产品，广告效果就会变差。此外，人们常常可以记住生命中的重大事件，例如，大学发榜的日子、第一份工作、美国“9·11”事件等，是因为这些事物与过去的经验明显不同。

另外值得一提的是“联觉”（Synesthesia），它对长期记忆力也相当有帮助。联觉指的是五官感觉的结合与协调，“闻到”某个味道让你“想到”某个人，“听到”某首音乐让你“感觉到”某个季节。这种“看到”声音，“品尝”颜色的能力，在创造力丰富的人身上更明显。东尼·博赞指出，想要大幅提升记忆力，并有效回想记忆的信息，必须运用大脑各个层面的心智能力，因而提出了思维导图法 SMASHIN’SCOPE 超强记忆力的十二项原则：

1. 联觉／五官感觉（Sensuality）；
2. 动作（Movement）；
3. 联想（Association）；
4. 性象征（Sexuality）；
5. 幽默（Humor）；
6. 想象力（Imagination）；
7. 数字（Number）；
8. 符号（Symbolism）；
9. 颜色（Color）；
10. 顺序（Order）；
11. 正向思考（Positivity）；
12. 夸张（Exaggeration）。

经过多年实践，东尼·博赞将这十二项原则重新整理，简化成十大核心记忆原则：伴随五官知觉、夸大、节奏与动作、颜色、数字、符号、次序与样式、吸引力、欢笑、正向思考。

从以上观点不难看出，融入五官感觉、发挥想象力、建立有意义的联系，是将短期记忆转化成长期记忆的有效方式。思维导图法能通过色彩传达我们对信息的感受，并通过图像对内容的重点做出有意义的联想。

睡眠与记忆

日本漫画《龙樱》（也称《东大特训班》）是以学习方法为主轴的益智类连载漫画，内容除了论及许多思维导图法（记忆树）之外，还特别强调睡眠能够增强记忆，可以帮助我们把当天学过的东西从短期记忆转换成大脑的长期记忆。究竟要睡几个小时才够？重点不在睡多久，而是睡得好不好。

斯奎尔与埃克尔·R. 坎德尔在共同研究中发现，短期记忆到长期记忆是从以历程为主的记忆（Process-based memory）到以结构为主的记忆（Structure-based memory）的转变历程，短期记忆的改变仅限于小细胞的改变。例如，移动突触囊泡的位置，使其更加接近或远离活动区域，这个历程可以改变脑细胞释放神经传导物质的能力。相反，长期记忆是新突触连接的生长，或缩回原有的突触连接。1963 年路易斯·弗莱克斯纳（Louis Flexner）发现，形成长期记忆需要新蛋白质的合成，而短期记忆则不需要。

美国麻醉与抗老医学专家卡尔萨（Dharma Singh Khalsa）博士指出，新想法或通过五官接收到的任何信息都会改变脑细胞的核糖核酸（RNA）的生理结构，因而促使其产生记忆路径的个别“位”。脑是身体的记忆库，核糖核酸是脑细胞的记忆库，存在于细胞核与围绕细胞四周的胶质细胞中，能帮助身体合成所需的蛋白质。卡尔萨博士的结论是，记忆是一种“带有密码”的蛋白质，储存在核糖核酸里。

最近的研究也证实，人们睡觉的时候，脑内的“化学工厂”会制造人体与脑细胞所需的蛋白质，以及保持大脑平衡运作的神经传导物质。研究也发现，睡眠不足会影响思考判断与情绪处理的能力，而这两项能力正是影响学习质量与记忆效果的重要因素。人从浅眠到熟睡时，会进入眼球急速跳动的阶段，这时主宰短期记忆的大脑海马体会重现白天学习、经历的事（即所谓日有所思、夜有所梦）。海马体强化白天学习、经历的内容，然后将其输送到掌管长期记忆的大脑皮质。

美国范德堡大学医学博士杰克·麦克卢尔（Jake McClure）的研究

也发现，睡眠时间超过7小时的学生接受大脑反应测试时，在视觉记忆、语言记忆的准确性及反应时间等方面的表现优于睡眠时间不足7小时的学生的表现。由此可见，良好、充足的睡眠对学习、记忆是多么重要。

一天所学的东西会通过睡眠时的重现得到强化。平时若能养成将所学的东西整理成思维导图笔记，并在睡前再次阅读的习惯，对保持长期记忆会有相当大的帮助。

三种感官记忆：视觉记忆、听觉记忆、运动记忆

卡尔萨博士进一步说明，大脑接收信息基本上有三种方式：视觉、听觉、触觉。

视觉记忆大部分储存在脑部新皮质的右边，听觉记忆大部分在左边；触觉的运动记忆大部分不是储存在新皮质，而是在小脑。

三种类型的记忆中，大多数人都只擅长其中一项。有65%的人擅长视觉记忆，20%的人擅长听觉记忆，15%的人擅长触觉记忆。美国马里兰州罗克维尔市特殊诊断中心主任林恩·欧布莱恩研究发现，中小学生在实际参与及动手操作时的学习效果较好；成年人则偏好视觉感官的学习。不过大部分人都能同时将这三种类型以不同的方式组合运用于学习。如果人在记忆时都能将视觉、听觉、触觉加以编码，信息就能储存在更多的脑细胞中。换句话说，善用视觉记忆、听觉记忆与运动记忆的人会成为一个出色的学习者，其记忆力也会非常强。

充分融合视觉、听觉与触觉能强化记忆效果，这说明光是盯着关于英国伦敦的课文，你的学习成效是有限的；若亲自到伦敦玩几天，回来之后很容易就成了“伦敦通”。难怪古人说“行万里路，胜读万卷书”。然而书本是大量智慧累积的结晶，有不可替代的价值。在知识爆炸的21世纪，不但要行万里路，更要博览万卷书。两全其美的方法是，在阅读文章时发挥想象力，让文字内容变成情境画面，这样更能提升学习记忆的效果，这也是思维导图法强调的视觉思考的重要原则。

大脑记忆与思维导图法

综合以上的理论探讨可以得知，为了有效提升学习记忆的效果，学习者在心态上必须强化三个原则：

◎自信心：自己的能力不会比别人差。

◎企图心：今天的我要比昨天进步，明天的我要比今天更进步。

◎坚持心：绝不给自己半途而废的借口，一定要全力以赴。

超强记忆力用到的技巧主要有情节式记忆与空间位置的记忆。要强化记忆力，就得发挥想象力，以虚拟现实的方式融入五官的感觉，将其内容联想在一起，保持积极的心态，对所学的事物产生发掘兴趣，同时，还要善于运用大脑吸收信息的以下五大原则。

1. 初期效应：把最重要的内容放在开始的学习时间段。

2. 近期效应：利用休息前三到五分钟的时间，快速复习刚才所学内容的重点。

3. 关联原则：把内容重点跟自己的兴趣、经验、时事联想在一起。

4. 特殊原则：用不同颜色的荧光笔标示不同属性的重点，用插图强化重点及重点内容代表的含义。

5. 重复原则：学而时习之，掌握复习的要领与时机，并将思维导图笔记作为复习工具。

掌握整体概念，主动学习

基于记忆的原理，运用思维导图法绘制笔记时，关键词的筛选与逻辑分类、阶层化呈现的分类结构或因果关系，以及用连接线指出的概念之间的关系，可以让思维的语义结构更加精练、简洁易懂。先掌握整体概念，再慢慢了解细节之间的关系，是一种主动思考、学习的过程，符合建构主义的学习观与精致化理论的原则，以及大脑有效吸收信息的关联性法则。

帮助大脑有效记忆

思维导图法强调以可视化的图像来强调重点。第一阶的主干线条相较支干线条更粗，第一阶的主要概念文字的字体大于次要概念，使用英文字母时第一阶均以印刷体大写书写，较特别的主要或次要概念在线条样式上可以采用圆角方形或图文框等，这些都是为了达到大脑有效记忆的特殊性原则。

分类切实，有益于复习

思维导图法的应用强调对文字内容要产生有意义的联想，通过颜色来区分类别，并表达对信息内容的情绪感受，再配合神奇的数字：7 ± 2 法则。在整理考试要记忆的思维导图笔记时，分类尽量不超过五类，七类已经有点勉强，九类是极限。若信息内容的类别较多，可根据相似类别将其另外整理成一张思维导图。每一类别之后的内容描述也尽量以不超过五阶为原则，这样思维导图笔记才显得简洁有重点，并对之后的复习产生积极的影响。这不仅符合有效记忆的重复原则，也实践了孔子“学而时习之”的教诲。

帮助左右脑均衡发展

思维导图法的操作定义中强调的“关键词”“逻辑分类”“阶层化概念”属于左脑的能力，“图像”“色彩”则属于右脑的能力。善用思维导图法可以让我们兼具逻辑与创意、科学与艺术、理性与感性。更重要的是，学习者自己整理、绘制思维导图更能强化学习效果。将思维导图法作为学习的辅助工具有助于将信息从短期记忆转化为长期记忆。

第四章

语义学

在人类生活中，重要的认知活动之一就是沟通交流，语言扮演着重要的角色，是人类文明与文化的重要特征。语言包含理解、表达、会话三种不同的层次。

1. 理解：想要与他人沟通交流，首先要听懂别人说的话。

2. 表达：为了达到交流的目的，除了听懂别人说的话，也要清楚地表明自己的想法。

3. 会话：在与他人沟通的过程中，若想要相互了解，就必须通过会话的方式，不断地去理解他人的想法并表达自己的想法。

认知是大脑重要的信息处理过程，包括信息的获取、加工并转化成知识，知识的分类检索与记忆，知识的推理与运用，知识的创造等。从语言的角度来看，认知过程包括语义的记忆、运用与推导，从而获得正确的语义解释。无论是大脑处理语言还是语言学的理论，都离不开语音层次的知识（语音中的声音系统）、语义层次的知识（词与句子的意义）、语法层次的知识（词与句子的结构安排）三部分。

博赞的思维导图法源于普通语义学，思维导图的树状结构与网状脉络又源于阿兰·柯林斯教授的“语义网络”。因此，我们要从语义学的相关研究中做粗略的探讨，以便掌握思维导图法的应用原则。

语言的思维与思绪联想

威廉·冯特（Wilhelm Wundt）是心理语言学的奠基人，他认为句子是语言的核心，语言表达是把大脑思维转换成顺序排列组合的语言成分，语言理解的过程则与表达相反。冯特进一步说明，句子是一个有机体，是认识层次的一个整体。

人类从非语言思维进化到语言思维的阶段，必然出现的思维的基本单位是“词语”。句子由词语组成，因此我们有必要了解什么样的规则可以限定并说明这些句子是有意义的。最早关于语言心理的实验都是建立在经验主义及联想主义的基础上的，因此，冯特做了一次

“语言联想测验”，让接受实验者根据某一个字（词语）说出它的从属词、并列词。例如，让受测者说出“笔”的从属关系词和并列关系词。从属词可以是“文具”，因为“笔”从属于“文具”，也就是说，“笔”是“文具”的下一阶；从属词也可以是“铅笔”，因为“铅笔”从属于“笔”，也就是说，“铅笔”是“笔”的下一阶；并列词则可以是“橡皮擦”，因为“橡皮擦”与“笔”并列，都从属于“文具”，也就是“文具”的下一阶。

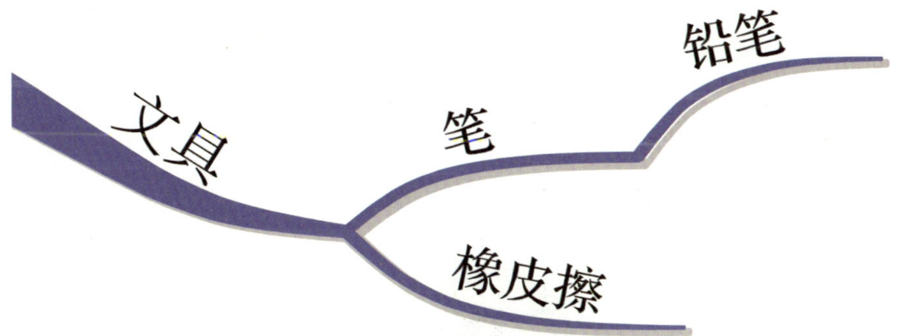

威廉·冯特的从属与并列联想

从思维导图法的扩散思考的角度来说，其联想的逻辑结构有水平思考的“思绪绽放”（Brain Bloom）与垂直思考的“思绪飞扬”（Brain Flow）两种类型。思绪绽放的结构属于并列词，思绪飞扬的结构是从属词。

语言的规则和句子的组成

20 世纪 60 年代心理学的语言研究开始逐渐重视语言学，语言学的目的在于描述与解释语感，不仅提供了形式化的语法描述手段，而且结合了词义成分的分析，说明某个词语与另一个词语是如何与涉及的对象产生关联的。周建设指出，词语的具体内容包括（1）对象：真实存在的实物，或因想象力产生的虚构事物。（2）性质：描述对象的属性。（3）关系：对象与对象、对象与性质、性质与性质之间的关联性。

普林斯顿大学哲学博士卡茨（Jerrold J. Katz）与心理学家福多（Jerry Fodor）在1963年共同发表了一篇重要的语义学论文《语义理论的结构》（*The Structure of a Semantic Theory*）。第二年，卡茨又与语法学家波斯特（Paul M. Postal）合作出版了语义学专著《语言学描述的整合理论》（*An Integrated Theory of Linguistic Descriptions*），独特的语义理论由此形成了。麻省理工学院语言学教授乔姆斯基（Noam Chomsky）提出了"转换——生成语法"。乔姆斯基认为人类有能力表达或理解以前从来没有听过的新句子，这说明语言知识或语感可以由一系列语言规则表现出来：

句子（S）＝名词词组（NP）＋动词词组（VP）。名词词组与动词词组又可以进一步解构分析成：名词词组＝限定符（DET）＋名词（N）；动词词组＝动词（V）＋名词词组。

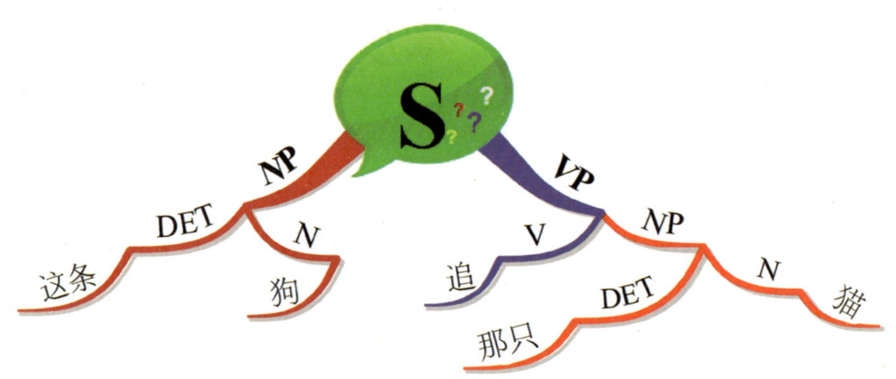

"这条狗追那只猫"句子的树状结构

"这条狗追那只猫"这个句子中有两个名词词组，直接从属于句子（S）的名词词组是主语，从属于动词词组的名词词组是宾语。

有时候，动词词组由一定要具备的词语和可有可无的词语（括号中的词语）组成：动词词组＝动词＋（副词）＋（数量词）＋（形容词）＋名词。

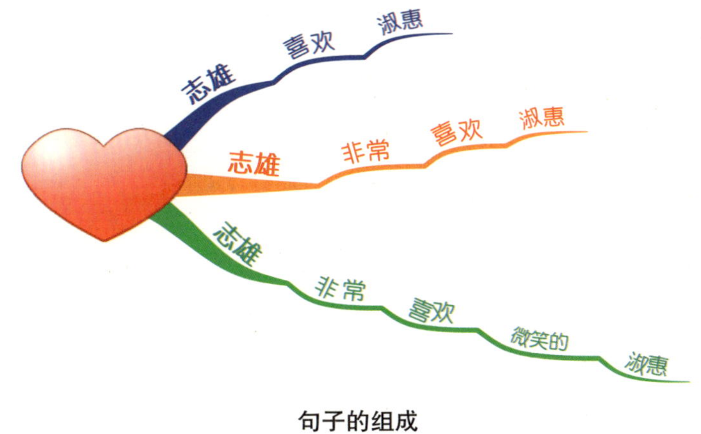

句子的组成

从规则中可以得知，句子是由必备的名词、动词，以及副词、数量词、形容词组成的。因此在思维导图法结构中，关键词的运用原则是，名词为主、动词次之，再加上必要的形容词、副词、数量词等。

符合语法的规则

“语言”是由无数个符合语法规则的句子构成的。语法代表母语使用者对自己语言的认知，多数人对这一认知只能意会而不能明确表达出来。例如，我从小在高雄长大，闽南语是我的母语，我虽然会讲，但不太清楚其中的语法。美国加州大学伯克利分校语言学教授斯洛宾（Dan I. Slobin）说，一个人在生活中接触到的语言也在他的大脑中建立起一套跟语法规则相呼应的心理语言系统。无论如何，语法必须符合下列两大标准。

1. 语法必须有能力限定什么语句在语言中符合语法规则，什么语句不符合语法规则。这是语言学所谓的观察的充分性（Observational Adequacy）。

2. 语法必须能够说明语言中不同成分之间的关系。也就是说，语法不仅要能正确组合词汇，也要能解释彼此关系。这是语言学中所谓的描写的充分性（Descriptive Adequacy）。

有四个词语，“我”“苍蝇”“打死”与“一只”，它们有很多种组合方式，我列举以下几种：

我打死一只苍蝇。
我打死苍蝇一只。
苍蝇我打死一只。
苍蝇打死一只我。
我一只打死苍蝇。
我一只苍蝇打死。

按照中文的习惯，我们发现第一种与第二种组合比较合适，因为它们符合“高频优选”与“语义亲疏”的原则。所谓“高频优选”，简单来说就是在日常用语中最常见的组合；“语义亲疏”指的是语义联系最紧密的组合，被视为最合适的组合。

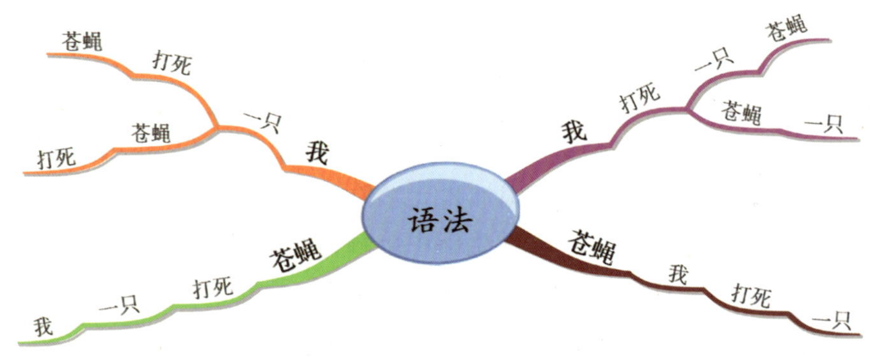

符合“语法”与错误“语法”的思维导图结构

思维导图的结构中，每一个线条上以书写关键词为原则，尽量避免一长串句子。从上面的思维导图中可看出，右边紫色与咖啡色两个主干的内容是符合“语法”的思维导图结构，左边橘色与绿色两个主干的内容则是错误的。因此，在设定关键词的排列顺序时不仅要注意观察的充分性，也要考虑描写的充分性，否则会让人误解，或看不懂思维导图表达的内容。这是思维导图法初学者经常遇到的困惑与常犯的错误。

语义结构与基本单位

可以通过分解意义的基本单位，以及它的意义结合规律来说明句子在语言中的意义。因此，我们可以从一个句子中的意义了解其他相关句子的意义，并创造出类似的句子。然而把一个句子拆解成数个独立的词语是一个难题，因为它牵扯到双重语义的问题。例如，“小学生活动力”，我们可以根据基本词语单位将其拆解成：

小学生、活动力；
小学、生活、动力。

以上两种都是正确且常见的词语，但两者却有不同的意思。为了解释语义结构，人工智能专家创立了树连接语法（Tree Adjoining Grammar），它把每个词语视为基本结构单位。树状结构有“主要树形”与“附加树形”两种。主要树形由句子的基本结构“主语”“谓语”与“宾语”组成；附加树形由基本句子的其他成分构成，例如，“形容词”“副词”，也就是核心词语的修饰语。

思维导图是由主要树形的主语、谓语、宾语组成的。曾经担任惠普科技企业服务器暨储存事业处总经理的廖仁祥先生指出，会议中与同事讨论问题、寻求解决方案时，都只说出主语、谓语、宾语就好，他认为这是最有效的沟通方式。至于附加树形的形容词、副词等是否需要在思维导图的结构中出现，则依照实际情况来决定。如果省略会对内容产生误解则不能将其省略，要把必要的形容词、副词，甚至介词都加进去。总而言之，思维导图的内容要以精简的主要树形为原则。

语法结构的排列组合

语法就像一棵树，由我们心智模型内各种相对的关系构成，它不仅超越了传统的文字顺序，也不同于语法用语的定位功能。借助语法，说话者可以迅速把自己的心智模式传达给听者。一个句子的意义取决于句子中词语的意义及语法结构，词语相同、排列组合不同，会有不同的意义（如下图句子的词语排列）。

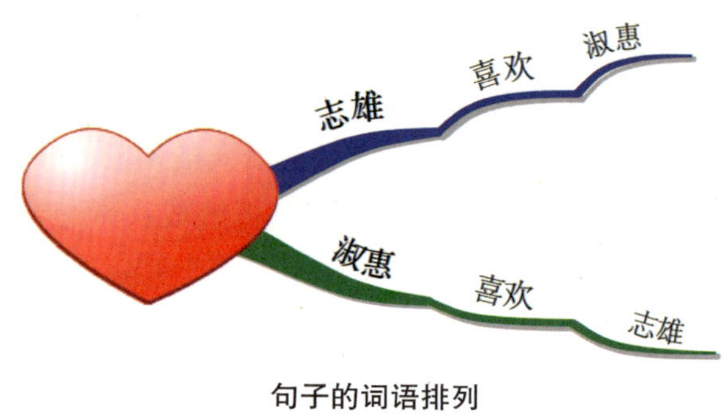

句子的词语排列

虽然每个句子都是由“名词”词组与“动词”词组构成的，但是这一规则并不能涵盖所有的句子，例如“那条狗，毛很长”“手洗了没”。

充满活力的老师和学生

“充满活力”在句子中存在歧义，因为它可以修饰“老师”与“学生”，也可以只修饰“老师”。因此这个句子可以有两个树状结构：

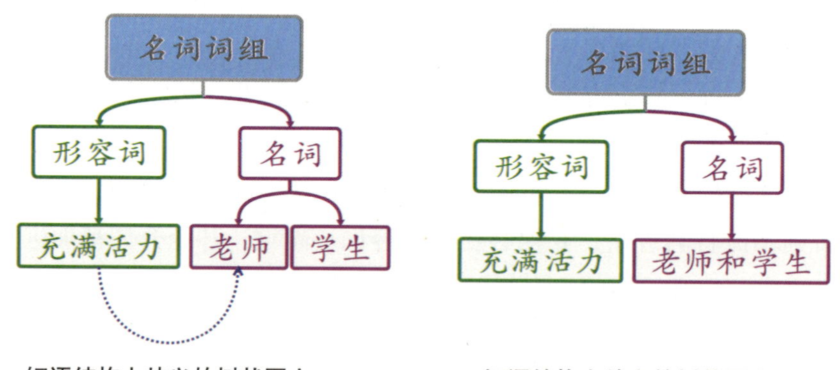

短语结构上歧义的树状图之一　　短语结构上歧义的树状图之二

用思维导图整理文章重点笔记时必须注意结构上是否存在歧义，当“充满活力”修饰“老师”与“学生”时，画法如图1；若只修饰

“老师”，当如图 2；图 3 则是一般思维导图笔记中常见的写法，这种结构无法让我们正确判断“充满活力”修饰的对象。

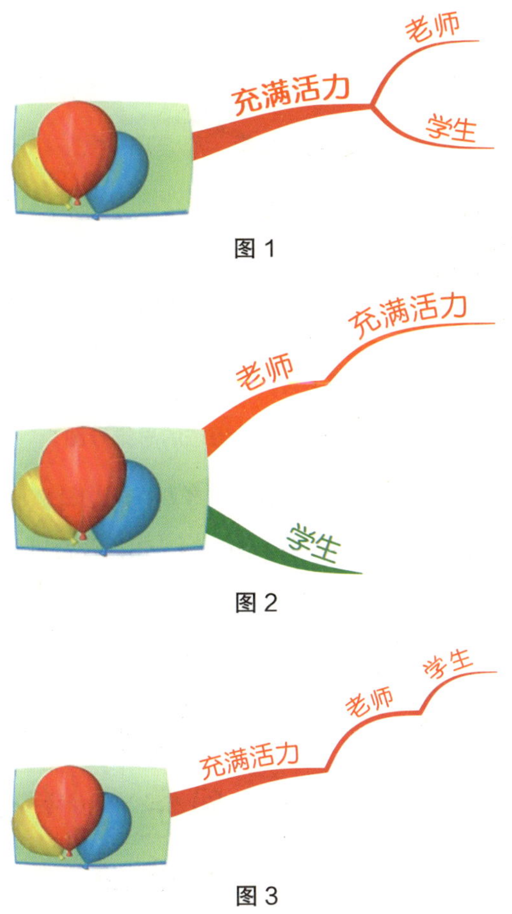

图 1

图 2

图 3

转换句子的语态

句子转换是指词语的添加、删除或重新排列组合。用规则排列产生句子的过程被称为“派生过程”，最常见的转换语法方式是将主动式转为被动式，例如，“老师夸奖我”转为“我被老师夸奖”。这一转换包含着复杂的派生过程。首先，两个名词调换了位置，第二个名词“我”调到第一个名词“老师”之前；其次，第一个名词“老师”之前加了一个“被”字；原本在两个名词之间的动词，被调到两个名词之后。主动语态之所以能派生出被动语态，是因为两个句子的深层结构是一致的。下图是关于这两种语态的思维导图。

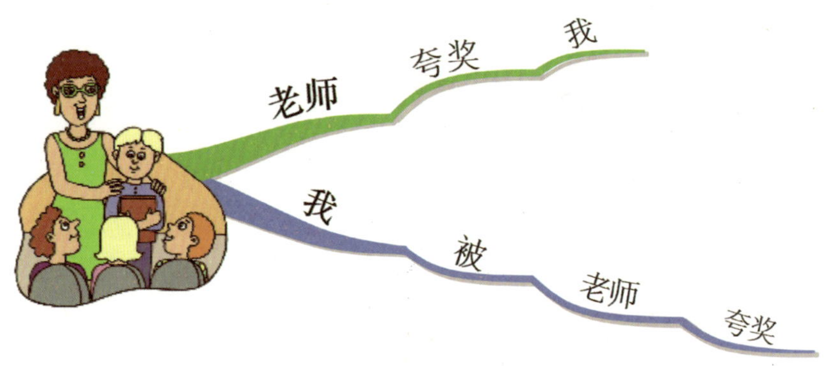

变换主动语态和被动语态的思维导图

在思维导图的树状结构中，为了将具有共同概念、涵盖层面较广或出现次数较多的词语放到上一阶，例如，“老师夸奖我，同学夸奖我，邻居也夸奖我”，这时若要转换思维导图中的句子结构，即把“我”调到最上面一阶，就要注意主动语态与被动语态。

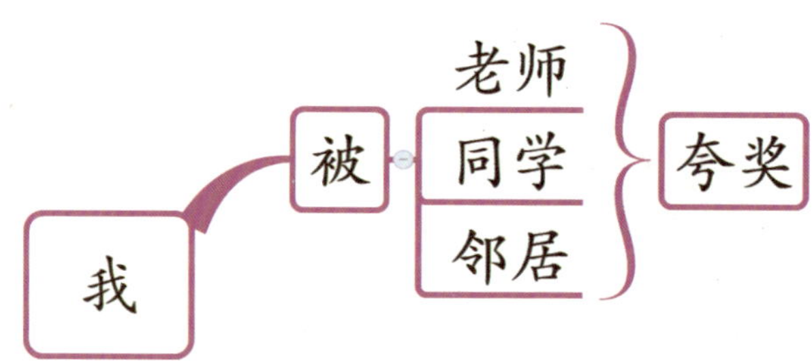

变换主动语态和被动语态的树状图

内涵与外延的逻辑顺序

首先对语言符号提出内涵与外延概念的是英国哲学家密尔（John S. Mill）。内涵意义是质性的、情绪感受性的，通常以某种价值或偏好来表达。美国伊利诺伊大学香槟分校的心理学教授奥斯古德（Charles

E.Osgood）在 1942 年用语义分析法（Method of Semantic Differential）的评价、力量和行动三个基本概念来说明各种语言的内涵意义，区分不同文化团体的差异。内涵是事物归属的类，外延是事物构成的所有的类。换句话说，内涵相当于归纳的动作，外延则有演绎的含义。

“面包”这个词的内涵是“食物”，外延是一切可以称为面包的东西，包括吐司面包、菠萝面包、红豆面包、肉松面包、奶油面包、杂粮面包。下面的思维导图可以很清楚看出面包的内涵与外延的关系。

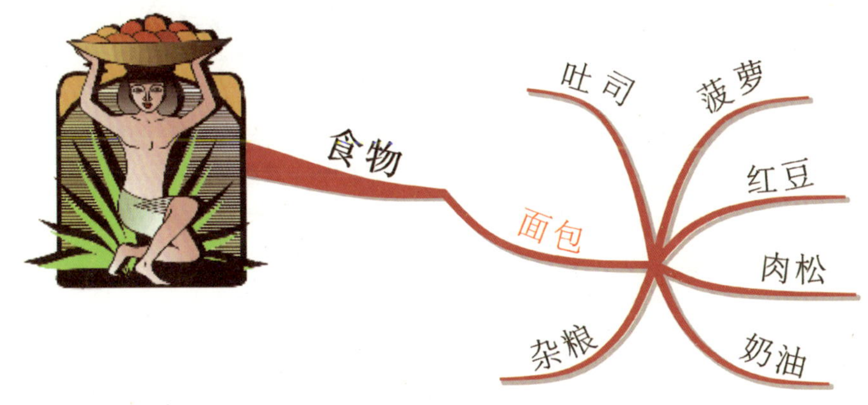

面包的内涵与外延

语义网络结构

语义网络是由代表具体或抽象概念的节点，以及指出概念之间关系的连接线所组成的。奎利恩（Ross Quillian）于 20 世纪 60 年代试图在电脑模拟中，通过语义网络来搜寻和理解信息。它从两个或多个节点的概念扩散出更多的想法，直到发现一个解答。可以将语义网络看成一组事实的描述，方便我们理解内容。其特点是：

1. 它是自然语言概念的分析。
2. 同一阶的词语的逻辑具有相同的表达能力。
3. 能通过解释程序进行推理。
4. 能够清楚地表达事物的相关性。

5. 相关事实可以从节点概念推论出来，不需浏览全部知识库。

6. 通过“是”（is-a）和“次”（subset）在网络中建立下一阶概念，这样易于进行演绎推理。

7. 运用少量概念即可描述状态和动作。

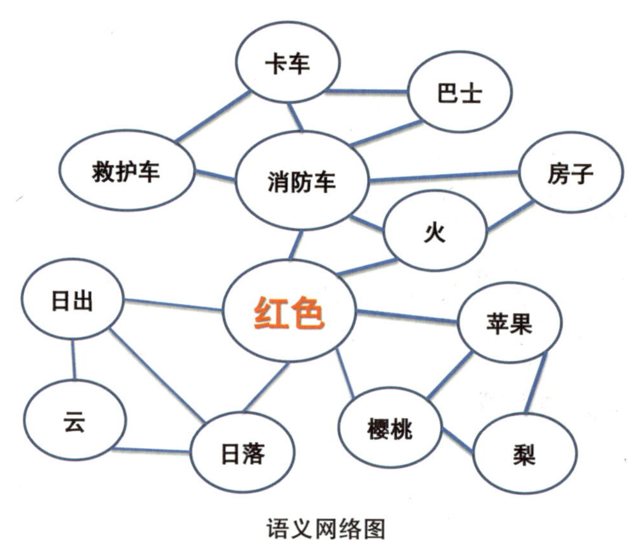

语义网络图

从上面的语义网络图中可以窥见思维导图树状结构的雏形。为符合语义网络的定义，在思维导图的结构化放射性思考模式中，尤其是在信息分类时，同一个阶层的信息必须具有相同的逻辑或属性。

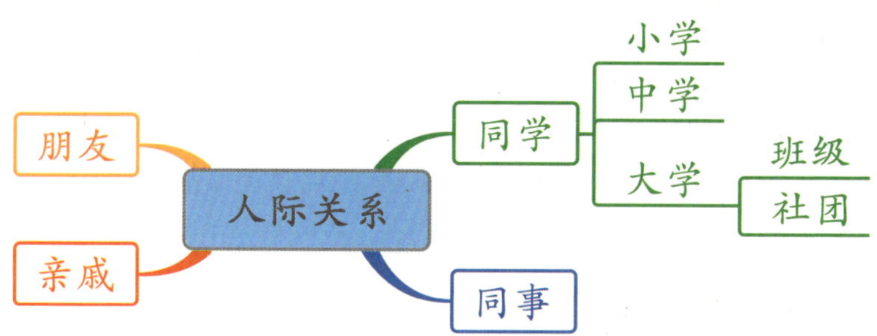

同一个阶层的信息具有相同的逻辑或属性

阿兰·柯林斯和奎利恩在其典型研究中得出的结论支持了“信息在长期记忆中是以网络形式储存的”这一观点。网络是一种阶层化结构，其中关于特定的事实，依其本身的普遍性而被储存在不同阶层中，下图即表达了这样的网络结构，在较高一阶成立的事件，在较低一阶也成立。

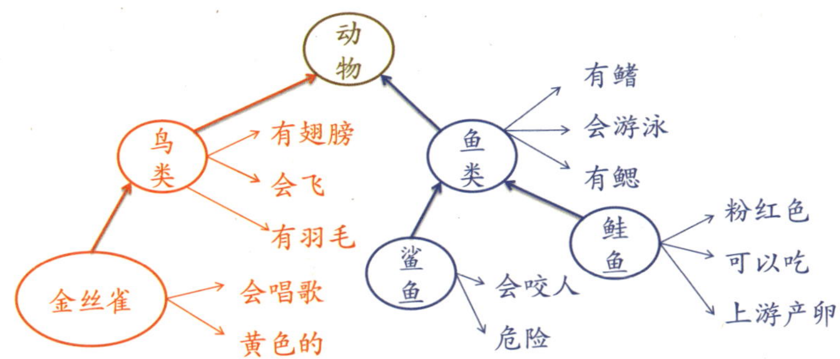

阿兰·柯林斯和奎利恩的阶层化组织语义网络结构

阶层化组织语义网络结构若以思维导图呈现则如下图所示。

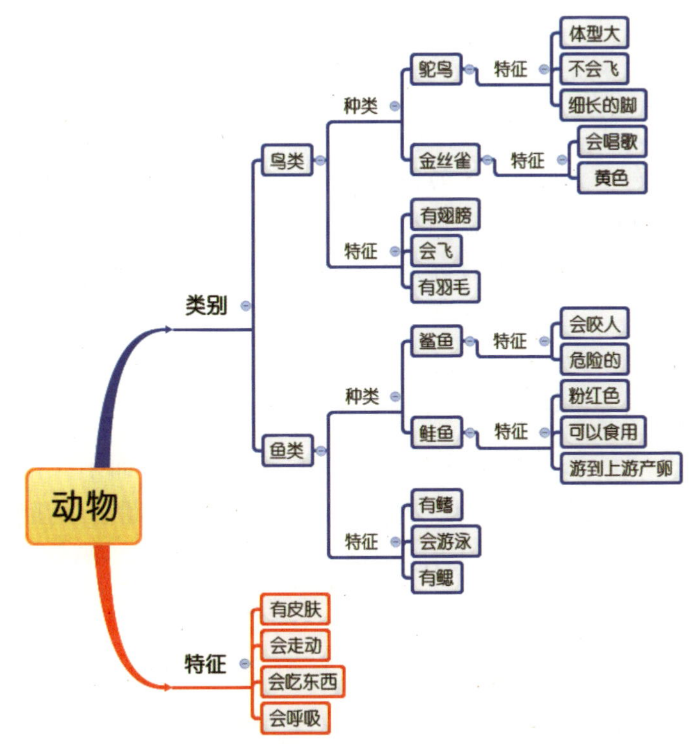

以思维导图呈现阶层化组织语义网络结构

思维导图法的词语运用原则

思维导图法的缘起与结构都与语义学有着密不可分的联系。通过思维导图呈现出来的内容，包括语义的知识及语法的知识。从语义知识的角度来看，思维导图法的词语运用原则是：

1. 词性选择以“名词”与“动词”为主，“形容词”“副词”等为辅。

2. 在每一线条上，词语数量尽量以“一个”为原则，必要时才使用两个及两个以上的词语。

从语法的角度来看，思维导图法展开的树状结构组织图必须考虑：

1. 从“观察的充分性”与“描述的充分性”来建构符合语法规则的词语组合，并注意到不同的句子结构的排列是否会造成不同的词语意义和一词多义造成的歧义的问题。

2. 句子转换的过程中，词性的变换。

3. 内涵与外延时的逻辑顺序与分类阶层的组织结构。

思维导图法很重视运用“关键词语”（keyword），本书中称其为“关键词”，与我们常用的“关键字”一词其实是一样的意思。在英文里，每一个“词语”都是一个单词，很容易辨别。而中文的“词语”会由一个、两个或多个“字”组成。为避免思维导图法中强调每一个线条上写一个“keyword”的原则被误解成只能写一个中文“字”，而非一个中文“词语”，因此，本书用“关键词”来表达。

第五章

知识地图学习法（KMST）

17世纪的哲学家洛克（John Locke）曾说，我们感觉到的世界，不是由零散的知觉碎片随意堆积而成的，而是一个有组织的系统的整体，在这个世界中，每一件事物都与另外的事物有关联。知识、概念也是如此。因此，在强调知识经济的21世纪，有系统的组织概念、建构知识就显出其重要性与必要性。在本章，我将说明演绎与归纳、分类与整合知识的方法，最后提出以思维导图法为基础的KMST（Knowledge Mapping Study Technique，知识地图学习法）。

知识的演绎与归纳

人类通过以下方法获取知识：根据经验、诉诸权威、演绎推理、归纳推理与科学的方法，其中演绎法与归纳法是主要的方法。

演绎法（deduction）

演绎法是人类为了探究真理而进行的系统的研究，最早源于亚里士多德，后来由法国学者笛卡儿正式提出，是一种运用逻辑推理进行论证的方法。演绎法以理性为前提，根据必然前提推演出必然结论，在大前提、小前提与结论之间，建立一种由一般到特殊的逻辑关系。此种推理方式亦称为直言三段论（也称作范畴三段论、定言三段式等）（Categorical Syllogism）。

演绎法有两个基本方法：正断法与逆断法。正断法的推论原则为"A则B"，若满足A条件，则B一定成立；逆断法的推论原则为"A则B"，若B不成立，则A一定不成立。

演绎法的特点是前提如果为真，则结论也为真。但如果前提为假，那么结论也是假的。因此，演绎法的直言三段论是由具有普遍性的陈述开始，然后根据逻辑做推论，最后获得个别的陈述。

归纳法（induction）

归纳法是英国学者培根提出的认知方法，他认为应采取直接观察的方法，观察许多个别现象，探求其共同特征或特征之间的关系，从而得出结论或推断原理，进一步将结果推论至其他未观察的类似事例。归纳法有两个常用的方法：

1. 从过去发生的事情中推断将来发生的事。例如，过去中东地区只要发生战乱，全球石油就涨价。所以，未来只要中东地区有战争，石油就会涨价。这个推断的缺点在于，以前的事情发生时有其特定的条件，若未来该条件不存在，事情则不会发生，那么原先的推论就会被推翻。

2. 从片面看全部，以偏概全。例如，我家附近几家杂货店的米涨价了，所以推论，现在的米都涨价了。但如果发现有些地方的米没有涨价，这个推论就无法成立。

归纳法是人们通过观察、收集、记录事物，然后找出其共同特征或关系，推论到其他相似事物上，最后得出一个通用的规则。

思维导图法在演绎与归纳中的应用

思维导图的树状结构在表现逻辑思维的形式上，有分类的层次、因果关系与事物的描述，操作原则是一线一词。对于演绎时的命题思考，可以通过分类的层次或因果关系的树状结构展开更多的可能性，强化思维的缜密程度。例如，“电视需要电力”，在思维导图上的写法是“电视”“需要”“电力”（参见图 4），从“需要”这里我们展开思考，除了原来的“电力”之外，你还可能会想到“信号”“输入”（参见图 5）。

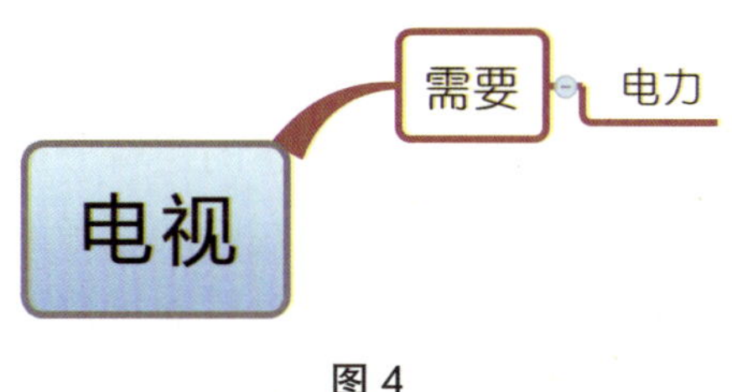

图 4

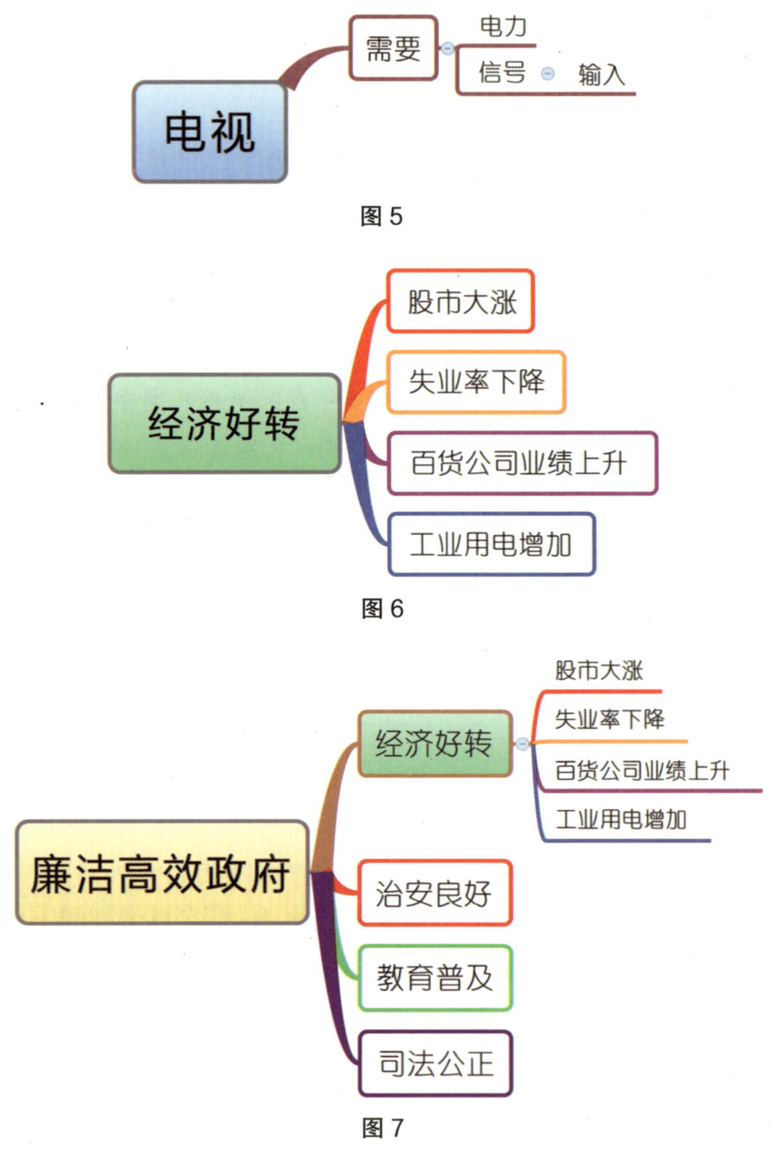

图 5

图 6

图 7

思维导图法是以树状结构来表现信息的逻辑分类与层级关系，又通过网状脉络指出不同概念之间的关联。在归纳思考的过程中，可以运用思维导图的树状结构呈现共同特征的信息，通过可视化的图像让思绪更清晰明了。例如，“股市大涨”“失业率下降”“百货公司业绩上升”与“工业用电增加”的共同特征是因为“经济好转”（参见图 6）。“经济好转”“治安良好”“教育普及”与“司法公正”的共同特征是需要有个“廉洁高效政府”（参见图 7）。

知识分类与整合

分类是区分不同事物或把相似事物集合在一起的一种逻辑思考方法。日常生活中大脑的运作（例如，头脑风暴、记忆、问题分析与解决）都与分类有关。美国著名教育家杜威（John Dewey）曾说过：“所有的知识都是分类。”知识分类有两种方式，第一种是由上往下，将不同的事物做“群组分类”；第二种是由下往上，把相似的事物集合在一起做“概括分类”。详细的知识分类可以帮助我们了解事物，换句话说，分类是一种看待世界的方法，分类者将其感兴趣的事物现象与其他事物现象之间的关系呈现在情境脉络中，以描述、解释、预测现象，以及产生新知识。从分类方式中可以看出分类者的世界观。

柯沁曼（Sherry Koshman）指出，人类用分类的方式构建知识体系，主要目的是通过简洁的分类图表来说明事物之间的关系，以提升记忆效果。同时，也能更容易检索到需要的信息，描述并构建相似事物之间的关系。分类是依据事物之间的关系，将其排序分组。这些关系可以是显而易见的，也可以是推理出来的。

分类图表不仅能表现出知识概念，更能将这些概念以系统的方式组织起来，形成有次序的结构。因此，分类图表的功能是描述与解释概念与概念之间的关系结构，厘清其中的关系，更有效地呈现知识。至于所谓的种类，则是与分类息息相关的抽象概念，在分类过程中，种类被视为分析与组织事物、现象、知识的工具。

我们在日常生活中常用的分类思考方法有很多，这里以职场常用的 KJ 法及金字塔原理来说明“由下往上”与“由上往下”两种形成知识类别的过程与方式。

KJ 法

KJ 法针对某一个特定主题，通过 A 型图解收集大量的信息、意见或资料，再根据它们的关系进行概括、分类。KJ 法是由日本东京工业大学教授川喜田二郎（Kawakita Jiro）创立的，KJ 法本质上是一种以语文为主体的定性数据处理方法，其应用范围十分广泛，同时也是一种常用的头脑风暴法。用 KJ 法整理资料的基本操作步骤如下：

1. 把信息或想法写在卡片上。想法越多越好，原则上，每一张卡片只写一个信息、概念或想法。

2. 根据写好的卡片内容的相似性予以群组化。

（1）小群组：将类似的卡片放在一起，形成一个小群组，并根据这个小群组中每一张卡片内容的属性为这个小群组取一个类别名称。

（2）中群组：将类似的小群组放在一起，形成一个中群组，并根据这个中群组中每一个小群组的名称属性为这个中群组取一个类别名称。

（3）大群组：将类似的中群组放在一起，形成一个大群组，并根据这个大群组中每一个中群组的名称属性为这个大群组取一个类别名称。

3. 以图解的方式，呈现大类、中类、小类与卡片内容（如下图所示）。

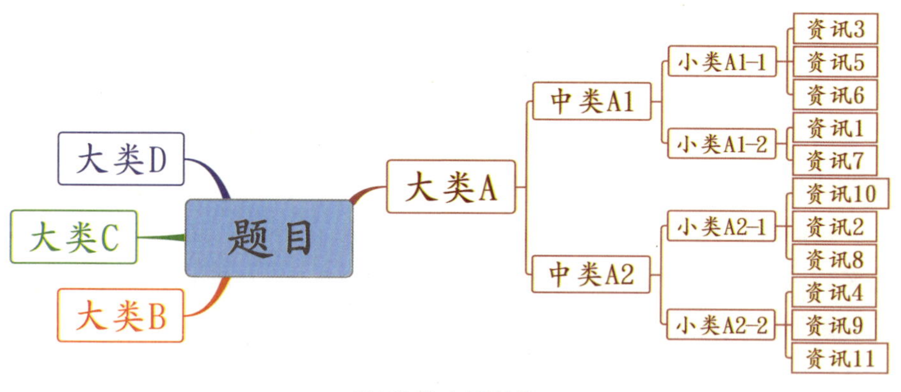

KJ 法的 A 型结构

金字塔原理

金字塔原理是由麦肯锡管理咨询公司的明托（Barbara Minto）于1973年提出的思维建构法。管理大师大前研一在《思考的技术》中所提到的金字塔结构思考法正是源于明托的思维建构法。这是一种兼具水平关联与垂直关联的思考模式，同时涵盖由上而下与由下往上的分类方式，不仅适用于写作、思考、提问，也可以应用于书面或口头报告。

明托指出，人类的大脑会自动对每件事物进行排序，把同时发生、相关联的一组东西视为同一类，并进一步把一种逻辑模式套用到某一个类别上。例如，咖啡、泡面、花果茶、卤味、蛋糕、松饼看似不相干，但是大脑会把咖啡、花果茶归纳为“饮料”，把蛋糕、松饼归纳为“点心”，将“饮料”与“点心”归纳成“下午茶”，把泡面、卤味归纳为“消夜”，再将“下午茶”与“消夜”归纳为“食物”。

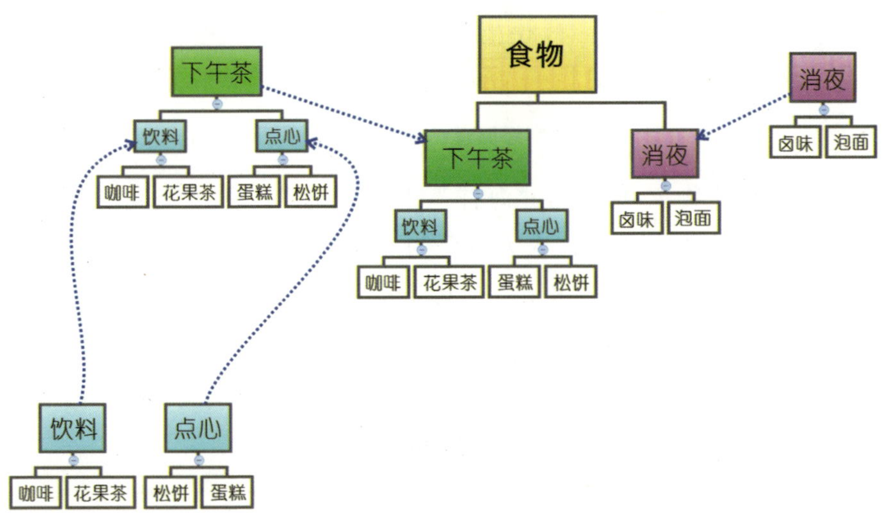

金字塔原理：由下往上

事物数量较多时，为了方便记忆，大脑也会对它们进行逻辑分类，例如，燕子、自行车、小狗、海报纸、毛笔、轮船、打印纸、货车、乌鸡、飞机、钢笔、独木舟、鲸鱼、鲑鱼等14个项目，可以将其先分成“动物”“交通工具”“文具”三大类。

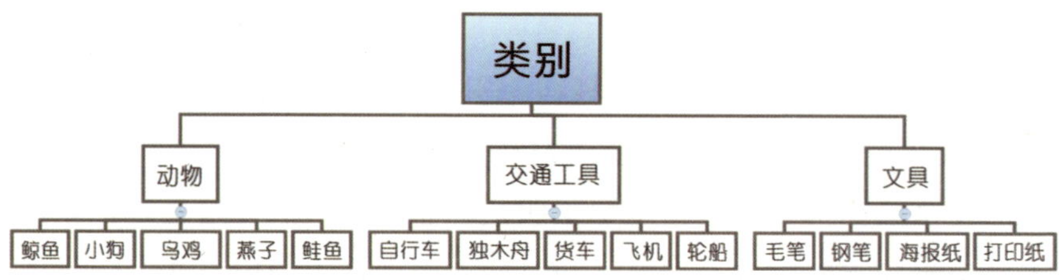

金字塔原理：由上往下 1

动物又可分成“胎生类”与“卵生类”；交通工具可分成“人力”与“动力”；文具也可分成“笔”和“纸”。

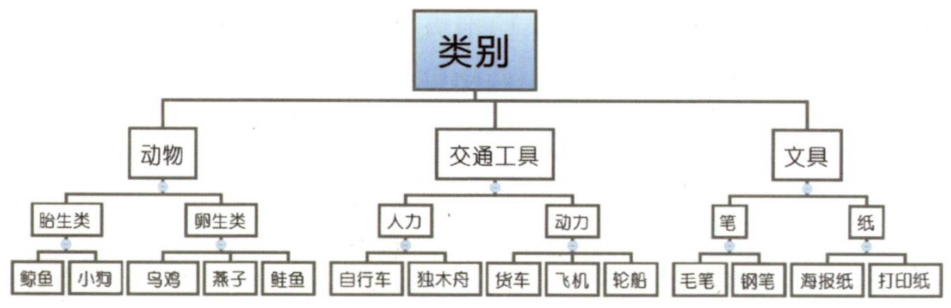

金字塔原理：由上往下 2

胎生类动物又可分为“海洋”与“陆地”，卵生类可分成“陆上”“天空”与“海洋”；人力可分为“陆上”与“水上”；动力可分为“陆上”“天空”与“水上”；笔可分为“古典”与“现代”；纸可分成“大张”与“小张”。

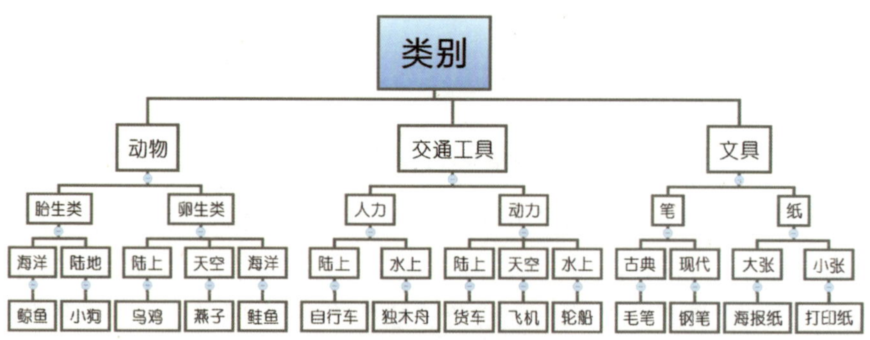

金字塔原理：由上往下 3

金字塔原理的应用范围非常广，上面两个例子仅就分类上说明。第一个例子是由下往上地从小类、中类到大类的归纳分类，形式上与 KJ 法非常类似；第二个例子则是由上往下，从大类、中类到小类的归类。无论是哪一种形式的分类，分类与命名都一定存在某种逻辑。举例来说，在“交通工具”的分类下，先将交通工具分成“人力”与“动力”，之下再分成“陆”“海”“空”。也可以先将其分成“陆”“海”“空”，然后再将每一项下一阶的信息分成“人力”与“动力”。两种形式在逻辑分类上都没有错误，但究竟把哪一个放在上一阶，哪一个放在下一阶较佳？这个问题没有标准答案，但是跟解决问题或思考事情的“目的”或“优先级”有关，如果在交通工具的选择上先考虑会不会耗费体力，那么“人力”“动力”就会在“陆”“海”“空”的上一阶，反之亦如此。

分类与阶层法（CHM）

根据我的教学经验，我发现，思维导图法的初学者最常面临的困惑是画出中心主题图像之后，接下来就不知道该在树状结构第一个阶层的内容中写什么。或是将一段文章整理出重点后，却不知该如何归纳出上层结构的名称。这时，如果能运用 CHM（Classification & Hierarchy Method，分类与阶层法），就能解决以上困惑。

要如何决定或选择思维导图主干上的类别？博赞提出了在不同知识领域的逻辑分类原则 BOIs（Basic Ordering Ideas），这可以作为展开思维导图第一阶层类别名称的选择：

1. 问题本质分析：以 5W1H（六何法）来分类。
2. 书本：以章／节／主题来分类。
3. 属性内容：以事物的特性来分类。
4. 历史：以发生的时间顺序来分类。
5. 结构：以事物形态来分类。
6. 功能：以工作内容来分类。

7. 流程：以事物如何进行来分类。

8. 评价：以“好 / 坏程度”“价值”“事物的利益”来分类。

9. 类别：以事物之间的关系或属性来分类。

10. 定义：以事物的含义来分类。

11. 个性：以角色或人格特质来分类。

思维导图法虽然是个性化的思考与学习工具，但我们在运用时还是必须遵守一定的原则，以便更有效率地组织知识与产生知识。

因此我统整了演绎与归纳、KJ 法、金字塔原理与东尼·博赞的 BOIs 原则，归纳出思维导图的分类与阶层法。这一方法的运作原则是在决定第一阶信息时，除了上述博赞的建议之外，还可以结合管理策略或学习策略作为逻辑分类。例如，项目管理可以采用五大流程与十大知识领域来分类；文章笔记可以采用“人、事、时、地、物”“5W1H”或“开始（原因）、经过、结果”来分类；上课、听演讲的笔记可以根据演讲大纲或自己关心的问题来分类；会议时可以根据讨论议题来分类。无论如何，重点在于依照实际情况选择合适的阶层，而非随意选择，对同一个阶层尽可能采用相同的逻辑属性概念。除非是创意构思时的自由联想，才可以出现天马行空的概念。

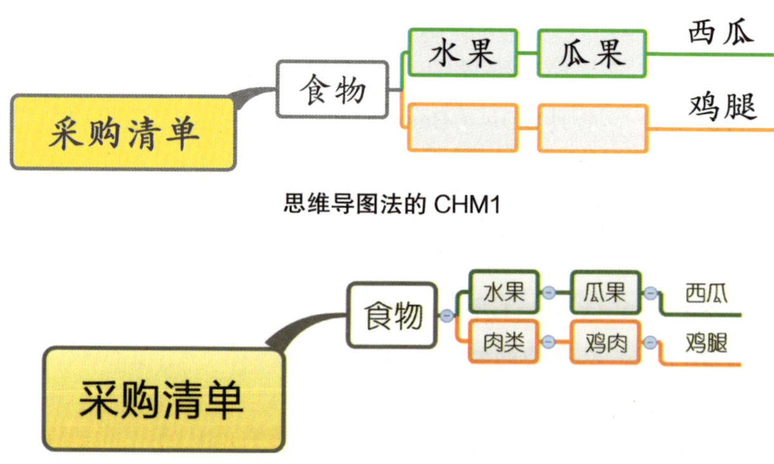

思维导图法的 CHM1

思维导图法的 CHM2

确定了第一阶的主题之后，接下来就是确定第二阶、第三阶等各个下位阶了。事物的分类会是中类、小类到内容的描述说明，例如，第一阶是“食物”，第二阶是“水果”，第三阶是“瓜果”，第四阶是“西瓜”。如果大脑中首先出现了“鸡腿”，我们要思考它应该归在哪一个大类之下，并补充大类与鸡腿之间该有的中类、小类。

以 5W1H 或项目管理的流程、知识领域做第一阶分类，要决定第二阶之后的分类主题就必须依照实际情况进行不同的选择，例如，

5W1H 的 CHM 分类 1

5W1H 的 CHM 分类 2

5W1H 的每一项目之下的第二阶也是 5W1H，“地点”（Where）的下一阶又分别是“为什么选择这个地点”（Why）、“谁可以决定地点”（Who）、“什么时候要决定地点”（When）等。

也可以分成大、中、小类的形式，例如，“地点”的下一阶是“室内”“户外”，再下一阶是“教室”“礼堂”或“操场”“公园”。

要分析问题与解决问题时，因果关系中的每一阶层也应依实际应用的需要，衍生出不同的阶层化分类。例如，因果关系中，第一阶是“问题”，第二阶是“造成的原因”，第三阶是“问题的解决方案”。要特别注意的是，在因果关系的树状结构中，原因或解决方案本身也会有分类关系。

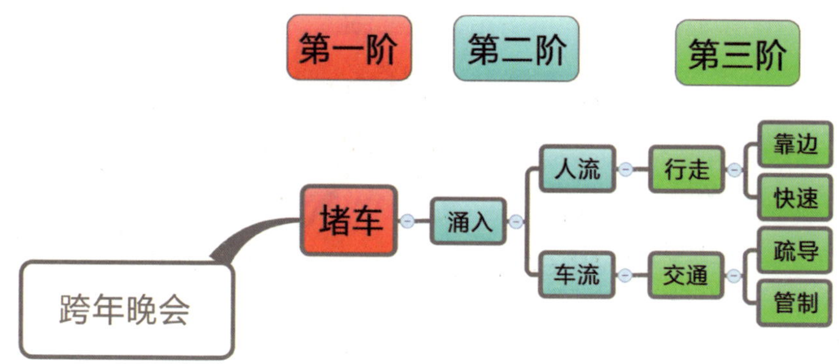

问题分析与解决的 CHM 分类

因此，分类与阶层法是在种类项目与类别大小之间交互进行的。为了培养自己“见林也见树”的思考能力，当有一个大类别的信息出现时，我们应当根据中心主题的核心概念，思考这个大类往下层应衍生哪些中类与小类，或是一开始时大脑中产生了中类概念，这时不但要往上探寻其适合哪个大类，也要往下分析其小类别；如果一开始是小类信息，同样也要根据中心主题的核心概念思考这个小类别上阶的大类、中类应该是什么。

通过分类与阶层法，我们产生的概念会组织成一个有阶层的结构。在建构起一个大、中、小类的阶层之后，每一个大类中除了原本的中类之外，还可再以水平思考的方式探讨其他可能的中类。同样，每一个中类之下，除了原本的小类之外，也可以用水平思考的方式想一下其他小类。如此一来，就可以建构出一个缜密的金字塔结构。

知识地图学习法（KMST）

地图让我们清楚地知道身处何处、该往何处去，欲达目的该走的路径与步骤。学习亦是如此，有效的学习地图可以给我们指引正确的学习方向、步骤与内容，让我们事半功倍。我自幼成绩极差，再怎么努力挑灯苦读，花再多的钱请家教补习，成绩上也未有起色。如今回想起来，最主要的原因是没有掌握正确的学习方法。也就是说，我因缺少一张学习地图，从而让自己陷入了苦读的深渊。本节将简述几个重要的学习模式，并提出一种以思维导图法为基础的知识地图学习法。

SQ3R 学习法

美国俄亥俄州立大学心理学教授罗宾森（Francis P. Robinson）在《有效的学习》（*Effective Study*）中提出一种提高学习能力的有效的读书方法，罗宾森教授将其称之为 SQ3R。这种方法主要用于精读课文，最初是为美军特种训练设计的。SQ3R 是五个英文词的前缀，即浏览（survey）、提问（question）、阅读（read）、复述（recite）、复习（review）。

浏览：在详细阅读文章、书本之前，先快速浏览一遍文章，重点在于掌握文章的主要标题及内文结构，以便设定学习目的、方向和提升阅读的注意力。先阅读该篇文章或书本的序言、总结及参考文献资料，试着从中获得文章或书本的主要议题、概念，此时至少要掌握三到六个要点。

提问：通过文章或书本中的章节标题与 5W1H，针对要学习的主题自行拟定问题。

阅读：通过详细阅读，找出问题的答案。在这一阶段，要主动阅读，在文章中寻找先前拟定的问题的答案。

复述：阅读时利用各种技巧记忆重点，例如，用不同颜色的荧光笔画重点，口头复述或做笔记摘要。

复习：再次阅读所画的重点或整理的摘要笔记，试着回忆重点内容。

OK4R 学习法

美国康奈尔大学在 1962 年将罗宾森的 SQ3R 修改成 OK4R。OK4R 是一种科学、高效的学习方法，它的六个步骤又可细分为学习前、学习中、学习后三个阶段。

◎学习前阶段

总览（overview）：以速读的方式快速浏览一遍全文，了解章节次序及重要段落。这个步骤在信息爆炸的现代显得尤为重要，它能让我们筛选出自己真正需要的文章，避免迷失在信息的丛林里。

◎学习中阶段

要点（key ideas）：根据文章标题标示出重要概念。找重点可从每一段落的开始两行以及最后两行着手，因为作者一般会在这些地方阐明旨意、归纳重点。同时要注意专有名词与自己不懂的地方。

阅读（reading）：逐字、逐句、逐段仔细地阅读，同时标示重点，画出重要句子，撰写心得，仔细推敲文章意思。

◎学习后阶段

回忆（recall）：阅读之后不再看书本，凭印象尽量用自己的语言说出或写出刚读过的重点，实时测验自己，如果无法清晰地回想起内容，就回到第三步，再阅读一次。

思考（reflect）：“回忆”只能记住书本上的知识，经过“思考”这一步骤，知识才能转化成自己的东西。整理新学到的知识与过去既有的知识、经验，思考其中的疑点、歧义或冲突，同时找出新旧知识的相似之处，便可知是用新知识取代旧知识，还是排斥新知识巩固旧知识，从而扩大自己的认知。

复习（review）：在适当的时机或一定的时间间隔之后，重复前述五个步骤。每次复习时要找出新的或更多重点，以提升理解与记忆的效果。要深入分析作者观点背后的含义，体会作者是为什么及如何写这篇文章的，如此便能与作者隔时空进一步交流。

坎迪培养阅读能力的方法

澳大利亚的南昆士兰大学副校长坎迪（Philip C. Candy）在《自我导向的终身学习》（*Self-Direction for Lifelong Learning*）一书中指出，培养阅读能力包括四大步骤：

1. 准备阅读：总览文章的结构、题材，也就是阅读书中的主要概念、主旨定义或图表、表格等。

2. 思考阅读的内容：着重于文字的理解、描述的理解与应用的理解。

3. 提取并组织信息：以摘要式笔记的方式来提取与组织信息，确认文章中主要的议题、原则，以及相关佐证。通过这一步骤可以了解主要概念之间的相关性，以及与其他理念之间的相关程度。

4. 转化信息：理解文章要传达的主旨，并能以自己的意思表达出来。

坎迪所提出的四大步骤能帮助你在较高层次的认知过程中，通过高层次阅读达到自己引导自己学习的目的。

东尼·博赞的 MMOST 学习法

东尼·博赞在《心智图圣经》中提出了 MMOST（Mind Map Organic Study Technique，思维导图有机学习技巧），将思维导图法作为学习笔记的读书方法，共分为八个步骤。

1. 快速浏览一遍书本，让自己对书中内容产生整体概念，然后根据书本的主要概念在一张白纸上画出一个图像。

2. 根据文章的内容多寡与难易度来规划学习时间与范围。

3. 另外拿出一张白纸，用思维导图快速列出与书本主题相关的信息，这些信息可以是书中的内容，也可以是自己既有的知识。

4. 在刚才的思维导图中加入新的想法，或用一张全新的思维导图列出学习目标。

5. 假设自己正在与作者对话，再次通读内容、标题、重要因素、图表与目录，并在第一张只有中心图像的思维导图上，加入几个主干线条，用来代表书中的主要问题。

6. 根据文章开头与结尾的段落来揣摩作者的意图，并在思维导图各个主干之后的支干上加入更多次要问题。

7. 开始详细阅读文章，尤其是艰涩难懂或特别重要的地方。并在思维导图中加入需要的详细重点。

8. 通过解决问题、完成学习目标、做思维导图重点摘要笔记来复习。

东尼·博赞在《超高效心智图学习法》（*The Buzan Study Skills Handbook*）中将 MMOST 改名为 BOST（Buzan Organic Study Technique，博赞有机学习技巧），但其内容含义并无太大差异。

格吕宁学习法

这是传授高效率阅读与学习技巧的格吕宁（Christian Grüning）根据自己准备律师、法官考试的经验提出的学习法，可将其分成四大阶段。

1. 信息的浏览：以结构式阅读方式快速浏览文章内容，像拼图一样将文章内容进行整理与归纳，并以积极的态度界定范围、提出问题、吸收知识。

2. 信息的处理：以符合人类大脑结构及运作方式的思维导图法来处理并建立学习内容结构，用以有效掌握重点并对其做补充。通过触发学习动机与适当的压力管理来提升学习能力。

3. 信息的储存：先通过思维导图法建立知识网络，让学习者容易理解内容的结构与重点；融入五官感觉来提升专注力与训练记忆；做好时间管理，有计划地学习、记忆；最后通过规律的复习来强化记忆效果。

4. 信息的提取：这是信息重新建构的阶段，检验前三阶段是否处理得当。

高峰学习

高峰学习是一种在自我控制、设计和选择之下的自我导向学习，轻松、愉快地学习是一种使生活更精进、更充实、更有意义的方式，更强调运用各种方法和资源来促进学习，以及看重学习方法更甚于知识本身的学习。过程分为学习前、学习中与学习后三个阶段，详细含义与内容如图“高峰学习三阶段”，看看各位读者是否能通过阅读思维导图了解我要传达的知识。

知识地图学习法

综合上述多位学者的观点可以看出，整理重点摘要笔记是有效学习不可或缺的环节。整理笔记不只是记录内容，还要加入自己的想法和意见，同时，为了避免陷入“见树不见林”的学习困境，以速读的方式首先掌握整本书的纲要是学习的前提条件。

为何速读对学习有帮助？台湾大学吕宗昕教授指出，速读就好比先大致逛逛百货公司。熟悉环境之后，再去有兴趣的楼层商家仔细观看、选购。因此，速读对学习的帮助有以下几点：

1. 容易掌握读书的重点：快速浏览一遍文章，便可以大致了解内容的多寡与难易度，以及重点出现在哪些章节，这有助于分配读书时间和拟定读书计划。

2. 方便标示重点记号：对文章内容有大致概念之后，阅读第二遍时才容易掌握真正需要的重点。

3. 有助于减轻读书压力：利用最短的时间将文章内容大致看一遍，心理上比较轻松，不会有读不完的压力。

4. 提高考试的分数：如果真的没有时间细读课文，速读能帮你对内容产生大致印象，看到考题时，你不会一筹莫展，多少可以写出一些东西，拿到一点分数。

高峰学习
（有效学习）三阶段
前
积极阅读
浏览
序言
导论
目录
索引
找寻
问题
解惑
分析
索引
有价值
内容
V型启发
思考
已有
观念
经验
假设
探索
学习
议题
内容
问题
形成
采取
行动
解决
问题
中
思维导图法
视觉
取向
思考
不同
角度
色彩
帮助
记忆
厘清
不同部分
关系
问题
心思
投入
学习内容
读者
探测
作者
意图
对话
后
改善记忆
学习目标
选择
连结
内容
状态
流畅
投入
感情
承诺
学习方法
适合
自己
反复回想
立即重演
行动
重复
所学
经验
感受

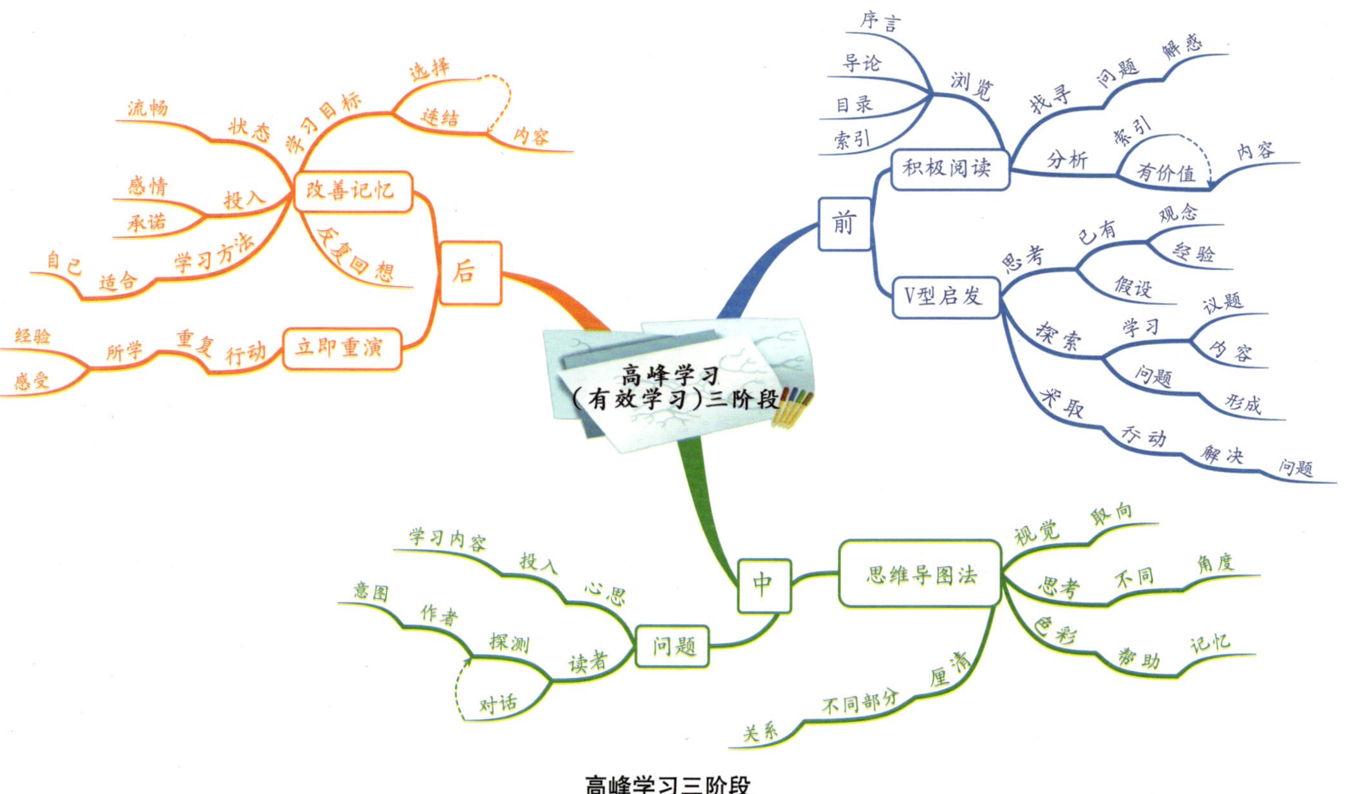

高峰学习三阶段

以上提及的学习法都涵盖了速读、笔记与记忆几个元素。因此，归纳上述学者的论点，以及我多年实际应用与教学经验，借由本书，在此，我提出“KMST2.0（知识地图学习法 2.0）”。这也是一种结合速读、笔记与记忆的全脑式学习法。它适用于高中以上的学生。它是针对大量知识内容的书籍，例如行政学、管理学、教育学、心理学等专著或论文，让你进行有深度、高层次学习的一种方法。此学习法将学习分成三个阶段，分别是探索阶段、笔记阶段与记忆阶段。其内容与步骤如下：

（一）探索阶段

为了系统化地学习，掌握有价值的信息，避免浪费时间阅读、记忆不符合学习目标的内容，在花大量时间细读一本书或长篇文章之前，可以先通过下列三个步骤掌握书本内容的概要，并设定阅读该书（或论文）的学习目标。

1. 拿到一本书（或论文）的时候，在还未阅读文章内容之前，先从书（或论文）的名称、章节目录中思考一下，针对该主题，你已经了解了多少？如果你是作者，你会写哪些重点？将你的想法以重点摘要的思维导图（手绘或计算机软件绘制皆可）的方式列出来。

2. 快速浏览一下整本书（或论文），特别留意内容的结构与标题、图表等，如果看到不懂的地方和重要的信息，也不要停下来思考，只要在这个页面贴个标签，提醒自己这里有需要细读的内容即可。然后继续快速地看完内容。

3. 思考一下作者想要表达的重点是什么，你可以从这本书（或论文）中学到什么，用思维导图列出你的学习目标与学习重点，这时，可以根据下列其中一项或多项来达到列出学习的目标与重点的目的：

（1）作者所提示的学习纲要；

（2）老师指定的学习主题或方向；

（3）真题、试卷的内容；

（4）自己关心的问题或想学习的内容。

完成上述三个步骤之后，可与之前所完成的思维导图做个比较，看看哪些是你还未阅读内容之前就已经知道的知识。

（二）笔记阶段

经过探索阶段之后，如果该书（或论文）值得进一步深入学习的话，就可以通过思维导图笔记来提取并组织信息。这一阶段不只是记录知识点，也是提升你对书（或论文）中内容理解与记忆的一个有效过程。

1. 再次快速浏览一下整本书（或论文），这时把阅读的重点放在符合学习目标与学习重点的章节段落上。

2. 仔细阅读文章中符合学习目标、学习重点的内容，或探索阶段第二步骤中贴标签的艰涩难懂的章节、段落，并以有逻辑的结构，用荧光笔或彩色笔标示出关键词。

3. 用绘制思维导图的软件将上一步骤标示出的关键词整理转化成结构清晰、易懂易记的思维导图学习笔记。其步骤如下：

（1）在中心主题的地方写书名、篇名或单元主题名称。若想加深印象可以插入有关联的图像。

（2）根据符合学习目标的各章节名称或重点段落的概念，展开第一阶层的主要主题（主干线条）。

（3）根据章节或重点段落的内容含义将线条色彩修改成对自己具有意义或能够产生联想的颜色。

（4）分别将每一个主题（主干）之后的次主题或内容细节（支干线条）逐一完善。

（5）检查不同主题之间是否具有相关性，包括彼此之间是否存在因果推论或重复，有的话则用箭头、线条指出其相关性，必要时可在线条上加文字做补充说明。

（6）除了根据探索阶段第三步骤中的要点，请再次思考并检查思维导图中的内容，并在自己容易遗忘的关键词上插入相关联的图像，以强化记忆的效果。

4. 用与作者虚拟对话的方式，检查思维导图的内容是否满足预期的学习目标与重点，如有必要，将你的思维导图学习笔记进行局部调整与增修。

（三）记忆阶段

经过上一个思维导图笔记阶段，书中大部分的内容已经可以通过理解牢牢记住。但有些内容不仅容易混淆，而且难以记忆。因此，有必要通过知识地图学习法的第三阶段来强化记忆效果。

1. 手绘思维导图：针对笔记阶段用思维导图软件整理好的学习笔记中需要特别加强记忆的部分，再以手绘思维导图的方式重新绘制一次，以帮助记忆。请注意，不要照着计算机上的思维导图把关键词一个个抄写下来，而要一次性多看几个关键词，将其组成一个有意义的概念之后，再凭着印象把内容画出来。再次提醒，手绘思维导图的时候不要只执着于画出漂亮的图。而是要在绘制的过程中，同时复习并记忆图中的内容。其过程与计算机绘制类似，做法与规则如下：

（1）以图文并茂的形式，在一张A4白纸上画出一个5厘米左右的能代表主题且能留下强烈印象的彩色的中心图（central image），并在图中留下适当的空白，以书写主题文字。

（2）选择并确认需要记忆的内容范围，并针对内容将其分成几个重点段落或类别。

（3）先画出所有的第一阶层。对你而言，线条颜色必须能代表该重点段落或类别的含义，线条要与中心图连接在一起，并且是由粗到细、从中心往外画出去的，然后在线条上以相同颜色写出第一个阶层的重点段落或类别名称。

（4）接着陆续完善每个重点段落或类别之下的所有内容。这时第二阶层以下的线条只要画成一般的粗细即可。线条往上的方向画凸形，往下则画凹形，原则上线条与文字的颜色与第一阶层相同。再次强调，文字一律写在线条上。

（5）如果在不同信息之间有相关性的话，要加上单箭头或双箭头的关联线条。

（6）在特别重要的地方，加上能让人对内容产生联想的彩色插图，以增强视觉上的注意力与内容的记忆效果。

2. 以相同或类似颜色的彩色铅笔，在每一个主要主题（主干）展开的树状结构中，沿着边缘画出一个包裹状的边界外框。通过这个过程来记忆这篇文章的几个主要概念或重点段落。

3. 接着，也是以相同或类似颜色的彩色铅笔沿着主干、支干线条画出由粗到细的阴影美术效果，除了营造美感，同时也能记忆线条上的细节内容。

4. 同样，也是以相同或类似颜色的彩色铅笔，淡刷主干、支干线条上的文字，并再次记忆线条上的细节内容。

5. 最后，以照相记忆的方式，让手绘思维导图可以轻松浮现。

6. 把整理好的思维导图学习笔记用自己的表达方式分享给学习伙伴。

7. 之后还要经常复习你的思维导图学习笔记，以强化对书本（或文章）重点内容的记忆效果。

至于在 KMST2.0 中所要用到的思维导图文章笔记整理技巧，我们在本书实际应用的部分再做进一步的说明。

孫易新 KMST 2.0（知识地图学习法 2.0）

- 探索
  - 一、根据
    - 书名
    - 目录
    - 思考
      - 内容
        - 已了解？
        - 重点？
          - 绘制 摘要 思维导图
  - 二、快速浏览 整本书
    - 留意
      - 结构
      - 标题
      - 图表
    - 贴标签
      - 内容
        - 不懂
        - 重要
  - 三、思考
    - 作者 重点
    - 自己 学习？
      - 设定 学习目标
        - 思维导图（比较）
          - 根据
            - 作者：提示 纲要
            - 老师：指定 主题 方向
            - 试题：真题 测验卷
            - 自己：关心 想学
- 笔记
  - 一、浏览
    - 整本书
    - 留意 符合 学习
      - 目标
      - 重点
  - 二、细读
    - 标出 关键字
  - 三、绘制 思维导图
    - 内容 根据 章节
    - 结构 清晰
    - 工具 电脑软件
  - 四、检视
    - 想像 作者 对话
    - 学习
      - 目标
      - 重点
        - 满足？ 局部
          - 修正
          - 调整
- 记忆
  - 手绘
    - 一、思维导图
      - 绘制
        - （一）中心主题
          - 图文并茂
            - 主题 代表
            - 记忆 增强
      - 选择
        - 需记忆
          - （二）内容
      - 树状结构，绘制/书写
        - （三）第一层级
          - 线条
            - 由粗到细
            - 颜色 代表 意涵
            - 连接 中心主题
          - 文字
            - 内容 代表 意义段 类别
            - 位置 线条上
            - 颜色 一致
        - （四）完善内容
          - 线条
            - 细
            - 颜色 一致
            - 连接 上层
          - 文字
            - 内容 代表 重点 易遗忘
            - 位置 线条上
            - 颜色 一致
      - 思考/绘制
        - 网状脉络
          - （五）推论理解
            - 相关性
              - 线条
                - 颜色
                  - 同起点 因果性
                  - 差异 凸显 关联性
                - 箭头
                  - 单向 因为……所以……
                  - 单向 从……到……
                  - 双向 互为因果
              - 文字 补充说明
            - 重复性
              - 线条
                - 颜色 相同
                - 箭头 双向
        - （六）插图
          - 重要 位置
          - 联想 内容
    - 树状结构
      - 二、外框
        - 使用 彩笔
        - 记忆 大类 概念
      - 三、线条美化
        - 沿着 主干 支干 画阴影
        - 记忆 细节
      - 四、文字淡刷
        - 沿着 主干 支干 刷文字
        - 记忆 细节
  - 五、照相记忆 脑海 浮现 思维导图
  - 六、分享 学习 伙伴
  - 七、复习 思维导图笔记 强化 效果

KMST2.0

第六章

创意思考

管理大师彼得·德鲁克（Peter F. Drucker）曾经说："不创新，即死亡（Innovate or Die）。"创意思考是创新的前提，创造力是创意思考的来源。只要用"心"，就有可能激发自己更多智慧和想法。本章将说明创造力的含义，以及与思维导图法相关的创意思考理论。

什么是创造力

创造力的概念及定义

《韦氏大词典》对"创造力"一词的解释中，"创造"有"赋予存在""无中生有"或"首创"的含义。有学者将创造力解释为创造的思考能力。

创造力大师陈龙安认为，创造力是指个体在具有支持的环境下，结合流畅、变通、独创、精进的特性，通过思考对事物产生有分歧的观点，赋予事物独特新颖的意义，这样不但能满足自己也能满足他人。许多研究也显示，有创造力的人具有勇敢、善于表达、幽默与直觉灵敏等特征。

拥有详尽的背景知识是发挥创造力的关键。太阳底下无新事，几乎所有的创意都是在既有想法的基础上重新整合而成的。那些有创意的人可能都具有丰富的知识背景。牛顿是历史上最有创意的科学家之一，谈到广博知识的重要性时，他说："如果说我看得比别人更远些，那是因为我站在巨人的肩膀上。"

美国心理学会主席基尔福特（J. P. Guilford）从智力结构的角度区分了扩散性思考与聚敛性思考。聚敛性思考必须给出正确答案，扩散性思考是一个解决问题的历程，它引导个体产生许多不同的答案。在创造力的测验中，我们可以观察到流畅性（点子数目的多寡）、独创性（不寻常或独特的点子）与变通性（点子所属类别的数量）的差异。创造力本身是一种创造的能力，并随着以往的经验或知识的累积，以及个人的思考方式、环境、动机产生有创意的反应，是一种以独特、新奇的观念解决问题的历程。陈龙安综合相关学者的观点，列出影响创造力的因素，可分为能力、历程、人格特质。重点归纳整理如下：

◎创造的五种能力

敏觉力：敏于觉察事物，发现缺漏、需求、不合常理及未完成部分的能力。

流畅力：在一定的时间内，根据主题连续思考产生一定构想量的能力。

变通力：不同的思考方式。从“某一辆思考列车”转换到“另一辆思考列车”的能力，以全新的角度看问题。

独创力：想法的独特性，想出别人想不出来的观念。由某一项反应在全体反应中所占比例来观察，与别人雷同度越少，说明你的创造力越高。

精进力：一种补充概念，或在原来构想或基本概念的基础上再增加新观念、有趣的细节或组成相关的概念群。

◎创造的四个阶段

准备期：搜集有关问题的资料，整合旧经验和新知识。

酝酿期：百思不得其解的问题就暂时搁置，但在潜意识中仍然会继续思考解决问题的方案。

豁然期：突然顿悟，知道解决问题的关键所在。

验证期：实际运用顿悟出来的观念，验证其是否可行。

◎有创造力的人具备的四种人格特质

好奇心：对事物产生怀疑，疑问随即伴随而来。产生问题时便去调查、研究，虽然感到困惑但也要继续思索，力求找到事情的真相。

冒险心：有猜测、尝试、实验或面对批判的勇气，也包括坚持己见、应对未知状况的能力。

挑战心：处理复杂的问题与混乱的意见，寻求解决问题的能力。将逻辑带入情境，并能洞察影响变动的因素。

想象心：在脑中构思各种意象并将其具体化。超越现实的限制，进入一个无所不能的世界。

博赞奇怪的翻译《创造力的力量》（*The Power of Creative Intelligence*）一书中指出了影响创造力的七个要素：

1. 运用左右脑的能力。
2. 将内心想法转换成书面数据，并增补细节的能力。
3. 思维的流畅性。
4. 弹性与变通能力。
5. 原创性。
6. 扩散思考的能力。
7. 联想的能力。

创造力小故事

在我们生活之中，创新的产品与服务无所不在，从环保住宅、智能手机、餐厅的服务流程到乘出租车，都可发现创造力的结晶。究竟什么是创造力呢？在解释之前，不妨先看两个常见的小故事。

一个阳光灿烂的中午，在美国明尼阿波利斯市（Minneapolis）的一家餐厅，一位顾客想吃顿简单的午餐，但是客人很多，点餐的服务生非常忙碌。这时一位收拾碗盘的服务生注意到这位坐在角落的顾客，便主动上前招呼。顾客说他只要一杯可口可乐和两个面包，但是，这家餐厅只有百事可乐，于是，顾客改点了一杯柠檬水，然后开始享用午餐。没过多久，刚才那位服务生送上来一杯清凉的可口可乐。

顾客："你们不是没有可口可乐卖吗？"

服务生："没错，我们不卖。"

顾客："这杯可口可乐是从哪里来的？"

服务生："我去对面街角杂货店买的。"

顾客："谁付的钱？"

服务生："是我，才两块钱而已。"

顾客："哇！谢谢你。"

服务生："不客气。"

顾客不禁被这位服务生专业、贴心的服务所感动。一年之后，顾客再次光临这家餐厅时，这位服务生已经晋升为经理了。

这位服务生的表现就体现了创造力中的敏觉力与变通力。接着我们来看第二则故事。

大老板家的总管要退休了，老板想从两位副总管中挑选一位来担任总管，由于平时两位副总管的表现都很出色，大老板很犹豫，不知道该提拔哪一位，于是，他想出了一个考验方法。

大老板告诉副总管甲："明天家里要宴请宾客，想请大家吃西瓜，你去帮我问一下西瓜怎么卖。"

副总管甲快速来回并汇报："老板，1斤25元。"大老板问："甜吗？"副总管甲又快速来回并汇报："老板，很甜，我试吃了。"大老板继续问："多买可以便宜一点吗？"副总管甲再一次快速来回并汇报："老板，买10斤的话，每斤可以算23元。"

大老板找来副总管乙，同样说："明天家里要宴请宾客，想请大家吃西瓜，你去帮我问一下西瓜怎么卖。"

副总管乙去了好一会儿才气喘吁吁地跑回来，汇报说："老板，我问好了。平常购买的那家水果摊，他1斤卖25元，买10斤以上可以算23元，我跟他套近乎说是老顾客了，他愿意每斤22元出售，我也试吃了几口，确实很甜。但是，我又跑到对面去问另外一家水果摊。他的西瓜也很甜，而且不管买多少都愿意以每斤22元出售，买10斤以上的话，还愿意帮我们送过来。"

如果你是这位大老板，你会提拔哪位成为总管？答案应该很清楚了吧！副总管乙的一系列行为就是创造力中精进力的表现。

因为工作的关系，我经常四处演讲，偶尔有邀请单位会安排出租车在当天一大早到我家楼下来接。下楼前我就会接到司机的电话，温馨告知已经在楼下等候。我一下楼就看到穿着整齐制服的司机面带笑容为我打开车门，车内驾驶座旁布置了鲜花，司机还为我准备了面包、牛奶、矿泉水和当天的报纸。出发时，司机还会就播放的音乐征求我的意见，并细心地询问音量大小是否恰当。抵达目的地后，司机立刻下车从后面绕过来帮我开车门，并递上名片，说一声："希望有机会再次为您服务。"

这样贴心的服务或许算不上特别的独创力，但绝对是精进力的典范。在演讲结束后，主办单位请我填写讲师意见回馈表，在"交通接送"一栏中我会为这位司机打满分，并极力推荐。

从以上案例中我们可以明白敏觉力、变通力与精进力在创意思考中的重要性，它们的确不亚于流畅力与独创力。

思维导图法与创造力

亚里士多德认为，思考问题时若能将文字转化成视觉情境，想法就能源源不断。思维导图法是一种可视化的思考工具，运用与内容主题相关的图像来激发创意可以让思绪更流畅。思维导图中不同的树状结构属于不同的类别，我们思考事情时尽量在不同的树状结构中切换思维，这样可以让想法具有变通性。思维导图法源于语义学，因而强调思考时把想法拆解成单独的词语，每个线条上的关键词都是另一次思考的起点，这样可以让想法更广、更深，让你的想法不仅流畅，更具有独创性。通过树状结构展开想法，你就很容易看出哪个大类、中类、小类的信息不足，需要增补，这有助于提升你的精进力。最后，思维导图法强调同时调动左右脑，让你的想法兼顾逻辑与创意、科学与艺术、理性与感性，对敏觉力的养成也有一定的功效。

用思维导图法进行创意思考

创意思考的形成要素中具有思维导图法强调的四个主要核心概念：关键词、放射性思考的图解结构、色彩、图像。

1. 思维导图法的放射性思考可让我们通过联想，从不同角度对一个主题产生许多种想法。每个关键词都能自成中心，向外延伸，无限扩散，每个“扩散”都能导回原本的概念。

2. 思维导图法可以训练感官能力，它用关键词和逻辑关联加强记忆，收集各种想法并形成概念。

3. 你还可以用思维导图的方式来制订计划或做笔记，应用文字、数字、图像、色彩、符号、韵律、联想等左右脑的能力，不但能增强创造力和记忆力，还能使思维导图变得妙趣横生，更具个人特色。

4. 思维导图法用整体思考的方式让信息可以从不同的角度呈现出来，这种方法有助于有效掌握信息重点，让人快速、精确地发现问题的盲点，并通过思维导图结构知道自己所处位置或应该吸收哪些信息以补不足。

东尼·博赞指出，思维导图法应用了各种与创造力有关的能力，尤其是想象力、联想力与变通力，因此，它是一种非常棒的创意思考工具。

东尼·博赞还指出，思维导图法之所以能激发人们的无限潜能，从大脑功能的角度来看，是因为大脑放射性思考的模式与思维导图中的每一个关键词、图像都能激发大量想法的模式相符。在一些智力活动中，例如，在做决策、记忆、创意思考时，若能将放射性思考的原则加以运用，你的大脑将获得更多自由扩展的空间。

接下来，我们将从头脑风暴、创意工作计划、创意解决问题、智力结构理论与创意学习的角度来探讨思维导图法的功能。

运用思维导图法头脑风暴

用思维导图法进行头脑风暴时，可根据主题先列出讨论的大方向与中方向，甚至小方向。下图以“爱护地球”为头脑风暴的主题。

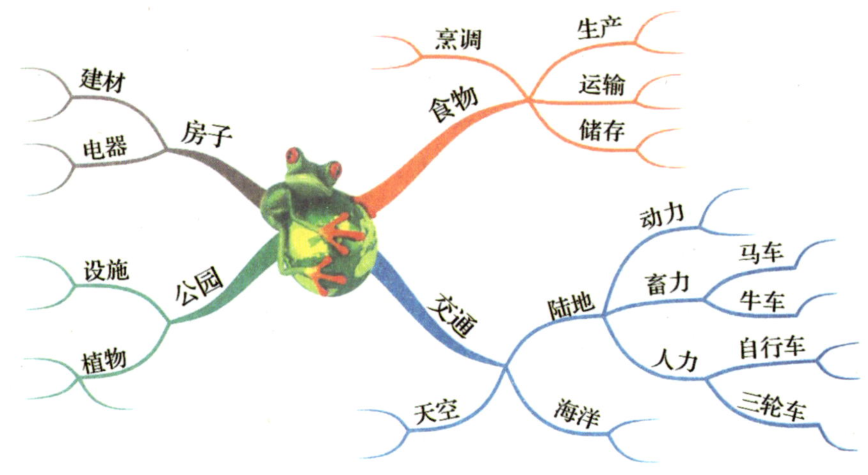

以“爱护地球”为主题列出讨论大、中、小方向

从中心主题的图像画出“食物”“交通”“公园”与“房子”四大讨论主题，每个主题之后都可延伸次主题，在头脑风暴过程中，大家可以在不同主题（树状结构）之间自由地变换思考内容，从而达到创造力中的变通力；考虑每个大主题或次主题概念时，尽量发挥想象力，让图像、情境融入五官感觉，让自己沉浸在虚拟现实中，并在不同主题之间跳跃性思考，想到哪里就写到哪里，想法因而源源不断地产生，这也体现了流畅力。

在书写思维导图上的内容时，遵循每一个线条上只写一个关键词的原则，每一个关键词都会成为一个新的思考起点，由此产生思考的新思路。下图中“食物”的下一阶“生产”之后的想法不用“禁用农药”，而拆成“禁用”与“农药”，从“禁用”又可联想到“肥料”或其他生产食物时禁用的东西；在“交通”下一阶“陆地”中的“动力”之后，原本脑袋有个想法是“小型汽车”，但是拆成“汽车”与“小型”，从“汽车”又可联想到“省油”或其他注意事项。一个关键词，不仅能让你的想法更流畅、更灵活，也能增补更多细节内容，想到他人忽略的构想。这是精进力与独创力的体现。

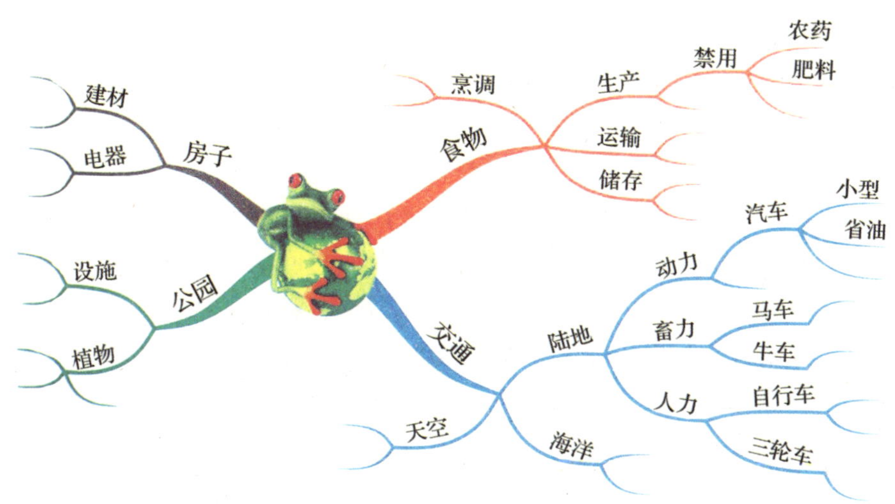

以一个关键词为原则，开启更多思路

创意工作计划的应用

英国登堡营销公司（Temple Marketing）总裁尼格·登堡（Nigel Temple）说："我们公司使用思维导图法来进行财务规划及各个层面的管理。例如，在头脑风暴时，思维导图法是一个非常好用的工具，它可以把一些创意、想法以符合逻辑顺序的方式记录下来。"

大多数人习惯以文字的形式呈现大纲结构，思维导图也呈现大纲的层次结构，同时也采用大量的图形与图像，以激发人脑的创造力，让人产生更多的构想，而且，思维导图法比传统头脑风暴的结构严谨得多。思维导图法的图解结构可以帮助我们看清大方向与各个细节，厘清彼此的关系，刺激大脑思考与产生创意。

越来越多的项目经理人把思维导图法应用到项目管理的企划上，不少培训项目管理师的企业管理咨询公司也将思维导图法作为教学工具。在"工作任务分解结构"（WBS）的流程上，思维导图法非常适合安排项目进度、分配资源、管理工作进度。在定义项目范畴及初期规划时，经理人需要进行全脑思考，这时就可以运用思维导图法做头脑风暴，把想法尽量“抛”出来，暂时不需要太在意想法之间的逻辑顺序，只要尽情“涂鸦”就可以有效发挥人们的想象力，还能激发参与者的热情。

用创新的方法解决问题

用传统思维方式无法解决的问题，往往可以新的思维方式圆满地解决。创造性解决问题的过程中，希望在面对问题时能跳出问题的情境，从有别于以往的知识、经验的角度做出各种可能的回应。这些回应要兼顾新奇性与实用性，以求找到具有创造性的问题解决方案。

思维导图法能帮助你整理思绪，经常使用的话，便可以增强你在扩散思考与聚敛思考时的分析力、观察力、组织力及联想力，时间长了，思考的创造力也能增强。通过思维导图的绘制还可以加强你的联想能力，让你从系统化的结构中筛选出自己需要的信息，这对解决问题十分有益。

实践智力理论的代表人物

基尔福特提出，形成智力立体结构有三个基本概念：

1. 思考运作：认知、记忆、扩散性思考、聚敛性思考、评价。
2. 思考内容：图形的、符号的、语意行为的。
3. 思考产物：单位、类别、关系、系统、转换、应用。

加德纳（Howard Gardner）指出，智力并不是一种单一的能力，而是由八种不同的能力组成的，其能力与代表人物分别是：

1. 语言智力——艾略特
2. 逻辑数理智力——爱因斯坦
3. 空间智力——毕加索
4. 身体动觉智力——葛兰姆
5. 音乐智力——斯特拉文斯基

6. 人际智力——甘地

7. 内省智力——弗洛伊德

8. 观察大自然智力——达尔文

思维导图法就像一位拥有很多只手的捕手，专门接住我们大脑中随时蹦出来的“思考球”。无论我们何时何地产生了什么伟大的想法，都能经由它的树状结构与网状脉络以结构化的扩散性思考模式记录、储存起来。因此，思维导图法可以帮助我们在创意思考扩散的过程中系统地记录所有的想法。在思维导图中将某句话或某个信息浓缩到极致，并巧妙地运用关键词，就能掌握大量的信息。

创意学习的应用

思维导图法能激发人们可视化思考的能力。大脑发展视觉图像能力的同时，也能培养人们的思考能力、认知能力、记忆力，还能帮助人们树立自信。通过独立发展信息组织图结构，学习者可以了解自己对学习内容的理解程度，掌握熟习知识的过程。只要学习者了解如何创造、应用信息组织图，便掌握了一个有助于计划、理解、记忆与评价知识的新颖工具。信息组织图还可以提高你在学习时对主题、内容作批判性思考的能力。

做笔记是学习的必要方法，应用创意笔记法——思维导图法来整理、记录所学的内容，能令人印象深刻。而且记录方法轻松，还能达到有效沟通的目的。功能如此多样，方法又符合大脑的思考模式，因此，思维导图法常被比喻成“大脑的瑞士刀”。它又宛如在变化无常的大海上乘风破浪，因此，思维导图法还被比喻成“智力的冲浪板”。

左右两边的大脑拥有不同的心智能力，只要用对方法，我们就可以协调左右大脑，使其发挥最佳效能。思维导图笔记具有空间性、非线性取向、运用颜色和图像的特点，还能以整合、相互联结的方式自然地运用全脑思考，并以树状结构与网状脉络来展示关键性概念与彼此之间的关系。这些特点可以帮助我们整理信息，强化记忆。

全脑思考型思维导图法不仅能加深我们对内容的理解，也能强化长期记忆的效果。

思维导图法给创意思考的启示

人类主要用语义式与图像式思考。大脑蕴藏着无限潜能，我们可以通过可视化图像的思考模式来释放潜能。视觉思考的运作有三个层次：首先是有意识地“看”，通过观察来搜集与解释资料；然后是运用辅助图表，如思维导图，来呈现所看到的数据；最后，在脑子里形成“可视化图像”来延伸思考，并呈现内在的思维。记忆力与创造力都是可视化思考的应用。思维导图法就是一种以可视化思考方式来激发灵感与组织思路的工具。创意的产生过程也依靠扩散性思考，同时，我们也了解到大脑有能力接收非线性的信息。思维导图的树状结构就是以图解的思考方式扩散与整合信息的，这样有助于主题创意的概念发散和逻辑聚敛，也有助于我们进行创意思考。

由于环境的快速变化，原本解决问题的方法可能面临不适用的窘境。如果你也有类似的困扰，思维导图法将为你在黑暗中点亮一盏明灯，帮助你厘清问题之间的关系，找出解决方案。思维导图法还将不同的问题整合在一起，让你清楚地知道哪些必须进行进一步探讨。运用思维导图法列出各项问题的解决方法，可以增进对问题的洞察力，有助于提升工作效率。

在创意构思的过程中，思维导图法可以帮助我们在准备期及酝酿期更加集中注意力，有效地收集信息，并建立信息之间的关联性，让思绪快速进入豁然开朗期。

说完创造力、创意和创新与思维导图法“关键词”和“放射性思考的图解结构”的关系，接下来，我们将对图解思考、图像与色彩做进一步探讨。

第七章

信息组织图

在初中、高中的时候，上课铃一响就是我噩梦的开始，因为老师会在黑板上写一大堆密密麻麻的文字，老师讲得很认真、很辛苦，我听得很糊涂、很痛苦。相信有不少读者跟我一样，也有一些不愉快的学习经历。传统的条列式书写在形式上是线性式的文字，会让人不明白内容的整体结构与关键点。

后来，参与企业管理咨询公司及青商会举办的课程时，我发现，如果学习过程是轻松有趣的，那么学习效果也会显著提升。企业管理的讲师擅长以不同的图表来解释复杂的关系。日本多摩大学教授久恒启一在《这样图解就对了》中强调，以图解的形式表现数据内容，除了可以给人清晰易懂的印象之外，其过程还会让人深入思考事物的本质。因此，图解不但是表达的方式，还是思考的工具。

信息组织图又称组织结构或图解思考，是将概念、语句、符号、图像等元素放在一个空间中并展开其关系的方法。伊根（Margaret Egan）在《有效利用图形信息组织图之思考》（*Reflections on Effective Use of Graphic Organizers*）一书中指出，信息组织图是人类心智模式的表现，是一种将知识可视化的方式，它将信息概念结构化，并将某个主题（或概念）的各个重要层面重新组合并建构出一个新模型，它可以让想法更明确、更具体、更丰富、更有创意地呈现，让复杂的信息简单化、平面概念立体化、抽象事物具体化、无形的想法有形化。用信息组织图做笔记的时候，只需记录关键词，这样不但可以节省时间，还能理出概念之间的关系脉络，让学习者学得更愉快、更有意义。可视化的信息组织图种类非常多，功能也不同。一般来说，常见的有呈现信息的直方图、长条图、圆饼图与折线图，有分类分析的矩阵图、鱼骨图、九宫格图、雷达图，有展现关联的概念图、树形图、信息组织图、流程图、维恩图与网络图。如果你想有效使用这些信息组织图，那么你不仅要了解其理论背景，还要配合不同的工作需求、时机与不同的任务目标，选择适合的信息组织图来使用，否则是很难达到预期的效果的。

什么是信息组织图

学习策略的观点

美国发展心理学家加德纳在《智能的结构》（*Frames of Mind*）一书中提出了多元智能理论（Theory of Multiple Intelligence），其中提到“可视化”是“空间智慧”的核心。加速学习系统创始人，也是英国“学习协会”领导人——柯林·罗斯（Colin Rose）在《快速学习》（*Accelerated Learning*）中引用了致力于“加速学习理论”研究与推广的洛扎诺夫（Georgi Lozanov）博士的观点——刺激视觉的素材是一种有效的教学与学习策略，不仅有助于提升质量，更有强化长期记忆的效果。我们可以用可视化的图表、信息组织图来呈现、界定、解释、操作、统整与确定概念，对提升教学质量有很好的效果。

从英国埃克塞特大学（University of Exeter）的研究员豪（Michael Howe）进行的一项学习时做笔记对学习成效影响的研究中发现，做关键词笔记的学习效果是没做笔记的 6 倍。由于传统整句条列式笔记讲求语法正确，相较于只记录关键词的笔记就显得烦琐、效率低下。可视化的信息组织图笔记强调只写下会产生较强印象的名词、动词等关键词，以及关键词之间的关联与联想，这不仅有助于学习时储存信息、编码、组织信息，激发联想、推论与解释，还能提高学习时的专注力。《多元智慧的教与学》（*Teaching & Learning through Multiple Intelligences*）的作者坎贝尔（Linda C. Campbell）及《学习革命》（*The Learning Revolution*）的作者沃斯（Jeannette Vos）都建议，学习时的笔记要用到大量群组化、视觉图像技巧的概念图或思维导图。美国宾汉姆顿大学（Binghamton University）教育与人类发展学院的教授布罗姆利（Karen Bromley）、德威提斯（Linda Irwin-De Vitis）与摩德罗（Marcia Modlo）归纳、整合多位学者的研究后，提出信息组织图的基本形态有以下 4 种：

1. 阶层性：信息组织图大部分都有一个中心概念，底下有下位阶的等级、层次或次概念，归纳与分类是常用的技巧。

2. 概念性：概念性信息组织图常用的形态有中央概念、层次或角色、问题分析与解决、比较概念的异同等。

3. 序列性：对于具有因果关系、次序性的概念、过程与结果、问题解决的历程等，都可以运用序列性的信息组织图。

4. 循环性：这种信息组织图包含了一系列没有起点和终点的循环历程。

基于上述特征，罗姆利、德威提斯与摩德罗认为信息组织图具有以下四大功能：

（1）连接各自独立的概念：通过信息组织图删除不必要的信息，留下关键概念并指出其关联性，以利于人们对内容的理解。

（2）整合新经验与旧经验：新知识进入脑中时，可以将信息组织图与既有基本模型有效地整合。

（3）整合心智的工具：信息组织图中会以图像来表达重要概念，比冗长的文字更容易记忆。

（4）联结听、说、读、写与思考，达到有意义地学习的目的。

通过信息组织图可以清晰、简洁、高效地表达信息的状态、信息之间的关联，以及信息的分类，达到加深印象、化繁为简、易懂易记的教学和学习效果。

创造思考的观点

创造思考能力通常包括扩散思考的五项基本能力，即流畅力、变通力、独创力、精进力与敏觉力。信息组织图强调关键词使用，除了可以减少赘言，也能打开更多思路，让思绪集中在主题上，帮助我们搭上别人想法的便车，也可以让我们的思绪变得更流畅。分类与阶层法的概念也有助于水平思考的拓展。

钱秀梅、蔡文山、黄玉琪、钱昭君、陈孟妏等以及鄙人的论文研究结果也显示，将组织图形式的思维导图法作为创造思考与教学工具，对提升学生创造力有积极的作用。在蔡巨鹏做的“易经创造思考的训练模式之建构与应用”的研究中，他将九宫格图、思维导图等可视化的信息组织图运用在250场创造力训练课程上。结果他发现，可视化信息组织图不但能激发学员的创意潜能，而且对做好个人知识管理及了解过去、掌握现在、创造未来也大有裨益。课后，学员皆表示从中获得了许多启发。

近20年来，企业界、政府机构与非营利组织为了提升工作效率，纷纷引入项目管理系统。美国华盛顿大学的凯伦·A.布朗（Karen A. Brown）教授及美国范德堡大学的海尔（Nancy Lea Hyer）教授在《思维导图：项目管理的利器》一文中指出，许多项目经理在规划项目时，其思考模式很容易局限于执行细节层面。因为大多数人都善于用左脑思考，如果能使用充满色彩、图像且结构缜密的全脑思考模式的信息组织图，例如思维导图，可以让项目在一开始就能激发更多创意与灵感，其过程也能产生更全面的思考和有效的决策。曾经参与苹果计算机、惠普科技等公司共同成长、领导计划和组织变革工作的格罗夫国际顾问公司创始人西贝特（David Sibbet）也在《可视化会议》（*Visual Meeting*）一书中强调，善用类似思维导图法功能的可视化的信息组织图或表格，就好比在演奏爵士乐，不但可以让思考过程更有创意，也让人们的思维或计划的结构更完整。

逻辑结构的观点

逻辑又称为推理或理则，数学家哥德尔（K. Godel）说：“逻辑乃一门先于其他科学的科学，它包含了所有科学的基本观念和原理。”人类大脑思考的基本形式又会因构成的元素及元素之间联结方式（结构）的不同而形成各种不同的“亚形式”，这类亚形式被称为思考的逻辑结构（或思维的形式结构）。维基百科对逻辑的基本性质的描述是：

1. 同一律：每个事物都只能是自己本身。

2. 排中律：任何事物在一定条件下，要有明确的“是”或“非”，不能存在模棱两可的中间状态。

3. 充足理由律：任何事物都要具有支持它存在的充足理由。

4. 非矛盾律：在同一时间，某个事物不可能既是这样又是那样。

逻辑系统的性质是：

1. 兼容性：任一定理都不会与其他定理相矛盾。

2. 可靠性：不会有“出现一个正确的前提，却产生错误的推论”这个可能。

3. 完备性：不会有“出现一个正确的命题，却无法被证明”这个可能。

演绎和归纳则是逻辑思考的基本结构。演绎推理是从现有前提下推演出结果。归纳推理则是从现有的信息中导出可靠的结论。

在逻辑思考的基础上，图解方式的信息组织图就是“逻辑树形图”或称“金字塔结构”，这是一种严谨的“主题—大纲—细节”关系的信息组织图。一张有价值的信息组织图不仅要包含必要的信息，还要能指出信息之间的逻辑关系，包括因果关系、并列（水平）关系及相对关系。逻辑树形图可以帮助我们从宏观到微观、从广度到深度清晰地呈现信息的分类及彼此间的关系，从而达到有层次、有系统地整理信息的目的。其运用原则包括：

1. 附属于同一因素（或概念）之下的次要因素，其抽象程度必须一致，也就是同一位阶的因素，必须具有同样的逻辑特征。

2. 主从关系必须合乎逻辑，不能随意衍生出不相干的概念。

3. 同属于某一因素之下的次要因素不可以重复，也不能遗漏，也就是“彼此独立，互无遗漏”。

无论从学习策略的观点、创造思考的观点，还是逻辑结构的观点，不同可视化的信息组织图会有不同的目的，但就整体而言，信息组织图的优点有：

1. 一目了然：可以兼顾宏观与微观、广度与深度，在最短的时间内掌握最多的信息。2005 年，我受邀为铼德科技全球策略营销部门讲授思维导图法，全程参与研习的张副总经理在课程结束前向学员表示，思维导图法是很好的头脑风暴的工具，在分析问题时不但能激发创意，更能通过一张 A4 纸中的树状结构与网状脉络，清晰地梳理并让人掌握所有相关因素，即许多跨国企业在会议简报中强调的“one page control”。

2. 有效传达信息：通过信息组织图对信息做出系统的分类，有助于理解内容，并让人能一眼看出信息是否有重复或遗漏。

3. 表达信息间的关联性：表示因果关系的流程图、逻辑图、思维导图、鱼骨图，包含关系的维恩图，表示层级关系的信息组织图、思维导图，表示类别关系的矩阵图、思维导图、九宫格图等，都能以不同的图解方式说明信息之间的关系。

4. 让信息内容的结构更有逻辑：图解形式的信息组织图通过树状结构、关系线条、箭头符号等表达逻辑关系与顺序，避免矛盾的出现。

5. 图像化、生动、活泼：运用颜色、插图让信息组织图更加可视化，表达我们对信息的感受性，并能吸引人们的注意力。

放射性思考的信息组织图

根据我多年使用思维导图法与教学的经验，我发现学员经常对具有“放射性思考”的概念图、鱼骨图、九宫格图与思维导图产生概念上的混淆，甚至将其归为同一类。因此，我将对它们的含义、应用，以及它们与思维导图的异同逐一探讨。

概念图

一、含义与运用技巧

《学习如何学习》的作者约瑟夫·D. 诺瓦克与鲍勃·古温建议使用能够指出概念关系的顺序与关系的可视化图表来作为教学及问题分析与解决方案的工具，他们称此技术为概念构图（Concept Mapping），称呈现的图表为概念图。从外观看，概念图的结构很像树形图，它包含了一个中心概念和支持中心概念的事实。应用的技巧是把涵盖范围最广的概念或思考主题放在最顶端，下一阶写出程度其次的概念或主题衍生的想法，并以线条连接上一阶层概念，也可以在线条上说明两个概念之间的关系。往下的每个阶层也是按照这一原则添加，直到重要概念都已涵盖在内为止。

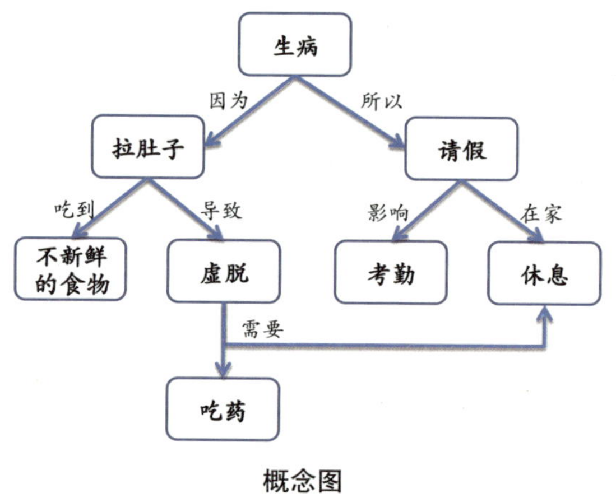

概念图

二、使用时机

流程解说；系统、问题或决策分析；部门组织结构；发现因果关系；撰写计划；整理书面资料；教学、简报。

三、使用限制

初学者接受慢且觉得不适应；不确定何时该结束；较难显示多重的关联。

四、与思维导图的异同

相似点：皆有概念的层次关系及概念之间的联结。

差异点：

思维导图强调使用图像、色彩等元素，概念图只运用文字来呈现概念与关系。但是近年来，一部分概念图也加入了色彩、图像，尤其是在小学的教学应用中。

思维导图特别强调在每个节点线条上只写一个词语，尤其是应用在思考笔记时。概念图则未特别规定每个节点概念的词语数量。

概念图在节点之间由联系词连接，思维导图只在线条上写出概念，没有强调概念之间一定要加上联系词，除非缺少了联系词会对内容产生误解时，才在两个概念之间多加一个线条，写出联系词。

在思考方式上，思维导图比较倾向于放射性思考，概念图比较倾向于聚敛式思考。

鱼骨图

一、含义与运用技巧

鱼骨图是20世纪40年代七大基本质量管理工具之一，20世纪60年代由日本质量管理大师石川馨整合而成，正式应用于川崎重工造船厂的质量管理流程中。因此，鱼骨图又称石川图，也有人称之为要因分析图或因果图（Cause-and-Effect Diagram）。鱼骨图的鱼头通常表示某一特定的问题或问题的结果，组成这条鱼的大骨头就是造成此问题或结果的主要原因。鱼骨图是分析问题与解决问题的好工具，也是项目管理中风险评估的主要工具之一。

鱼骨图很容易上手，通常搭配美国天联广告公司（BBDO环球网络公司）创办人奥斯本（Alex Faickney Osborn）在1938年所提倡的头脑风暴法。首先在纸张上画出方向向右的鱼头，在鱼头上写出待解决的问题或某一现象的结果。接下来，通过头脑风暴，在鱼身的大骨头上写下造成此结果的主要原因。接着从大骨头上画出若干中骨头，它们就是造成主要原因的各个次要原因，再从中骨头上延伸出若干小骨头，它们就是造成中骨头次要原因的各个因素。运用鱼骨图时需充分运用 MECE 分析法（Mutually Exclusive Collectively Exhaustive，意为“相互独立，完全穷尽”），也就是说，各因素不能重复、不能有遗漏。

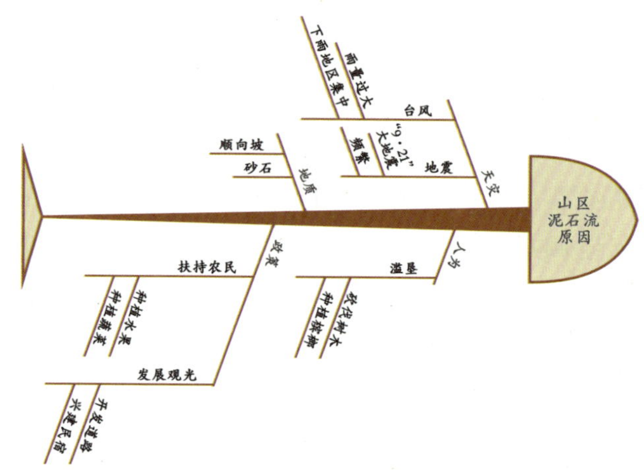

分析问题的鱼骨图

鱼头向右的鱼骨图是用来分析问题的原因的鱼骨图，针对问题解决的方案分析就可以用鱼头向左的“反鱼骨图”。鱼头是原本问题分析中的某一大问题（大原因）、中问题（中原因）或小问题（小原因）。在解决问题的鱼骨图中，大骨头代表该问题的主要解决方案，中骨头是该解决方案的各种做法，小骨头则是做法的说明或依据。

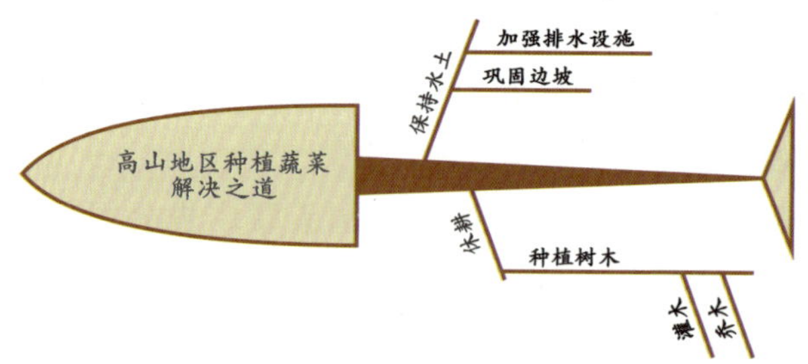

解决问题的鱼骨图

二、使用时机

分析问题或风险背后的原因；发现因果关系；根据问题寻求解决方案。

三、使用限制

一方面，层次较多的时候，手绘鱼骨图会导致书写空间不足。但好在市面上已有很多绘制信息组织图的软件，这个问题可稍稍得到解决。另一方面，不确定该何时结束。

四、与思维导图的异同

相似点：皆有分类阶层化的特征。

差异点主要表现在两方面。一方面，思维导图强调同时使用文字、逻辑分类、图像、色彩元素来呈现问题与解决方案，鱼骨图只运用文字、逻辑分类来呈现问题与解决方案。另一方面，思维导图在每个节点线条上只写一个关键词，鱼骨图则不限制在每根骨头上写下词语的数量。

曼陀罗图（九宫格图）

一、含义与运用技巧

曼陀罗（Mandala）源于佛教，Mandala 一词有“获得本质”或“具有本质之物”的含义。1987 年，日本学者今泉浩晃将之系统化，使其成为一项激发个人潜能、稳定情绪、专注学习与提高创造力的头脑风暴及分析问题的工具。作家佐藤博将其进一步改良，把它作为实现目标的新式日记。曼陀罗图是一种网状组织的可视化思考工具，在一张纸上的水平与垂直方向各画三条直线，让其变成九个格子，因此又称为“九宫格图”。中心的格子里填写主题，其他八个格子是次要主题或相关描述，通过放射性的思考加上图像式的表达，启动想象。这种结构完全符合大脑的思考方式，可以刺激潜在意识。它的思考方式分为两种基本形式：

1. 向四周扩散的放射模式：中心区域是思考的起点，由它向四周围绕的八个格子扩散想法。每一个小格子又可以再分割成九片小区域，每一片小区域又可以再分割成更小的九片小区域，这种分割可以无止境地延伸，这便是曼陀罗图蕴藏的无限能量。相反，也可以由分布四周的八个事物，向中心聚合归纳成一个集合概念。

2. 逐步思考的顺时针模式：曼陀罗图亦以中心区域为定点向下方

的格子移动，然后顺时针移动，按照顺序产生各种想法。

运用曼陀罗图时，可以在大脑中思索各个相关事物的同时把想法转化成影像，努力感受其中蕴藏的能量。今泉浩晃称这种状态为“观想”。

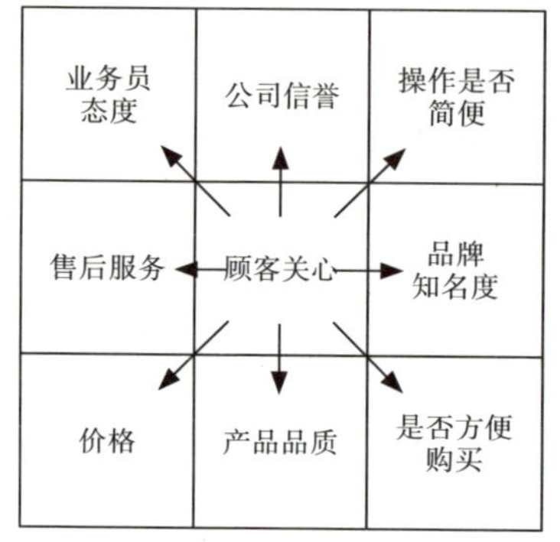

向四周扩散的九宫格图

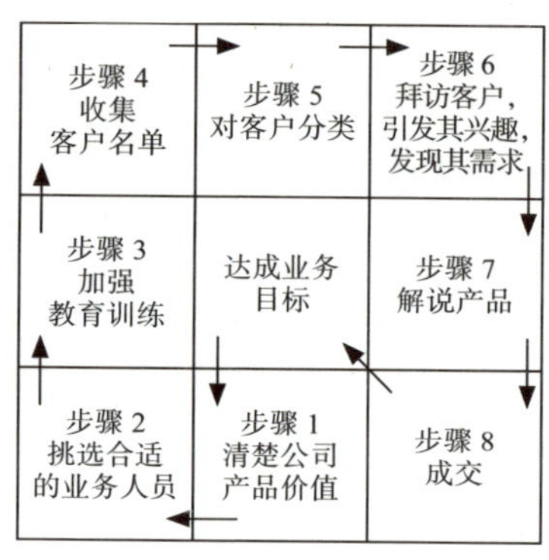

逐步思考的九宫格图

二、使用时机

创意思考；问题分析；工作计划。

三、使用限制

不同阶层之间的概念很难一眼看出其关系，尤其分成许多张曼陀罗图时。

四、与思维导图的异同

相似点：

放射（扩散）思考模式；分类与阶层化的概念；运用图像激发想象力；曼陀罗图的空白格子与思维导图的空白线条都植根于“完形心理学理论”，可促使大脑产生更多的想法。

差异点：

一方面，每张曼陀罗图只根据中心主题思考四周的下一阶层的八个概念，对初学者而言，曼陀罗图比思维导图更容易上手；另一方面，思维导图在每个节点线条上只写一个词语，曼陀罗图则没有特别强调或限制，因此在每个格子上可以写下一个或多个词语来表达自己的想法。

从概念图、鱼骨图与曼陀罗图等的特性中可发现，它们与思维导图同样具有可视化、扩散思考、逻辑分类的特征；思维导图还特别强调色彩、图像的使用，但近年来有些老师在教学过程中运用概念图、曼陀罗图时，也融入了色彩和图像，只是尚未明确说明色彩、图像的使用原则。早期阿兰·柯林斯的语义网络图也是只有文字与线条，经过东尼·博赞的修正，才在思维导图中融入了色彩与图像。或许概念图、鱼骨图与曼陀罗图也能发展出另一套色彩、图像的操作策略，这些都值得后续相关领域的研究者去探讨。

运用思维导图法制作信息组织图

信息组织图是一种让思考、学习更加生动活泼的可视化工具与策略，能突显重要的关键概念，说明概念之间的关系及组织的整体性，因此能够有效率地整合知识，提升批判思考的能力，对于理解文本内容与记忆来说也相当有帮助。本章探讨的各种与思维导图结构类似的信息组织图，在英国博赞软件公司（Think Buzan）执行长格里菲斯（Chris Griffiths）的眼里看来，那些都不能算思维导图，因为它们缺乏思维导图的一些重要因素，例如，思维导图强调关键词的运用技巧，以及色彩、图像的使用等。

根据本章的探讨及我自己应用思维导图二十几年的心得，我将各种形式的信息组织图与思维导图的主要相似点及差异点说明如下。

相似点：

扩散性思考模式；分类阶层化的特征；信息之间的关联性；归纳与演绎在思考过程中不断同时出现。

差异点则在于，思维导图的运用技巧还特别强调：

词语选择以名词、动词为主，形容词、副词等为辅，每个线条上以书写一个词语为原则，可达到打开思路的效果。

每个树状结构通过颜色表达心中的感受，可触发更多创造力并强化内容记忆。

通过插图强调重点，并强化对内容的联想，达到记忆的目的。此外，思维导图法综合运用左右脑的能力，可以兼顾逻辑与创意、科学与艺术、理性与感性。思维导图法四个主要操作定义中的“放射性思考的图解结构”即符合信息组织图的概念，也就是通过树状结构与网状脉络构成思维导图的整体性。树状结构应用在不同的场合会有不同的内容结构。

1. 分类的层次：最上位阶代表最大类的概念，次位阶代表中类，以此类推，最后一阶是具体事物的名称。

2. 因果关系：例如，在分析问题时，最上位阶代表问题的本质或特征，往下各个位阶则是造成该问题的原因，或衍生的具有广度与深度的问题或影响；探讨问题解决模式时，最上位阶是造成问题的因素，下一阶是各种可能的解决方案，再下一阶是该方案的各种做法。值得注意的是，因果关系中的“因”或“果”本身也可能包含了分类关系。

3. 事物的描述或联想脉络：最上位阶代表原始或抽象的概念，次位阶的各个阶层代表对上层概念的描述，其内容越来越具体、越来越具细节性，或者可在次位阶列出自由联想所产生的各种想法。

如果不同的关键词之间具有关联性，就以单箭头或双箭头的线条指出彼此的关系，也可以在线条上用文字说明两者之间的关系，形成网状脉络。

思维导图法的树状结构与网状脉络可以表达图解思考的分类分析，展现关联，将一切化繁为简，让人易懂易记。

第八章

图像思考

有的家长一定有这样的经验：家中墙壁、桌子、沙发椅经常会出现许多涂鸦杰作。还不会写字的小朋友为何喜欢涂鸦？他们想通过涂鸦表达什么？俗话说："一幅画胜过千言万语。"图像是标准的"一词多义"，绘制者通过图像创作，究竟要传达单一、直接的意义，还是丰富复杂的思想？观看者在解读时会不会产生其他的联想？

"图像"是思维导图法操作上的四大核心关键之一，图像的运用可以激发创意、提升记忆。本章将从图像学的角度来说明图像在思维导图法中的使用原则与功能。

意象与图像

人类思维模式可以分成语言模式与非语言模式。语言模式的基本单位是"词语"，非语言模式的基本单位则是"意象"。意象反映出人脑中非语言符号的形象或意念。"形象"指的是大脑中出现的实物图像或映象；"意念"则是实物的性质和关系。意象包括三种基本成分：形象、性质与关系。美国心理学家布鲁纳（Jerome S. Bruner）指出，人类思维有三个阶段：动作性模式（Active Mode）、映象性模式（Iconic Mode）与象征性模式（Symbolic Mode）。其中的图像表征就是一个现象的重现，它看起来像一幅画，但具有更深层的含义，并能重现所代表的事物。中国国际艺术研究院首席顾问周建设整理了康德等学者的主张之后，提出意象具有下列三个主要特征。

1. 真实稳定性：心中对某件事物的想法与该事物的本质一致，想法一旦被储存在大脑中，就不会被随意改变，具有相对的稳定性。

2. 分解组合性：每一个心中认知的意象都可以分解成许多个小部分，然后重新组合成新的意象。埃及的狮身人面像、中国的千手观音都是各自的意象分解组合之后的创新意象。

3. 自我可感性：由于每个人的观察角度不同，同样一件事物在脑中认知与记忆系统中也会产生不同的意象。这种意象只有自己最清楚，别人很难完全感受。

与大多数动物相比，人类具有一种神奇的力量，能够使用建构的符号（sign）再现这个世界、自己的经验，乃至万事万物的点点滴滴。当人们对某个符号的内容、意义有了一定程度的共识之后，这个符号就可以被称为象征（symbol）。

我们的生活中充满了各种各样的符号与象征的图像化意象，从简单的形状、色彩，到故事中的怪兽，以及通行世界的品牌标志（logo），分别具有其神话、宗教、传说、艺术及文化含义。图像形式的符号与象征也像语言一样具有沟通的功能，传统符号是现代人共通的语言，可以表达内心的观点、感受，而且更能快速表达意义。人类运用图像比创造文字早了几千年。

无论是雕塑、绘画还是其他类型的图像，艺术创作者创作作品并不只是模仿现实形象，而是对现实世界的万事万物产生心理反应的替代行为，“再现”现实世界的万事万物。这也就是贡布里希（E. H. Gombrich）在《木马沉思录》和《艺术与错觉》中提到的以视觉心理学为基础的再现观（representation）。这些艺术创作表达了创作者的想法，也供日后的观看者理解、解读原创者希望传达的意义。

图像研究与图像学

图像研究

所谓图像研究指的是学习、使用图像或符号的艺术。图像研究（iconography）的字源来自两个希腊字，eikon 是图像的意思，graphe 的本义是书写。图像研究是一种对艺术图像的描述性观察，它包括三个解释层次：一是解释图像的自然意义；二是解释艺术图像的传统意义；三是解释作品的内在意义或内容。

图像学

图像学探讨的是以一个实际艺术作品为一个图像或符号所代表的事物。图像学（iconology）的英文也源自希腊字，eikon 是图像，logy 源自 logos，有思想、推论的意思。图像学将美术作品视为社会史和文化史中某些脉络的象征。以潘诺夫斯基（Erwin Panofsky）的理论观点来看，图像学不仅强调创作者或作品本身的创作背景，也注意到不同时代或环境观赏的背景。进一步说，作品不但可以还原创作者的意图和过去的历史文化现象，同时也是过去与当代的一种联系，体现了后现代艺术中的多元解读观点。图像学是一种诠释图像的科学，也是对艺术图像的比较性分析。

符号与象征

人类神奇的大脑对周围的一切总是充满了好奇。我们从哪里来？为何现在会在这里？死后又会去哪里？大自然现象的背后隐藏了什么意义？在数万年的文化演进过程中，我们创造出了可以回答这些古老问题的结构。英国社会人类学家布鲁斯 - 米特福德（Rupert Bruce-Mitford）指出，我们发展出一套功能简单明了，表意简洁的符号，以及通过视觉图像表达出背后潜在象征意义的广泛词汇来和宇宙联结。它们可以是书面或视觉语言的一部分。符号与象征经常被交互使用，但象征具有更深层的含义。

军事单位的灯号命令，只需要也只能被解释成一种同一且单一的符号意义。今天我们惯用的交通、气象、数学、货币、乐谱、质量认证等各种国际通用标志也属于此类。图像制作者如果将图像当作符号来使用，传达的意义就会单一，但也有图像创作者企图传达内在的意义或更多、更深层的含义。

艺术家陈怀恩指出，象征是一种清晰的记号刻画行为，象征及象征意义的联结是按照下列三个步骤依序进行的：

1. 以概念为对象；
2. 以自然事物为解释手段；
3. 构建概念。

希腊哲学家亚里士多德在《诗学》（*Poetics*）中对象征与图像则有

不同的定义与解释。亚里士多德指出，象征具有共通性，例如，文字与各种通用符号；图像则记录了历史、五官感觉等充满差异的生活事件。在我们的生活中，象征、文字和图像都可以被视为不同类型的沟通语言。文字属于“指意性”的记号与象征，具有结构性与普遍性。因此，象征是单一符号，具备明确的解释意义，将整体性文化特征当作诠释对象；图像则是描述性的“景象”，具有特殊性与差异性，在不同文化与时代背景下，指代意义也会不同。

从定义内容来看，亚里士多德的象征与布鲁斯 - 米特福德的符号是相同的，都代表单一的意义。亚里士多德的图像则与布鲁斯 - 米特福德的象征有共同的含义，都表达更深层或多重的意义。

陈怀恩也认为，图像也可以作为指示性的符号，用来象征某个语句、意思、地点或情境。

艺术史学家赫默伦（Göran Hermerén）在《视觉艺术的再现与意义》（*Representation and Meaning in the Visual Arts*）中指出，使用象征必须符合三个基本条件：

1. 象征内容必须让具有相关背景知识的人在正常的观看条件下能够理解，也就是不鼓励观看者过度诠释；
2. 创作者自己能够辨识所描绘的象征内容；
3. 不能直接描绘所要象征的事物本身。

当图画演变成符号，每个符号各自代表独特的发音时，就是字母文字。以抽象符号代表一个完整的词语就是象形文字或表意文字，中国的汉字是至今仍在使用的最古老的文字系统。以文字作为象征符号时，两个文字并置就会发展出复合关系、复杂概念或引申义，例如，“花”“莲”分别有原本的含义，两个字并置时可成为中国台湾地区东部城市的地名。同样，图像并置也会有类似的效果，例如，“灯泡”可以代表创意，“玉山”有中国台湾的含义，一个“玉山峰顶有个灯泡”的图像可以代表“创意台湾”。

从前文可以归纳整理出以下结论：

代表特定且单一意义的图像可以称为符号；代表特定但融入多重或深层意义的符号可以称为象征；图像则会因为不同的文化、时空、环境等因素而有不同的意义或解读。

图（心）像含义及其在思维导图法中的应用

美国加州大学伯克利分校的人类大脑研究专家戴蒙德（Marian Diamond）教授指出，人类之所以有别于其他动物，其中一个关键原因就是人类拥有较佳的沟通能力，例如，通过语言、图像、音乐、舞蹈等表达情绪。我们大脑中边缘系统的情绪中枢又与长期记忆系统有着密切的联系。因此，处理信息时融入情绪、意义是提高学习效率的关键。心像基本上有三种含义：

1. 保留空间关系的心像。它是一种模拟表征，大体上可以看作是其所要呈现的概念。它是一种叙述性知识，说明某个概念的样貌或物理特征。

2. 工作记忆的心像。心像在工作记忆中对表征空间信息，也就是对脑海中出现该信息的视觉画面特别有用，可突破工作记忆容量的限制。

3. 抽象推理中的心像。许多艺术家、科学家都是经由抽象推理的心像解决了关键问题，爱因斯坦就想象过人类若能以接近光速的速度前进，这世界会是什么样的？是不是有可能进行时间旅行？心像是一种模拟式的表征，用来说明空间概念的信息，保留了一般命题无法保留的知觉性架构，并被运用于思考抽象概念中。

库尔哈维（R. W. Kulhavy）和斯文森（Ingrid Swenson）针对128位小学五六年级的学生所做的阅读学习成效研究结果显示，通过心像图可以增强记忆。台湾地区也有不少学位论文的研究指出，运用图像思考的思维导图法，对记忆力有帮助，因为图像中的符号与象征对我们的大脑来说是一种带有情绪、有意义、与生活相关联的符号，因此对增强信息的吸收能有积极的作用。

思维导图法与其他类似的图解思考工具的最大差异除了色彩之外，就是在画思维导图时加入了图像。综合本章图像相关的论点，思维导图插图使用的原则如下：

1. 重要的地方才加插图：思维导图已经是一种简洁的信息呈现方式，但为了强调重要的概念，只有在关键的地方才加上插图，而不是随意乱加。

2. 加入的插图必须能明确表达所代表的重点内容，或能让人因之产生联想。

图（心）像依其意义的描述可分为自然的意义、传统的意义与作品内在的意义。因此在思维导图中，重要信息的地方要加插图。可以参考以下原则：

1. 自己的思维导图：图像可以涵盖自然的意义、传统的意义，甚至仅有自己才能诠释的意义的图，在不会让自己混淆的情况下，可依需求自行运用符号、象征与图像。

2. 给他人看的思维导图：例如，给他人阅读、参考的书面数据思维导图，或在教学、做简报时用的 PPT 思维导图。为了避免产生误解，要以使用符号与象征为主，图像以自然意义为主，传统意义次之。除非信息接收者能正确解读，否则要尽量避免含有特殊意义的图像的出现。

3. 构思创意时的思维导图：无论是个人还是团体在头脑风暴时，为了发挥想象力、激发创造力，避免陷入既有的旧思维框架中，应尽可能以具有自然的意义、传统的意义，以及特殊文化含义的图像为主，再辅以符号、象征。

第九章

色彩

科学研究结果显示，色彩对人的身心会产生影响，这已是不争的事实。色彩无处不在，是生活中不可缺少的表现元素。通过色彩，人们可以辨别物体，也可以表达情感。不同的颜色会让人产生不同的情绪反应，例如，暖色系的红、黄、橘让人感到热情、兴奋；冷色系的蓝、绿、紫则会给人一种舒缓与放松的感觉。虽然人类会因为文化的不同，而对色彩有不同的解读，但是，颜色的象征意义基本是可以通用的，颜色是人类重要的象征系统。在画思维导图时，也不要随意使用颜色，而应有理有据。

色彩如何产生

1666 年，牛顿观察到从实验室墙壁细缝穿过的白色光线照射到对面墙壁上，形成了美丽的红、橙、黄、绿、蓝、靛、紫七种颜色，因此而发现了太阳的七色光谱。后来牛顿用三棱镜重复这个实验，都得到了同样的结果。牛顿指出，物体的颜色并非由物体本身产生，而是物体吸收和反射光的结果。

大脑如何辨别色彩

色彩三要素

太阳光线中包含红、橙、黄、绿、蓝、靛、紫七种单色光，每一种颜色都有自己的波长。色彩有三要素，分别是色相、明度及彩度。色相是指色彩的色调，是色彩最基本的特征，也是区别色彩的最明显的特征。明度也称发光度，是指眼睛感受到的色彩的明暗程度，通常取决于物体的反射光量。彩度又称饱和度，是指表现色彩色调的强度，饱和度高的颜色比较鲜艳，饱和度低的则较黯淡，例如，“鲜艳的红”是指红色的饱和度高，“暗沉的红”是指红色的饱和度低。

大脑如何辨识颜色

太阳光穿过三棱镜会产生折射现象，光线中不同波长的颜色因此分离。也因为此特性，当光线照射在不同物体上，物体会反射出不同波长的光，所以我们的眼睛才能辨别各种颜色。不过大脑也不是单纯通过光的波长辨识颜色的，虽然波长是主要因素，但是光的纯度与强度也会影响我们对颜色的判断。

我们的眼睛就像一台照相机，眼角膜和晶状体就像镜头，视网膜就如同底片，光线经过眼角膜和晶状体抵达视网膜，视网膜上有接收光的神经细胞，我们因此可以判别色彩。

视网膜上有“杆状细胞”与“锥状细胞”两种感光细胞。杆状细胞负责感觉光的明暗，锥状细胞负责辨别光线的颜色。视网膜上的锥状细胞又有分别接收波长较短的蓝色、波长中等的绿色与波长最长的红色三种细胞。当光线进入眼睛时，会促使这三种细胞工作，大脑依据反应的比率组合来判断我们看到的光究竟是什么颜色。

然而，为何我们看到的树叶是绿色的呢？这是因为光照射在树叶上时，叶子完全反射光线中的绿色，同时吸收了其他的颜色。红色的书、蓝色的领带，严格来说是反射较多长波长的红色光的书，以及反射较多短波长的蓝色光的领带。我们就是借助物体对光线的反射、吸收而看到五彩缤纷的世界的。

色彩的功用与效果

色彩的功用

在动物世界里，不只有人类可以分辨颜色，昆虫、鱼类、鸟类、灵长类也拥有辨别颜色的能力，色彩不仅仅帮助分辨雌雄，也是求偶的工具。在弱肉强食的食物链中，颜色更能保护自己的生命安全。

心理学家格林（Ronald Green）指出，利用色彩在视觉传达中的作用，可以提升人们 80% 的阅读意愿与参与动机。《色彩的影响》（*Color for Impact*）一书作者珍·怀特（Jan White）也认为，色彩可以提升人们 70% 的理解力与 60% 的回忆能力，并缩短 82% 的信息查询时间。3M 机构的研究也显示，颜色可以提升个人的记忆力。

色彩的效果

自古以来，色彩的心理效果效应就被广泛讨论与研究。颜色对心理的影响不仅是个人的主观体验，而且也得到了客观的科学研究的验证。人们看到色彩鲜艳的红、橙、黄会有兴奋、爽朗、积极的倾向，明度高、彩度高的颜色也会让人有这种倾向。深蓝、蓝绿、褐色、黑色则会使人感到沉静、阴郁，甚至消极，明度低、彩度低的颜色也会让人有这种感受。紫色、灰色、绿色与中明度的颜色给人的感觉就比较中性、温和。

日本心理学家大山正运用言语心理学与市场调查的语义差别法（也称语义差异法，简称为 SD 法），针对日本与美国的高中生、大学生进行跨民族、跨文化与跨性别的调查，得到下列结果。

暖色系和冷色系

红、橙、黄等暖色系通常伴随着危险、喧哗、快乐的兴奋情感。紫、靛、蓝等冷色系则带有安全、安静、悲伤等沉稳的情感。

前进色和后退色

对于同一张纸上的颜色，你会感觉红、橙、黄等长波长的颜色比蓝、紫等短波长的颜色离自己更近。

显眼色和隐藏色

前进色中的红、橙、黄是显眼色，红色常被用来当作危险信号，前进色也经常出现在刺激性的广告中。后退色中的蓝色系是隐藏色。

膨胀色和收缩色

色彩学中有所谓的“膨胀色”和“收缩色”，在色彩学中，人们认为暖色比冷色更具膨胀的效果。

明色与暗色

颜色明暗度代表一种外表重量。一般来说，只是目测而不触碰物体的话，同样形状、大小的东西，明色的物体给人感觉较轻，暗色的则较重。除此之外，暗色给人沉重、充实、坚强、安定的感觉。

色彩与感觉

不同的颜色会让人产生不同的联想，各具有象征意义，但这些意义也会受到文化的影响。大山正指出，黑色对日本人而言是美丽的，但美国人却认为黑色代表丑陋与邪恶。大部分人会觉得白色代表洁净，红色代表热情，蓝色代表平静，黄色代表快乐，黑色代表悲哀。心理学家德·波诺（Edward de Bono）在《六顶思考帽》一书中用白色代表客观的事实与数据，红色代表情绪的感觉，黑色代表负面的因素，黄色代表充满希望与正面的思考，绿色代表创意与新的想法，蓝色代表思考过程的控制与组织。

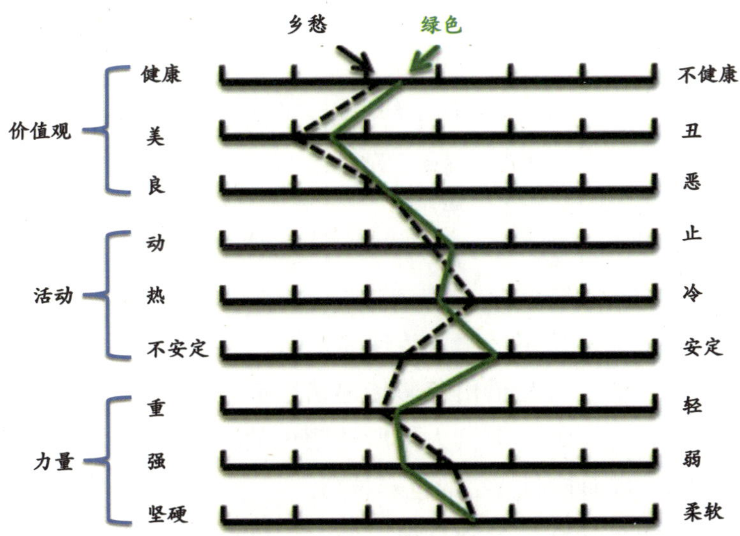

象征语义和色彩的语义差别法观察比较，以乡愁与绿色为例

大山正针对色彩与感觉做了两个实验，发现色彩能作为各种语言的象征。他的第一个实验是列出 14 个象征不同感觉的词语，请受测者从 16 种颜色卡片中分别挑选出与之对应者。第二个实验则是将 14 个象征词语与 16 种颜色分别通过语义差别法分开测试，得到的结果与第一个实验相似（下表）。

大山正色彩与感觉的两种实验结果对比

象征不同感觉的词句	第一个实验的颜色	第二个实验的颜色	共通颜色
生气	红、橙、黑	红、橙、蓝绿	红、橙
嫉妒	红、紫、橙	红、橙	红
罪恶	黑、灰、蓝紫	蓝紫、黑、红	黑、蓝紫
永远	白、绿蓝、蓝	绿、蓝、灰	蓝
幸福	粉红、黄橙、橙	绿、黄绿、白	—
孤独	蓝、灰、黑	蓝紫、黑、灰	灰、黑
平静	蓝、绿、绿蓝	蓝、绿、灰	蓝、绿
乡愁	蓝绿、绿、黄橙、蓝	绿、紫、灰	绿
家庭	黄橙、橙、粉红	绿、蓝、灰	—
爱情	红、粉红、橙	绿、黄绿、白	—
纯洁	白、绿蓝、红	蓝、绿、白	白
梦想	粉红、绿蓝、黄	黄绿、绿、白	—
不安	灰、紫、黑	蓝紫	—
恐怖	黑、灰、红	红、蓝紫、绿蓝	—

色彩常用来引发特定情绪，传递非语言的信息，甚至用于疾病治疗。所谓色彩沟通，就是借由色彩传递信号或信息，诱发人类的心理感情。色彩治疗法是通过解读人们所选颜色的深层含义，加上外部给予的颜色刺激，进而控制情绪的色彩技巧。

如果把对颜色的联想带到意识层面，就可以有更丰富和贴切的选择。色彩带有感情，能让我们的大脑更活络，对提升创造力与记忆力有很大的帮助。快速学习专家亨特在《学习如何学习》中指出，学习过程中要尽量运用感官的刺激来触发心灵与大脑的敏锐度，以提升信息的吸收与应用。颜色能吸引人们的目光、刺激人们的大脑，运用更多情绪相关的色彩来为信息分类，可提高学习效率。

可以说，色彩是最有力的符号，但并非所有颜色都有如此效果。除了红、橙、黄、绿、蓝、靛、紫和它们的若干修正色之外，其他色彩并不具有震撼力，尤其以中间色作为符号色彩时便会缺乏力量。因此，符号色彩都是由单一色相（红、橙、黄、绿、蓝、靛、紫），或白、灰、黑与光泽较强的金、银，以及两种单一色相颜色调和来表现的。我综合整理了符号色彩所代表的感情信息象征，如下表所示。

符号色彩所代表的感情信息象征

颜色	信息象征
红	喜悦、热情、活动力、生命力、健康、积极、外向、强而有力、压迫、性魅力、直觉、情绪、愤怒、危险、攻击、战争、感情、爱情、博爱、刺激、能量、财务困难
橙	快乐、幸福、朝气、亲切、活泼、乐观、温暖、健康、热忱、高能量、正面思考、爆发、注意力、警告、双向满足、企图心、奢华
黄	阳光、光线、轻巧、清澈、公平、正确、幽默、幸福、知识、注意、乐观、希望、正面思考、提醒、温暖、开心、刺激思考、启蒙、视野
绿	平衡、协调、自然、和平、健康、治疗、新鲜、春天、年轻、希望、快乐、生产力、前进、舒适、成长、繁荣、创意、新的想法
蓝	清凉、冷静、沉着、虚空、智慧、和平、无限、高贵、思考的控制与管理、综览全局、男性的
靛	聪明、智慧、冷静、理性、创造、贤明、意志、信念、成熟、宁静、放松、舒缓、信任
紫	高贵、斯文、尊严、洗练、果敢、忠心、权威、领导、权力、宝贵的、奢华、能量、心灵的、精神性、直觉、神秘、幻想、性感、改观、不安、悲伤、孤单
粉红	年轻、温馨、关怀、女性的
棕	安全、完整、力量、支持、实际、务实
白	光芒、明朗、正义、洁净、诚实、中立、无私、无邪、客观事实、数据
灰	无趣、失望、阴森、孤寂冷漠、保守、探索、证据搜集
黑	死亡、恐怖、邪恶、悲伤、尊贵、严肃、神秘、阴沉、负面、单调、独立、完整
金、银	优雅、华丽、尊贵、地位、财富、胜利

在思维导图上运用色彩

色彩在自然界代表着不同类别的物体或传达不同的信息，因此，色彩在思维导图中的应用有下列两种：

第一，通过视觉颜色来区分不同类别的信息：同一类信息使用同一个颜色来画线条、写文字。同一类信息以同一个树状结构来表现信息内容的类别及从属关系或因果推演，因此，基本上以一个主干线条与若干支干线条的形式呈现。线条上用文字书写的主要主题与分支主题都以同一个颜色来表示。但在用计算机软件绘制文章笔记或制作简报时，为避免较淡颜色的彩色文字影响阅读，可以使用黑色字，仅以线条颜色来区分类别。

第二，通过颜色表达心中对该类别信息的感受：色彩可以提高阅读、理解、记忆能力，因此，个人使用的思维导图尽可能以自己的认知色彩为优先选择，若是要给他人阅读，则可参考上一页表中各个颜色的代表含义。

下面的图是一张介绍2010年上海世界博览会的思维导图。这是要给一般大众阅读或在做公众简报的场合使用的思维导图，在颜色的选择上要避免过于个性化，因此，应以上一页表中符号色彩代表的感情信息象征为参考依据。

1.“日期”选择棕色，代表完整、务实。

2.“地点”选择绿色，大自然的大地是绿色的，表达在绿意盎然的黄浦江两岸举办世博会。

3.“主题”选择红色，主题是重点，给人热情、积极、充满活力和生命力的感觉。

4.“目标”选择橙色，带有满足、朝气的含义。

5.“会徽”选择粉红色，因为要表达的理念是理解、沟通、欢聚与合作，这与粉红代表的温馨、关怀之义相契合。

6.“吉祥物”选择水蓝色，海宝的寓意为四海之宝，本身的设计理念就是以海洋的水蓝色来象征生命和活力。

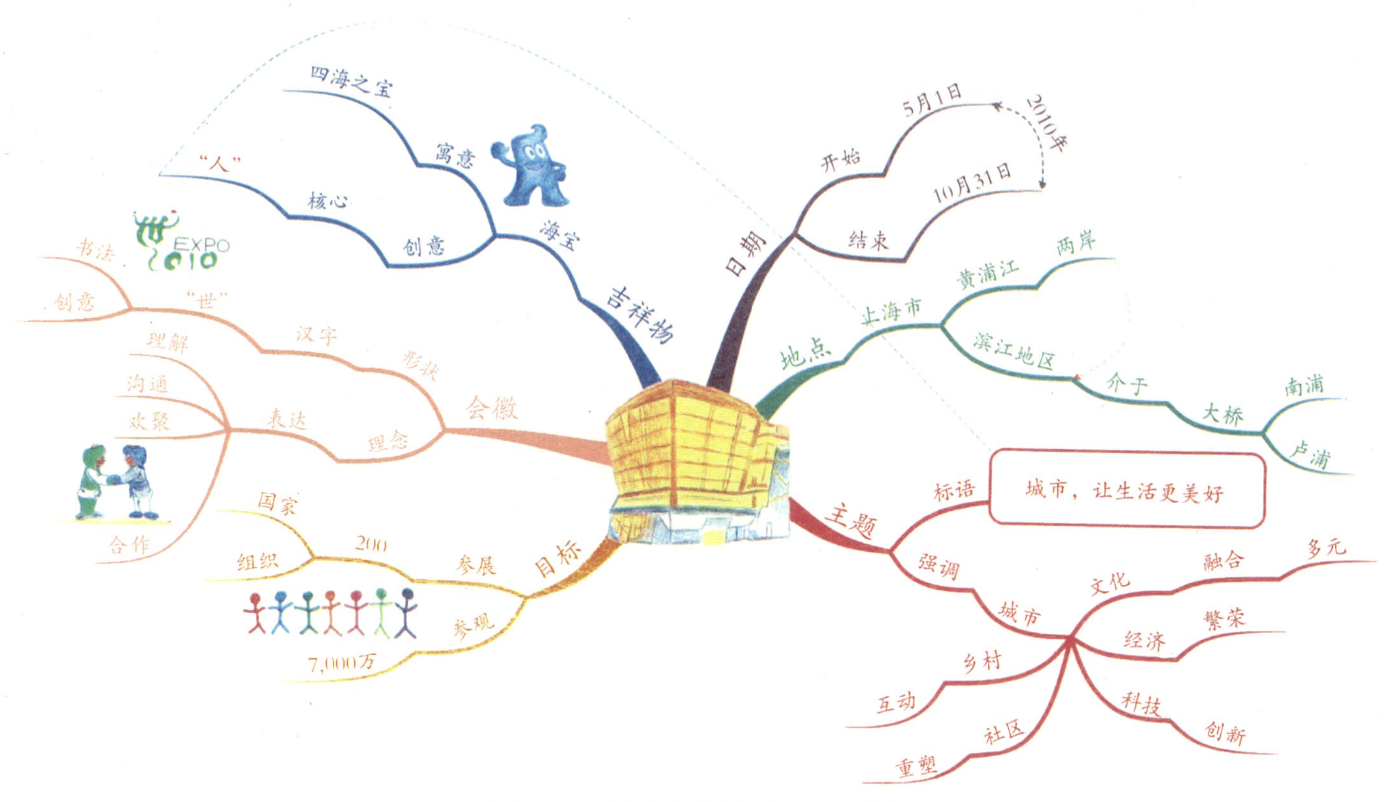

介绍 2010 年上海世界博览会的思维导图

第十章

思维导图法

“思维导图是自己心中的图，只要按照自己的意思去画就好，不要在乎别人定下的规则”“思维导图的实用性最重要，不要去理会那一大堆的理论”，我们经常看到上述这些似是而非的说法。这也难怪有些人会觉得思维导图无法发挥预期的效果，或看到别人用得很顺手，但自己却用得不顺心。

合乎科学的方法一定要兼具有效性与科学性，不仅对某个人有效，而且要尽量对每一个人都有效。因此有必要了解思维导图法的定义与规则。

接下来，我将说明思维导图法的定义与规则，以供学习者与相关研究者参考。

四大核心与操作定义

思维导图法能够通过思绪绽放的水平思考及思绪飞扬的垂直思考有效地将概念、想法系统化。在思维导图的每个线条上只写一个关键词，可以帮助大家开启创意思考；以线条颜色表达感觉、感受，在重要的地方加上彩色插图来强调、突出重点，可以强化大家对内容的记忆。本节将明确说明思维导图法的概念性定义与操作性定义。

概念性定义

思维导图法是一种“以可视化信息组织结构为基础的放射性思考模式”。诺斯称之为“大脑地图”，我则进一步以有效提升大脑思考与学习能力的方法来为思维导图法做出概念性定义。

操作性定义

思维导图法的操作定义如下表所示：

功能构面	定义
信息系统化整合	通过同位阶联想（bloom）的思绪绽放（水平思考、扩散思考、广度思考、分类分析）及往下位阶联想（flow）的思绪飞扬（垂直思考、直线思考、深度思考、演绎思考）系统化整合信息

续表

功能构面	定义
开启思考	在每一个支干线条上填写一个关键词（以名词、动词为主，形容词、副词为辅），把想法分解成若干最小单位，每一个支干线条上的关键词都成为另一个思考的起点，让想法不断延伸
区分不同主题概念	主题的主干线条及延伸想法的支干线条以同一个颜色来表达，不同的主题则使用不同颜色来区分
表达主要概念	在画思维导图第一阶的主要概念时，要使用由粗到细的线条以及较大的字体，直观表达该主题有哪几个主要概念
突出重点	针对思维导图上的重要信息，可以在文字旁边或上方画上符合含义的图像或符号，突显重点所在，以增强视觉效果，强化印象

思维导图法的四个主要核心概念是关键词、放射性思考的图解结构、色彩与图像。接下来，我说明一下四大核心概念的操作定义。

一、关键词

思维导图法关键词的运用原则是：

1. 词性选择以名词为主、动词次之，然后是必要的形容词与副词。

2. 每一个线条上的词语数量尽量以“一个”为原则，除非是不可分割的概念，例如专有名词、标语、公式等，才在同一线条使用两个以上的词语。

二、放射性思考的图解结构

思维导图的整体是由“树状结构”与“网状脉络”构成的。树状结构应用在不同的场合会有不同的内容含义，其大致可区分为下列四类：

分类的关系：最上位阶代表最大类且抽象的概念，次位阶是中类，以此类推，最后一阶是具体事物的名称或对它的描述。

因果的关系：以树状结构来展现原因与结果的关系。例如，在分析问题时，最上位阶代表问题的本质或表征，往下各个位阶则代表造成该问题的原因或衍生的问题或影响；在问题解决时，最上位阶是造成问题的原因，下一阶是各种可能的解决方案，再下一阶是该方案的各种具体做法等。在因果关系的结构中，在原因、结果的层面亦会包括分类关系的存在。

事物的说明：针对某一事物在其下的阶层做出特征、属性等的说明。例如，在采购清单中，“鸡腿”的树状结构下一阶可能分别是“切块”“腌制”“6 只”等。

事物的联想：希腊哲学家亚里士多德将联想分为对比（想到男人就想到女人、想到白天就想到夜晚）、接近（想到树木就想到花草、想到高山就想到河流）与相似（想到篮球就想到地球、想到竹筷就想到竹竿）三种。从创意构思的理论观点来说，联想又可分为根据主题自由自在构思的自由联想、特定方向思考的限制联想（或称强制联想），以及将与主题本质上相似的事物作为提示，进行构思的类比联想。因此，事物联想的思维导图树状结构中，最上位阶代表原始或抽象的主题，往下一个层级的各个阶层是通过上述各种联想而展开的思维脉络。

网状脉络：主要是指出不同树状结构之间关键词的相关性（correlation），包括因果关系、共变关系、相依关系或出现重复的事物、概念等，这时则以单箭头（单一方向的关系）或双箭头（相互关系、重复）的点线（间接关系、弱关系）、虚线（一般关系）或实线（直接关系、强关系）表示彼此的关系，亦可在线条上用文字补充说明。

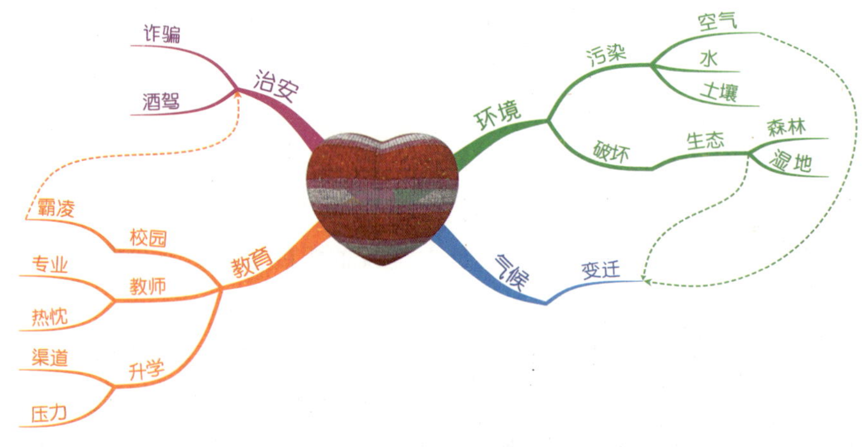

树状结构与网状脉络结构的思维导图

三、色彩

在知识内容层面，用颜色在视觉上区分不同主题或类别的信息。

在情感表现层面，用颜色表达我们心中对该主题或类别信息的感受。

四、图像

只在重要关键词的地方才加插图，以凸显重点。

图像必须能够代表或让人联想到关键词所要表达的意义，这不仅有助于创意的激发，而且能强化记忆效果。

思维导图法的使用规则

东尼·博赞在 1974 年《启动大脑》一书中提出了思维导图法的使用规则，之后受到广泛的应用与验证，并被一次次地精益求精地修正，才获得现在的结果。思维导图法应用于教学领域的实证研究也显示，绘制思维导图的技巧与学科的学习效果呈正相关。因此，按照规则正确运用思维导图法很重要，绝对不能因为思维导图是呈现自己心智模式的一张图，就不遵守必要的规则。正确的观念是，在一定的规则、原则之下，根据不同的需求做出必要调整。

在本节中，我将整合博赞的《思维导图》、葛柏的《7 Brains：怎样拥有达·芬奇的七种天才》中的观点，并根据自己多年使用与研究的心得，说明思维导图法的使用规则。

一、纸张

颜色以纯白为主：不同颜色的纸会给人不同的感受，或带来不适当的暗示。有线条的纸张会让人不自觉地以条列方式做笔记。

大小以 A4 或 A3 纸为首选：除了方便收纳之外，最主要的原因是配合乔治·A. 米勒教授“神奇的数字：7 ± 2 法则”做思考的绽放与飞扬，A4 或 A3 的纸张大小合适，尤其适用于学习时记笔记。

方向以横放为原则：从纸张中央向四周按放射状书写，横放纸张可以多容纳几阶信息，减少线条因碰到纸张边缘而转弯的情况。

二、关键词

词性：以名词为主，动词次之，再辅以必要的形容词、副词或介词。精简关键词有个判断原则：删除它不影响理解内容，就可以省略；删除它会对内容产生误解，就必须保留。

文字的颜色：手绘时，文字要与线条同色；用计算机软件绘制时，为避免对着屏幕不容易阅读彩色字，应以黑色为主。

字号：越上位阶的字号越大并加粗，好在视觉上突出上位阶的议题、概念或类别。

数目：思维导图法植根于语义学中语义的派生，因此每一个线条上的关键词以一个词语为原则，特别在创意构思、工作计划、问题分析时更要遵守这一原则。只有在整理文章笔记，涉及章节名称、专有名词、特定概念时才允许将两个及两个以上的词语写在一个线条上。在整理内容重点时还应尽量以一个词语为原则，这样可以让数据统整更具自由性与结构性。

三、结构

样式：思维导图的结构是从中心开始，以放射状向四周延展。

内容的阶层结构：用思绪绽放的水平思考、广度思考，以及思绪飞扬的垂直思考、深度思考，建构出思维导图的树状结构与网状脉络。

上下阶层内容（上下文）属性：无论是水平思考还是垂直思考，关键词之间的关系都包括逻辑联想与自由联想两种模式。工作计划、问题分析、事实描述偏向使用逻辑联想，创意构思或创意写作则偏向自由联想。

四、图像

位置：在特别重要或关键概念的地方加图像，以突出重点。随意乱加插图反而会失去重点。

象征：在重点处加的图像，必须能代表或使人联想到重点内容的含义，这不仅有助于激发创意，更能强化对内容的记忆效果。

颜色：尽可能使用到三种以上的颜色绘图，或使用与线条、文字不同的颜色，以吸引目光。

思维导图法的使用规则
纸张
颜色
纯白
大小
A4
A3
方向
横向
关键词
词性
主要
名词
动词
次要
形容词
辅以
副词
颜色
手绘
同线条
软件绘
黑
字号大小
大
小
数目
笔记
一般情况
1
特殊情况
1 个以上
线条
样式
曲线
弧度
颜色
表达
感受
区分
主题
类别
连接
彼此
粗细
支干
主干
图像
位置
象征
彩色
内容
含义
重点
结构
样式
放射状
内容
阶层
垂直
水平
属性
自由
逻辑

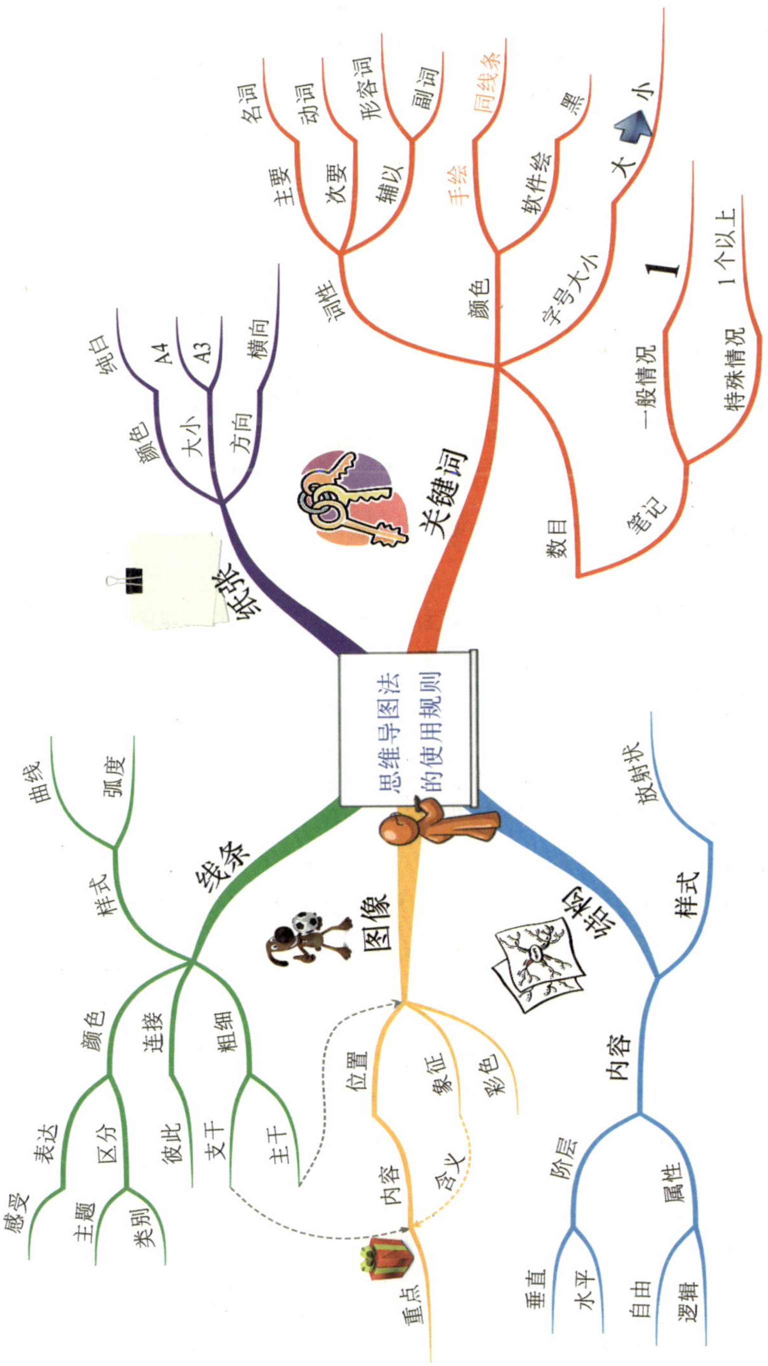

思维导图法的使用规则

五、线条

样式：线条样式要模仿大自然的结构，用有弧度的曲线来绘制，让思维导图看起来有美感。

颜色：线条颜色除了能区分不同主题、类别之外，最主要的是使用能表达自己感受的色彩，能激发自己的创意或利于对内容的记忆。

连接：为了方便阅读，必须将线条连接在一起，以提升思维导图的整体感。

粗细：为了便于在视觉上辨别思维导图中的几大类别或几大因素，与中心主题图像连接的主干线条要用由粗到细、有弧度的锥形，下一阶之后的线条则用更细的锥形，或直接以细线来呈现。

从多年教学经验中我发现，初学者或长期依赖计算机软件的操作者，在手绘思维导图时会不自觉地出现下列误区：

1. 中心主题以文字书写，或主题图像不是彩色，限制了想象能力。
2. 中心主题图像绘制的大小不适当，或太大，占用过多版面；或太小，缩成一团没有足够的空间顺利展开想法。
3. 线条僵硬，不够自然生动。
4. 关键词写到线条后面或下面，不易阅读。
5. 线条长度太长，浪费空间。
6. 线条斜度大于45°，致使关键词被写到了线条旁边。
7. 插图未能以彩色呈现，或者与文字颜色相同，无法突出重点。
8. 支干线条上关键词的字数太多，限制了思考的灵活度。
9. 线条彼此没有正确连接在一起，丧失美感，影响阅读。
10. 信息内容在分类与阶层化的时候逻辑顺序有误，影响对内容的理解、创意的产生及记忆的效果。

这里说明的规则是以手绘为前提的。若是操作软件，其原则不变，有些地方只要设定好软件程序，就不用再操心，例如，中心主题、纸张的大小方向、线条要由粗而细且彼此连接、关键词书写在线上等。但是有些不足是部分计算机软件无法克服的，例如，线条不要太僵硬，发展出自己的风格等。本书使用软件绘制思维导图范例时，线条样式看起来比较生动活泼，这是用 iMindMap 软件制作的，iMindMap 软件有适合各种不同操作系统的版本。

想要有效发挥思维导图的功能，必须遵守本书中说明的使用规则，待技巧逐渐纯熟之后，在可以达到相同或更好效果的前提下，鼓励大家形成独树一帜的思维导图模式。

放射性思考

创新是永远有需求的管理话题，联想则是创新的关键能力之一。创新大师克里斯坦森（Clayton Christensen）在《五个技巧，简单学创新》一书中指出，创新者都有联想、疑问、观察、社交与实验五种能力，其中联想力是串联其他四者的关键能力。联想力强的人会深入观察细节，不仅能见林，也能见树。

大自然结构：树枝

思维导图是一种从中心主题概念向四周 360° 扩散思考的可视化工具，东尼·博赞称之为放射性思考，其结构就像自然界的树一样。一张展开的思维导图，就如同我们从高空鸟瞰一棵大树，中间的树干就是思维导图的中心主题，从树干会长出许多由粗而细的大树枝，这是从中心主题展开的第一阶概念，我们称之为主干；从每一个大树枝又长出许多中树枝、小树枝，也就是主干之后延伸出的支干。

思维导图法放射性思考的阶层结构包括水平思考与垂直思考，在我第一本出版的图书中，我将其称为思绪绽放与思绪飞扬，我们也可称之为广度思考与深度思考；在阶层结构中，水平思考与垂直思考的上下文属性又可分为逻辑联想与自由联想。思维导图法的阶层结构与上下文属性就像堆积木，让我们联想出来的结果不仅有创意，而且还合乎逻辑。

阶层结构

1. 思绪绽放（水平结构）。在儿童班的课程中，我们用“光芒般的联想”的说法让小朋友更容易了解这个词的意思，在成人班则进一步解说成，它类似于“水平思考”或“扩散思考”，如同电路原理中的“并联”，功能在于扩充思考的广度，增强创造力中的流畅力、变通力、独创力与精进力。

下图是一个思绪绽放与思绪飞扬的思维导图范例。

思绪绽放与思绪飞扬的思维导图

这个思维导图的中心主题是“生日”，围绕在四周的六个第一阶想法都是由“生日”所产生的思绪绽放联想；第一阶“礼物”所延伸出的第二阶的三个想法，是以“礼物”为主题产生的思绪绽放联想；从“游戏机”延伸出第三阶的三个想法，是以“游戏机”为主题所产生的思绪绽放联想。

2. 思绪飞扬（垂直结构）。在儿童班的课程中，我们用“接龙式的联想”让小朋友更容易了解这个词的意思，在成人班则进一步说明它类似于垂直思考或直线思考，好比电路原理中的“串联”，功能在于增进思考的深度，强化问题分析能力、推演能力与记忆力。

图中同样也有思绪飞扬的联想。例如，从中心主题的“生日”会联想到“礼物”，“礼物”会想到“游戏机”，“游戏机”会想到“XBox”。“生日—礼物—游戏机—XBox”就产生了一个思绪飞扬的路径。

思维导图法的阶层结构就是这样交织而成的。我们可以从中心主题或任意一个支干线条来做思绪绽放或思绪飞扬的联想，却又不会失去阶层结构的逻辑性。

上下阶层内容（上下文）属性

思维导图法的阶层结构中，无论是水平思考还是垂直思考的分类层级关系或因果关系的联想，文字上下阶层内容（上下文）属性都可分为“逻辑联想”与“自由联想”。

逻辑联想指的是在联想过程中有一个明确的中心主题，无论是水平思考还是垂直思考，都要紧扣中心主题。例如，从下图以“露营”为主题的逻辑联想中，可以清楚地看出，它是在规划“露营”活动时的逻辑联想。逻辑联想适用于工作计划、问题分析等。

自由联想是思维活化作用散布的过程，而活化作用的散布是构成许多思考历程的基础。自由联想在思维导图法中指的是在联想过程中没有特定目的，而且每一个新想法都可以自由、随性地根据上一阶的概念产生联想。可以看出以“露营”为主题的自由联想的思维导图并不是在规划露营活动，而纯粹是从主题概念开始的自由构思。

自由联想适用于创意构思，尤其在希望突破现实的枷锁、寻找开创性想法时更适用。

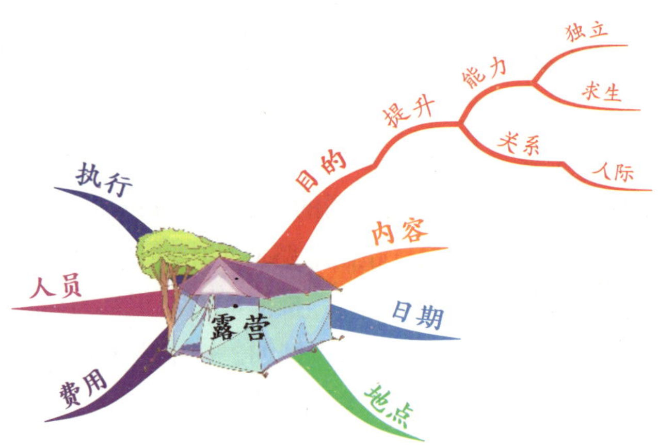

以“露营”为主题的逻辑联想

以“露营”为主题的自由联想

三维结构概念

思维导图法的水平思考与垂直思考模式让我们在二维空间展开了具有广度与深度的思考。然而面对复杂的状况，发展出立体的三维结构也是很有必要的。如何在一张平面纸张上用思维导图把想法以立体结构的形式展现出来呢？我们可以运用思维导图法操作定义中的“颜色”的功能，在“视觉上分出不同的类别”。

平面思维导图已经在不同树状结构的线条与文字上运用颜色来区分类别（如“平面的思维导图”）。接着把代表第三维分类的各种颜色“标示”在平面思维导图各个树状结构的文字上（如“立体的思维导图”）。

平面的思维导图是以二维平面的方式列出员工关心的事项。在立体的思维导图中，我们用不同的颜色标示负责处理这些事项的部门，红色代表的是业务部，绿色代表的是人力资源部，黄色代表的是客服部，灰色代表的是财务部，淡蓝色代表的是福委会。

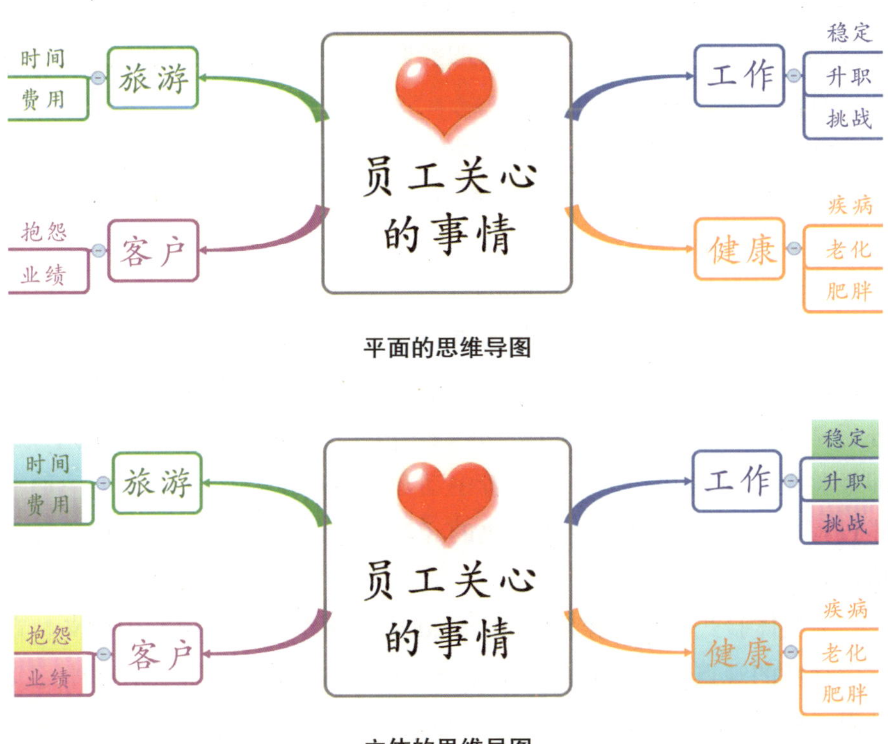

平面的思维导图

立体的思维导图

思维导图法教学

思维导图法教学已逐渐被普及到各级学校和培训机构中。这里所说的教学包含两个层面，一是指导学生学习使用思维导图法，二是教学或学习时将思维导图法作为策略、方法。本节仅针对第一种进行说明，至于如何将思维导图法运用于教学和学习场景中，我将在后面的章节中进一步说明。

思维导图法教学的理论背景

学习思维导图法是为了建立一种思考与学习模式的方法，学习思维导图法并非一蹴而就的，应当有计划、有步骤地进行。在教学过程中，要让学生由浅入深地去体验、观察、反思，逐步将知识技能内化。思维导图法的教学植根于认知主义的认知发展、智力、学习与记忆、学习如何学习，实践于建构主义的经验学习、自发性学习、观点转化与反省性实践。

以下将探讨建构理论中的经验学习与鹰架教学，帮助有志于从事教学的人掌握思维导图法的教学重点。

一、经验学习

美国教育学者林德曼（Eduard C. Linderman）认为，教育的目的在于发现经验，经验能帮助学习者将教育与行为相联结。针对经验学习，波德 (D.Boud)、柯恩 (R.Cohen) 和沃克 (D.Walker) 在《运用经验进行学习》（*Using Experience for Learning*）一书中提出了五项主张，即经验是学习的基础、由学习者主动建构自己的经验、学习是一种整体过程、学习是一种社会及文化的经验建构、学习会受到当时社会与情绪脉络的影响。

美国体验式学习专家库伯（David Kolb）综合了美国实用主义教育学者杜威的观点，瑞士心理学家荣格（Carl G. Jung）、社会心理学之父勒温（Kurt Lewin）以及瑞士儿童心理学家皮亚杰（Jean Piaget）的学习与认知发展模式，提出了著名的经验学习循环模式。库伯认为，经验学习必须具备四种能力：1. 具体经验（具有开放的意愿，愿意把自己置身于新经验中）；2. 观察和反思（具有观察和反思的技巧，以便用不同观点验证新经验）；3. 抽象概念（分析的能力，也就是通过观察创造出统一的概念）；4. 行动检验（做决定，即解决问题的能力，以便在实际中应用新观念）。

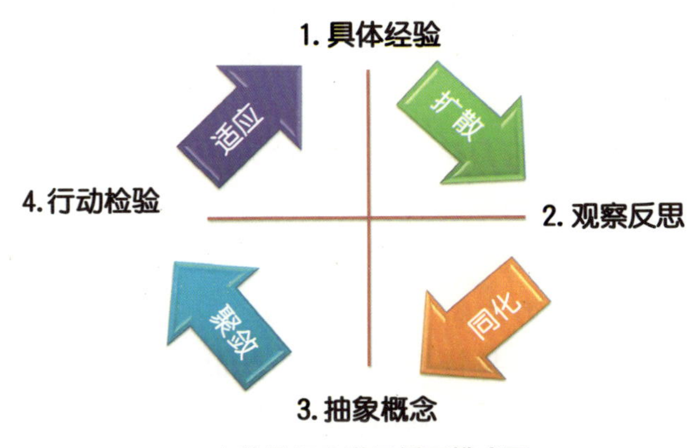

库伯的经验学习循环模式图

二、鹰架教学

鹰架教学是指学生在学习一项新的知识或技能时，通过足够的支持和协助来提升学习能力的教学方式。“鹰架”一词是由伍德（David Wood）、布鲁纳及盖尔·罗斯（Gail Ross）于1976年提出的。其基本概念源于苏联心理学家维果茨基（Lev Vygotsky）的ZPD（Zone of Proximal Development）学习理论，即最近发展区（又称最近开发区、近段发展区）。该理论主张学习过程由教师暂时辅助学生发展学习能力，随着学生学习能力的提升，便逐渐让学生独立、主动地学习，最后让学生能主导学习，通过学习建构出属于自己的知识体系。

在实际教学应用上，伍德等人提出，鹰架教学需要具备六个具体机制，分别是：引起学习动机与兴趣；分析学习内容，给予明显且明确的引导，减轻学习负担，避免学习困惑；针对学习目标不断给予引导；采取不同的方式聚焦于学习事物的关键特征；协助学生解决学习过程中面临的困难，并培养独立解决问题的能力；以提供范例的模块化教学方式，一步步地解决问题，从而达到学习的目的。

思维导图法整合库伯的经验学习及伍德等人的鹰架教学的理论，让学员在教师详细的指导与带领下，从绘制简单的水平思考与垂直思考的思维导图开始，逐步增加内容的广度与深度，并应用色彩和图像。

每完成一张思维导图后可以和同伴分享，并比较自己与他人的优缺点，从而获取正确绘制、使用思维导图法的技巧。

教学理念

为提高教学人员的教学质量，达成教学目标，在此拟从教学理念的观点进一步阐述教师与学习者、教学内容，以及学生与学习内容的关系。

一、教师与学习者的关系

美国资深教育学家普拉特（Daniel D. Pratt）博士根据学习者需要教师给予指导与支持的多寡，提出了四种教学情境的关系。思维导图法的学习者来自四面八方，年龄、职业与专业背景也有差异。再加上他们可能是初次接触思维导图法，对正确的使用方法不是很清楚，因此，教师要扮演权威的主题专家角色，但仍然需要关注个别学习者的特殊心理需求。在普拉特模式中，学习者落在高指导与高支持的象限，也就是说，学习者需要教师的充分指导与支持。

二、教师与教学内容的关系

为达到教学的目的，教师本身除了熟悉教学内容的知识与技能外，还必须是内容的实践者。教师需把思维导图法落实到自己的生活、工作中。因为要感动别人，必须先感动自己；要影响别人，必须先影响自己。我自己就把思维导图法充分应用到工作与学习领域，让事业、经营管理稳健发展，让终身学习成为我人生的一大乐事。

三、学生与学习内容的关系

从学习理论来看，学习是一种过程（不是最终产物），着重在学习时的实际状况。倡导有意义学习理论的美国教育心理学家奥苏贝尔（David Paul Ausubel）指出，新学习的知识若能在个人的认知结构与既有概念间产生联结，学习才有意义。斯奎尔在《记忆：从心理到分子》（*Memory:From Mind to Molecules*）中也表示，影响学习记忆的因素包括所学知识的重要性、与现有知识挂钩并组织在一起的能力，以及重复的次数。至于什么样的教学内容能吸引学生投入学习，我认为除了与生活经验联结之外，还要注意避免超出学习者的能力范围，所学内容能够即学即用最好。因此提出了 AIDA 原则：

A（attention，attractive）：教材内容与文案编辑必须能吸引学习者的注意力。

I（interest）：学习内容要生动活泼有趣，避免生硬枯燥。

D（desire）：学习内容能引发学习者的学习渴望，引导其持续学习。

A（action）：教材内容提供进一步的学习信息，激发学习者将所学付诸行动。

思维导图法课程的内容规划设计要尽量以贴合学生的实际生活为原则。对于案例说明，教学人员也必须根据在场学生的背景、需求挑选合适的素材。

教学目标

思维导图法教学方案的设计必须考虑并整合大脑认知与记忆的原理、图解思考工具的使用原则，以及思维导图法的操作定义。在此前提下，教学方案的目标必须包含最基本的两项内容：

1. 熟悉并正确地绘制思维导图，无论是手绘还是使用计算机软件。
2. 能将思维导图法应用到实际领域，不要空谈理论或只是单纯地教学习者画思维导图，而不教给学习者如何在实际中应用思维导图法。

教学设计

经验学习是有效的学习模式，因此，在教学上除了采用传统的讲解方式之外，还应尽量以互动及随时讲解与学习内容有关的案例为主。实际演练也要由浅入深，用搭鹰架的方式让学生逐步熟悉思维导图法操作。

然而，针对不同教学主题、对象、时间长短，在教学设计上也会有差异。在此以“认识思维导图法水平思考”为例，说明帮助学生搭鹰架的思维导图法的学习步骤：

1. 先绘制一个完整的思维导图让学生了解思维导图的模样。思维导图的中心主题必须是彩色图像，其含义要与题目有关联，其宽、高约为 5 厘米，第一阶的主干线条要由粗而细，线条颜色与文字内容要能关联；文字要写在线条上，其颜色与线条颜色一致。

2. 在画好中心主题图像与浅灰色主干线条图的思维导图上，让学员自己选择合适的颜色，沿着浅灰色线条由内到外画出由粗到细的线条，并在线条上写上想法。

3. 只给中心主题，让学生自己练习画线条、写文字。

4. 只给题目，让学生自己根据题目画出合适的中心主题图像，选择合适的颜色画主干线条，并写出想法。完成之后请学生相互分享，并相互指出优点与可以改善之处。老师再根据学生的成果与分享内容，给予鼓励及改进的意见。

思维导图法评量

在教育体系里，评量是为了增加学生的学习信心、强化学习动力、肯定学习成就。新思维学习机构（New Dimensions of Learning）创办人拉齐尔（David G. Lazear）在《多元智能取向的评量》（*Multiple Intelligence Approaches to Assessment*）一书中指出，要描绘学生学习的完整图像必须采用多元的评量方式，设定评量标准时也必须与学生在不同发展层次和面对不同学科领域的内容与过程达成共识，一旦有了共识，就把评量融入课程中。拉齐尔进一步建议，一个真实的评量应该是“基于心智发展为基础的评量”，意即评量应该把有关心智的研究结果应用到评量程序中。

关于思维导图法评量，最早是东尼·博赞在《心智图圣经》中引用的澳大利亚科廷大学（Curtin University ）教育学院哈肯（Leith

Hogan）博士的评量表。

哈肯提出的思维导图法评量表

A　思维导图内容：	
广度（涵盖的范围）	5
深度（延伸的细节）	5
B　思维导图中有自己的想法	4
C　思维导图法技巧的运用：	
色彩	2
符号	2
箭头线条	2
总分	20

从哈肯的评量表中可以发现，A 项与 B 项属于思考方式的层面，C 项属于评量思维导图绘图技巧的层面。从分数比例分配上也可看出，哈肯对于思维导图法的评量比较重视思考方式。

台湾地区第一个思维导图法评量表出现在陈盈达的硕士论文中，评量基准包括主题焦点的呈现、整体结构的呈现、线条的运用、颜色特性的运用以及联想技巧的运用五大类，这五大类又包括二十小项，由评量者以五点量表方式评分。

陈盈达的思维导图法评量表

评量基准	评量准则	5	4	3	2	1
一、主题焦点的呈现	1. 能清楚地表达出一个中心主题	□	□	□	□	□
	2. 能善用图文并茂的规则	□	□	□	□	□
	3. 主题使用三种颜色以上	□	□	□	□	□
	4. 主题等比例运用在纸张正中间	□	□	□	□	□

续表

评量基准	评量准则	5	4	3	2	1
二、整体结构的呈现	5. 纸张运用恰当	□	□	□	□	□
	6. 层次分明，标题顺序明确	□	□	□	□	□
	7. 善用组织图与分类法	□	□	□	□	□
	8. 以正楷书写，每一分支只用一个关键词	□	□	□	□	□
三、线条的运用	9. 线条、分支的长度与搭配的文字、图像等长	□	□	□	□	□
	10. 线条粗细比例使用恰当	□	□	□	□	□
	11. 关键词与图皆置于线条上	□	□	□	□	□
	12. 线条自然流畅	□	□	□	□	□
四、颜色特性的运用	13. 分支使用三种颜色以上	□	□	□	□	□
	14. 运用颜色突出重点的技巧	□	□	□	□	□
	15. 运用颜色表现个人风格	□	□	□	□	□
五、联想技巧的运用	16. 图像的运用技巧	□	□	□	□	□
	17. 思路自由而不混乱	□	□	□	□	□
	18. 关键词的选用恰当	□	□	□	□	□
	19. 善用关联性的技巧	□	□	□	□	□
	20. 创造力的展现	□	□	□	□	□
	总分合计					

主题焦点的呈现、整体结构的呈现、线条的运用与颜色特性的运用属于评量绘制思维导图的技巧，联想技巧的运用中“图像的运用技巧”也属于技巧评量；联想技巧的运用的其他四小项则属于评量思考。陈盈达的评量表是根据思维导图法相关文献中对规则的描述汇整出来的，后经过两位专家审查以确认效度。相对于哈肯的评量表着重于思考层面，陈盈达的评量表比较着重于绘制技巧，但在评量的项目上比较详细。之后，在台湾地区的思维导图法论文中不乏引用或修改陈盈

达的评量表之例，由此可以得知台湾地区的思维导图法的应用发展偏向把思维导图法作为笔记工具，重视如何正确绘制而忽略了心智的思考模式。

基于上述原因，我在 2007 年提出了一份较完整的思维导图法技巧评量表。近年来，根据实际应用思维导图法的经验，以及批改审阅无数份思维导图作业后的想法，我对其略做修改。此评量表虽较完整，但仍有改善进步的空间，尤其针对不同主题、不同类型的文章，以及针对不同的性别、年龄、文化背景的人等，在评量“构思”类目下也应有所区分，才能让评量结果更完善。之后有机会的话，我将进一步对其修正、补充。

思维导图绘制技巧评量表

<table>
<tr><th colspan="3" rowspan="2">思维导图绘制技巧评量</th><th colspan="10">评分
非常差 ←——→ 非常好</th><th></th></tr>
<tr><th>1</th><th>2</th><th>3</th><th>4</th><th>5</th><th>6</th><th>7</th><th>8</th><th>9</th><th>10</th><th>本题
不适用</th></tr>
<tr><td rowspan="4">绘图</td><td rowspan="3">图像</td><td>1. 图像能用彩色（三色以上）</td><td></td><td></td><td></td><td></td><td></td><td></td><td></td><td></td><td></td><td></td><td></td></tr>
<tr><td>2. 图像能够贴合要表达的想法并能触发五官的感受</td><td></td><td></td><td></td><td></td><td></td><td></td><td></td><td></td><td></td><td></td><td></td></tr>
<tr><td>3.A4 纸张的中心图像宽高大约 5 厘米，其他尺寸纸张按照比例缩放图像</td><td></td><td></td><td></td><td></td><td></td><td></td><td></td><td></td><td></td><td></td><td></td></tr>
<tr><td>空间</td><td>4. 整张思维导图保留适当的空间，避免拥挤，均衡运用整页纸</td><td></td><td></td><td></td><td></td><td></td><td></td><td></td><td></td><td></td><td></td><td></td></tr>
</table>

续表

<table>
<tr><th colspan="3" rowspan="2">思维导图绘制技巧评量</th><th colspan="10">评分
非常差 ◄——► 非常好</th><th></th></tr>
<tr><th>1</th><th>2</th><th>3</th><th>4</th><th>5</th><th>6</th><th>7</th><th>8</th><th>9</th><th>10</th><th>本题不适用</th></tr>
<tr><td rowspan="9">绘图</td><td rowspan="3">文字</td><td>5. 中文字清晰、整洁、端正，英文字以印刷体书写</td><td></td><td></td><td></td><td></td><td></td><td></td><td></td><td></td><td></td><td></td><td></td></tr>
<tr><td>6. 文字写在线条上方</td><td></td><td></td><td></td><td></td><td></td><td></td><td></td><td></td><td></td><td></td><td></td></tr>
<tr><td>7. 文字书写方向是从左到右</td><td></td><td></td><td></td><td></td><td></td><td></td><td></td><td></td><td></td><td></td><td></td></tr>
<tr><td>色彩</td><td>8. 色彩丰富，有助于分类管理</td><td></td><td></td><td></td><td></td><td></td><td></td><td></td><td></td><td></td><td></td><td></td></tr>
<tr><td rowspan="4">线条</td><td>9. 与中心主题图像相连的主干由粗到细</td><td></td><td></td><td></td><td></td><td></td><td></td><td></td><td></td><td></td><td></td><td></td></tr>
<tr><td>10. 线条彼此间连接在一起</td><td></td><td></td><td></td><td></td><td></td><td></td><td></td><td></td><td></td><td></td><td></td></tr>
<tr><td>11. 线条不要太僵硬，要层次分明、活泼有力</td><td></td><td></td><td></td><td></td><td></td><td></td><td></td><td></td><td></td><td></td><td></td></tr>
<tr><td>12. 线条长度大约等于其上方文字或图像的长度</td><td></td><td></td><td></td><td></td><td></td><td></td><td></td><td></td><td></td><td></td><td></td></tr>
<tr><td>纸张</td><td>13. 水平方向横放</td><td></td><td></td><td></td><td></td><td></td><td></td><td></td><td></td><td></td><td></td><td></td></tr>
<tr><td rowspan="3">构思</td><td rowspan="2">图像</td><td>14. 中心主题图像在纸张中央，有利于放射性思考</td><td></td><td></td><td></td><td></td><td></td><td></td><td></td><td></td><td></td><td></td><td></td></tr>
<tr><td>15. 图像画在重要的地方以标示重点，并吸引注意力</td><td></td><td></td><td></td><td></td><td></td><td></td><td></td><td></td><td></td><td></td><td></td></tr>
<tr><td>色彩</td><td>16. 主干与其后所有支干使用同一种颜色分类，表达感受，但若为显示特殊信息之关联性则不受此限制</td><td></td><td></td><td></td><td></td><td></td><td></td><td></td><td></td><td></td><td></td><td></td></tr>
</table>

续表

<table>
<tr><td colspan="3" rowspan="2">思维导图绘制技巧评量</td><td colspan="10">评分
非常差◄——►非常好</td><td></td></tr>
<tr><td>1</td><td>2</td><td>3</td><td>4</td><td>5</td><td>6</td><td>7</td><td>8</td><td>9</td><td>10</td><td>本题
不适用</td></tr>
<tr><td rowspan="6">构思</td><td rowspan="3">逻辑
分类
阶层
顺序</td><td>17. 分类结构层次分明，同一位阶的词语是同一属性，从属关系清晰明确</td><td></td><td></td><td></td><td></td><td></td><td></td><td></td><td></td><td></td><td></td><td></td></tr>
<tr><td>18. 掌握水平思考与垂直思考的原则</td><td></td><td></td><td></td><td></td><td></td><td></td><td></td><td></td><td></td><td></td><td></td></tr>
<tr><td>19. 能够正确区分，并运用逻辑联想与自由联想</td><td></td><td></td><td></td><td></td><td></td><td></td><td></td><td></td><td></td><td></td><td></td></tr>
<tr><td>信息
关
联性</td><td>20. 使用连接线、图像或颜色来指出不同位置信息的关联</td><td></td><td></td><td></td><td></td><td></td><td></td><td></td><td></td><td></td><td></td><td></td></tr>
<tr><td rowspan="2">文字</td><td>21. 线条上只写一个关键词。文章笔记以简洁为原则</td><td></td><td></td><td></td><td></td><td></td><td></td><td></td><td></td><td></td><td></td><td></td></tr>
<tr><td>22. 关键词的选择切合主题含义的需求</td><td></td><td></td><td></td><td></td><td></td><td></td><td></td><td></td><td></td><td></td><td></td></tr>
<tr><td colspan="2" rowspan="2">风格</td><td>23. 整张思维导图看起来活泼、有趣</td><td></td><td></td><td></td><td></td><td></td><td></td><td></td><td></td><td></td><td></td><td></td></tr>
<tr><td>24. 绘制方式具有个人独特的美感</td><td></td><td></td><td></td><td></td><td></td><td></td><td></td><td></td><td></td><td></td><td></td></tr>
<tr><td colspan="3">各栏分数合计：</td><td></td><td></td><td></td><td></td><td></td><td></td><td></td><td></td><td></td><td></td><td></td></tr>
<tr><td colspan="3">总分：</td><td></td><td></td><td></td><td></td><td></td><td></td><td></td><td></td><td></td><td></td><td></td></tr>
<tr><td colspan="3">平均：</td><td colspan="11">总分（　）÷（24－不适用题数）=</td></tr>
</table>

第十一章

论文研究与研究建议

推动思维导图法实际应用必须立足于理论的建立与经验研究的探索。在一个领域中，论文的研究主题、研究方法、研究成果都能给该领域提供后续研究及实践发展需要的数据与参考，这是建立该领域知识的依据。换句话说，撰写论文与报告往往能引发新思潮，产生新观点。论文是研究者及实践工作人员训练思维、表达思想的方法，也是呈现成果的工具。本章将以摘要的形式陈述台湾地区思维导图法的论文研究概况，并对未来的研究提出建议。

思维导图法论文研究

思维导图法日渐普及，相关论文研究亦蓬勃发展。我写的《台湾心智图法学位论文研究之分析》即探讨了台湾地区从 2001 年第一篇思维导图法论文发表至 2011 年 12 月 31 日共计 102 篇论文，研究结果显示：

1. 以正规教育的学校为主要研究场所，研究对象主要是一般学生，身心障碍学生次之，社会人士则相对较少。上述研究场所及对象未能适应高龄社会及终身学习的需求。

2. 研究领域以语文为主，自然与科技次之，再次之是社会；研究主题是以提升学生的不同能力为主，学业成就次之，再次之是教师的教学，最后是学习的动机与态度。然而这些研究都未探讨性别、年龄、文化等因素的影响。

3. 引用的理论以思维导图法绘制原则为主，图解思考次之，再次之是大脑领域。缺乏知识理论建构的 know why 及 know how 知识。

4. 论文研究以正面成果居多，但仍有 13 篇论文有负面的发现，其中 12 篇与如何绘制思维导图有关。

未来研究的建议

我针对思维导图法知识体建构、研究趋向、研究方法与思维导图法评量提出下列建议，以供未来有兴趣从事思维导图法的研究者参考。

构建知识体

思维导图法大多作为工具使用，偏向 know what 的知识，未来应强化实际应用的经验反思，去构建 know why 的知识，以及应用在不同领域、针对不同性别、年龄层、文化背景等相关性的 know how 知识。例如，信息处理、多元智能、学习风格、知识管理、性别差异、幼儿启蒙、老化活跃与文化教育等问题。

研究趋向

思维导图法以探讨思维导图法成效的准实验研究与研拟编制教学方案的行动研究为主要研究方法。然而，这些研究选择的对象都是小区域、小班级，未来可朝规模较大的跨区域、大群体对象的方向发展。

在研究场所方面，目前是以正规教育的中小学为主要研究场所，少数为社会教育机构。在重视终身学习的社会氛围中，未来研究对象的年龄可以逐渐以成人、高龄者为主；其身份则可选择职场人士、小区民众或退休群众；研究场所应朝向终身学习的社会职场、社教机构发展。在研究领域方面，目前台湾地区思维导图法的研究大多是将其融入学校教育的各个学科，而针对成人学习，则是以生存任务、解决生活问题及经验为目的。随着老龄化社会的到来，未来研究的领域应关注成人与高龄者的学习，研究主题亦可朝着与心智发展相关的信息处理、多元智能、学习风格、幼儿启蒙，或与社会文化有关的性别差异、文化教育、生活美学，或与职场有关的工作应用、知识管理、研发创作等多元议题发展。

研究方法

目前的研究方法以量化的准实验研究为主，质性研究的篇幅不多。若是未来研究主题拟朝着性别、文化、教学方案等与主观意识相关的议题发展，则需要用质性的研究方法来搜集资料。因此建议之后研究者可采用质性的研究方法，探讨研究对象对思维导图法应用的不同领域、对议题的感受和意见，同时搜集专家对思维导图法的看法与建议。

评量方法

现阶段是以评量绘制技巧为主，思考历程与结构模式为辅，也未考虑身份、年龄、性别、领域主题等因素。因此，未来发展的评量指标应提高思考模式的比例。一方面，评量表可以拓展评量指标与思维导图应用者的身份、年龄、性别、领域主题的关联性，并检验其效果；另一方面，评量应朝向协助学习者拓展其心智能力迈进。

第十二章

阅读理解与笔记法

你是否有过这样的惨痛教训？花了很多时间读书、听演讲，但没过多久就全部忘光了！实践大学李庆芳教授建议学生每次阅读一篇文章之后以“三个关键词”和“一句话”来总结全文。李教授指出，时常练习关键词法能够培养人的敏锐度，使人更精准地掌握关键词；用一句话来总结文章将促使人产生新的体会与反省，开拓视野。用这些关键词绘制一张思维导图，这不仅能使内容变成一种“影像”深植于你的大脑中，也可以让你迅速看图说故事，协助记忆与复习。此外，当我们检查思维导图与关键词时，还可以推敲其中的逻辑关系是否正确。

李嘉诚先生曾说：“有效的学习是先记录，再记忆。”日本备受欢迎的小学老师亲野智可强调，做笔记是一切学习的基础，笔记可以激发孩子的好奇心，让孩子爱上学习。台湾大学的吕宗昕教授也指出，读书的时候应做个人笔记，随时记录自己的阅读重点，留下自己的读后心得，这是累积个人知识、整理思考脉络的最佳方法。

做笔记的方法有两种，一种是在上课或阅读的时候直接抄录老师的讲述或文章中的重点；另一种是课后或阅读后，将知识重点理解、消化吸收后重新整理。笔记有记录、思考和练习三个功能。电磁学之父法拉第习惯将读过的书“消化吸收”后，再用自己的表达方式记录在笔记中。这种笔记方法可以让我们对书本的内容充分融会贯通，也能迅速掌握书中的重点。

因此，笔记不是“工整”就可以了，还要“有系统地书写”。可以说，“笔记书写”是一种脑力活动。但若只是单纯“抄”笔记，是很难刺激大脑思考与学习的。所以，必须一边思考一边书写，这样才能够锻炼思考力；笔记有了系统性，“复习”也更加容易。一旦用对了方法，不管是纸本手写还是计算机输入都会变得更轻松，做笔记不仅能刺激大脑，还能让大脑保持年轻，让创意源源不绝，提升工作效率。

为了整理出有帮助性的学习笔记，培养阅读能力是一项先决条件。对文章结构的认知会影响我们的阅读能力。阅读能力强的人，会通过文章结构理解文章内容、找出文章中的主要论点，并从宏观结构中归纳整理出文章里的细节，摘录重要的关键词。这种方法就是通过文章类型基模的“上层结构”来帮助记忆与回忆文章内容。

本书前文已详述过思维导图法的分类与阶层法，能通过逻辑、系统化的分层结构来帮助学生摘要、提取知识，增进学生对文章内容的理解，以提升其分析、批判、整合的能力，进而记忆内容重点。然而，许多初学思维导图法的学生往往不知道如何确定第一阶主干上的大分类及主干之后支干的次分类，尤其是遇到语文中不同的文体时，如果都采用同一种分类方式，恐怕会使思维导图失去意义。因此，我将在本书第十三章中进一步阐述语文写作的方法。本章先说明运用思维导图法整理笔记时阅读理解与提取知识的原则及笔记技巧。

阅读理解与提取知识

美国教育心理学家格拉泽（Robert Glaser）指出，阅读理解的过程有三个阶段，分别是“解码”“理解”与“控制”；盖聂等人在《教学心理学：学习的认识基础》一书中指出，从信息处理的观点可将阅读理解的过程分为“解码”“文义理解”“推论理解”及“理解监控”四部分。为了增强阅读理解的能力，增强词汇知识及语句的整合能力是关键要素，而阅读理解的过程则包括了提取信息、推论分析、比较评估、诠释整合。

美国佛罗里达州立大学教育心理学教授德里斯科尔在《教学学习心理学》(*Psychology of Learning for Instruction*) 一书中指出，信息的处理并不是单向、线性的，而是有以下两种模式的：

1. 阅读时通过先备知识，或以皮亚杰所说的“基模”为基础，来建构意义上的“由上而下”的模式。

2. 以数据本身为基础，通过判断词语的意义，用文法概念来了解句子，最后通过句子之间的关系来实现阅读理解的“由下而上”的模式。

若从阅读的模式来解释，美国科罗拉多大学心理学教授柯印兹（Walter Kintsch）提出以由下而上的模式为基础的建构整合模式：主要是通过文章的文字、内容与结构来理解。而基模理论则强调由上而下的模式，依据读者自己的既有认知结构理解文章的意义。切斯特(Just,M.A.)与卡本特（Carpenter,P.A.）的阅读模式以双向互动模式为基础：阅读时在从看到文字到完成句子的过程中，会激发大脑关于各种与文字相关的表征，并从长期记忆中搜寻相关的造字规则、声韵、文章结构、知识领域系统，是一种由上而下、由下而上不停交互运作的过程。

提取知识就是要从现有的文章、数据、信息甚至知识库中将语言文字重新整合，提取对我们有意义、有价值的东西，然后学习、思考，进而创造出新知识。知识提取是“数据采矿”的一环，必须经过缜密的逻辑思考过程，常用的方法有：分类分析、群集分析、关联分析。

本节将对思维导图法在提取知识时“关键词的词性、字数与结构的排列组合”和“决定文章重点的原则”进行说明。

关键词的词性、字数与结构的排列组合

从语义知识的角度来看，思维导图法的关键词（词语）运用原则是：（1）词性选择以“名词”与“动词”为主，“形容词”“副词”等为辅。因为名词、动词不仅是构成意思表达的基本元素，还是强烈的可视化的词语，能强化我们对内容的理解与记忆。（2）每一线条上的词语尽量以“一个关键词（词语）”为原则，必要时在同一个线条上才使用两个或两个以上的关键词。这种一个线条写一个关键词的原则能帮助我们系统地整理数据。

构思写作时，“采用一个关键词（词语）的思维导图”优于“采用一个句子的思维导图”，因为以“一个关键词”为原则时，每一个关键词都会成为一个新的思考起点。例如，从“蛋糕”可以联想出更多种口味。

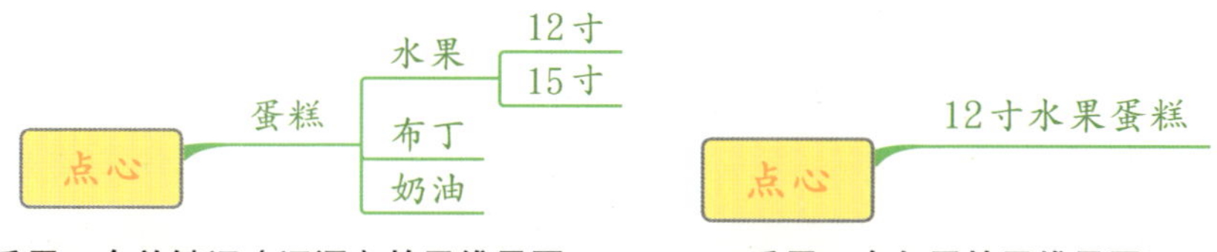

采用一个关键词（词语）的思维导图　　采用一个句子的思维导图

整理笔记时，有一段内容是“台湾中部的阿里山盛产茶叶，北部的木栅也生产茶叶”。“采用一个关键词（词语）的思维导图”也优于“采用一个句子的思维导图”。

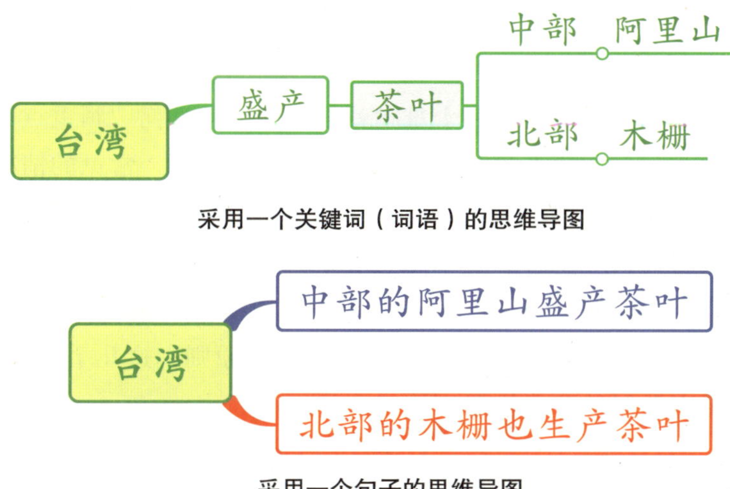

采用一个关键词（词语）的思维导图

采用一个句子的思维导图

如果文章中还提到中部、北部的哪些地方出产茶叶，或台湾除了盛产茶叶还有哪些其他农产品，就很容易将这些数据系统地整理到思维导图笔记中。

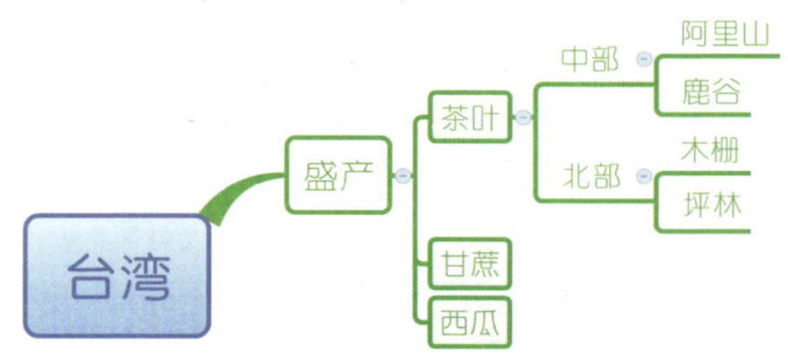

采用一个关键词（词语）的思维导图

从语法的角度来说，思维导图法展开的树状结构组织图必须考虑：

1. 从“观察的充分性”与“描述的充分性”来建构符合语法规则的词语组合，并注意不同语法的结构排列是否会造成不同的词语意义和一词多义所造成的歧义的问题。

2. 句子转换的过程中，词性的变换。

3. 内涵与外延的逻辑顺序与分类阶层的组织结构。

决定文章重点的原则

学生读书时最常遇到的一个难题就是不知道该如何“画重点”，也就是不知道如何提取出有价值的知识，即选择关键词。常见的情况是，要么乱画，要么干脆整个句子甚至整段文章都画，结果不但没有真正理解文章的含义，对往后的复习也毫无帮助。

该如何正确选择并画出合适的关键词呢？ 5W1H 原则很容易上手，本书所提出的知识地图学习法中曾经提到几个原则，这几个原则可以作为“画重点”时的参考依据：

1. 作者提示的学习纲要。

2. 老师指定的学习主题或方向。

3. 真题、测验卷的题目内容。

4. 自己关心的议题或想学习的内容。

台湾师范大学教育心理与辅导研究所魏静雯的论文研究指出，学生能否正确掌握重要关键词的评量公式如下，分数越高表示能力越好：

$$\text{分数}=\frac{\text{列出重要关键词总数}}{\text{文章中重要关键词总数}}-\frac{\text{列出非关键词总数}}{\text{文章中非关键词总数}}$$

接下来的问题就是如何从文章结构中提取重要的关键词。所谓文章结构是指文章内容中概念之间的逻辑、从属关系。文章结构对阅读理解具有重要作用，可以帮助学习者理解文章。库克与迈耶的文章结构分类方式被广泛应用，以下是库克与迈耶的五种分类，以及从各类文章结构中提取文章重点时，哪些字词提示了重要信息所在。

描述或列举：文章内容是在说明、描述与主题相关的信息与属性，所以关键词就是与主题相关的属性信息，例如，人、事、时、地、物或 5W1H 便是内容重点。文章中提示重点信息的用词有“例如”“意即”“特色是”“也就是说”等。

序列：文章内容是按顺序或时间列出信息，关键词是顺序性的信息或与历史日期相关的信息。文章中提示重点信息的用词有“首先”“经过”“之后”“最后”“之前”等。

因果：文章内容主要在说明原因或因果，关键词就是描述原因与结果的词。文章中提示重点信息的用词有“因此”“因为”“之所以”“为了”“如果……就……”“导致”等。

解决问题：文章内容主要在说明造成问题的原因与解决的方式。关键词包括问题、原因与解决方式。文章中提示重点信息的用词有“问题”“因为”“由于”“解决方式”等。

比较：文章内容主要在描述差异与做出比较，关键词则是相对的相关概念。文章中提示重点信息的用词有“相对于”“然而”“不像”“相似于”等。

文章结构中的重点提示信息能够帮助学习者抓住文章重点，以提升笔记摘要的能力。面对排山倒海般涌现的爆炸信息，如何才能有效地提取知识？久恒启一在《这样图解就对了》一书中指出，以图解的方式将所见所闻、所思所想组织起来，让图解成为获取知识的现代“炼金术”。接下来，本书将以思维导图这种图解思考工具说明提取知识时的笔记方法。

短文的笔记技巧

无论内容多寡，将其整理成思维导图笔记时都会面临同样的问题：如何根据文章结构进行有效分类。再次强调，在整理思维导图笔记之前，必须先熟悉思维导图法的分类与阶层法。本节将用描述或列举的5W1H和时间序列的“开始（原因）、经过、结果”的分类原则，以及根据内容自行分类命名等来说明案例。

用5W1H分类

一、画重点

首先快速阅读一下文章。

认识石门水库

石门水库兴建的地点是大汉溪中游，地处桃园县大溪镇南部，主要建造缘由是大汉溪上游陡峻，无法蓄水防洪，保持水土，延及下游各地区常遭水旱之苦。政府自1956年动工兴建石门水库，并于1964年完工，历时八载，投入的人力超过7000人，建设经费约新台币32亿元。石门水库的规模总长度为16.5km，面积8km^2，有效蓄水量约20700万立方米，是一项多功能水利工程。完工后，功能包括灌溉、发电、给水、防洪、观光等。自运营以来，最主要的贡献在于改良农业生产与防止水旱灾，同时也带动了工业发展。

接着用5W1H原则进行思考，用荧光笔标示出主要分类的关键词。下面在案例中用各种不同荧光笔的颜色标示，是为了方便表示画重点时的逻辑顺序，平常画重点时不需如此，除非你刻意要使用颜色来表示不同的逻辑层次。

认识石门水库

石门水库兴建的地点是大汉溪中游，地处桃园县大溪镇南部，主要建造缘由是大汉溪上游陡峻，无法蓄水防洪，保持水土，延及下游各地区常遭水旱之苦。政府自1956年动工兴建石门水库，并于1964年完工，历时八载，投入的人力超过7000人，建设经费约新台币32亿元。石门水库的规模总长度为16.5km，面积8km^2，有效蓄水量约20700万立方米，是一项多功能水利工程。完工后，功能包括灌溉、发电、给水、防洪、观光等。自运营以来，最主要的贡献在于改良农业生产与防止水旱灾，同时也带动了工业发展。

然后再逐一在每个主要分类的内容中，依照逻辑结构标示出中类、小类的重点关键词。在这个案例中，“兴建”的下一阶类别有“地点”“缘由”“人力”“经费”，另外还有“日期”，虽然文章中并无“日期”这个关键词，但出现了“1956年”“1964年”，便可以得知有“日期”类信息。因此画重点时暂时画出“1956”“1964”，但心中要默念“日期”或在文章旁边写出“日期”，以便在整理思维导图笔记时更符合逻辑结构性。

日期

认识石门水库

石门水库兴建的地点是大汉溪中游，地处桃园县大溪镇南部，主要建造缘由是大汉溪上游陡峻，无法蓄水防洪，保持水土，延及下游各地区常遭水旱之苦。政府自1956年动工兴建石门水库，并于1964年完工，历时八载，投入的人力超过7000人，建设经费约新台币32亿元。石门水库的规模总长度为16.5km，面积8km²，有效蓄水量约20700万立方米，是一项多功能水利工程。完工后，功能包括灌溉、发电、给水、防洪、观光等。自运营以来，最主要的贡献在于改良农业生产与防止水旱灾，同时也带动了工业发展。

认识石门水库

石门水库兴建的地点是大汉溪中游，地处桃园县大溪镇南部，主要建造缘由是大汉溪上游陡峻，无法蓄水防洪，保持水土，延及下游各地区常遭水旱之苦。政府自1956年动工兴建石门水库，并于1964年完工，历时八载，投入的人力超过7000人，建设经费约新台币32亿元。石门水库的规模总长度为16.5km，面积8km²，有效蓄水量约20700万立方米，是一项多功能水利工程。完工后，功能包括灌溉、发电、给水、防洪、观光等。自运营以来，最主要的贡献在于改良农业生产与防止水旱灾，同时也带动了工业发展。

认识石门水库

石门水库兴建的地点是大汉溪中游，地处桃园县大溪镇南部，主要建造缘由是大汉溪上游陡峻，无法蓄水防洪，保持水土，延及下游各地区常遭水旱之苦。政府自1956年动工兴建石门水库，并于1964年完工，历时八载，投入的人力超过7000人，建设经费约新台币32亿元。石门水库的规模总长度为16.5km，面积8km²，有效蓄水量约20700万立方米，是一项多功能水利工程。完工后，功能包括灌溉、发电、给水、防洪、观光等。自运营以来，最主要的贡献在于改良农业生产与防止水旱灾，同时也带动了工业发展。

二、绘制思维导图笔记

无论是计算机软件制作还是手绘，都是先选择一个既能代表文章题目又能留下强烈印象的“中心主题”彩色图。手绘的话可以参考课文插图，或上网查找与主题相关的图片，然后模仿这些图片并将图形画在 A4 白纸的中央。这篇文章的标题是“认识石门水库”，于是我们选择下面这个图像为中心主题。在发展树状结构的过程中，只要是同一阶“类别”的概念就要将其全部列出。我们先画出所有的主干，每个线条颜色必须能代表该类别的含义。手绘时，线条要与中心图像连接在一起，由粗到细，从中心往外画，颜色选择上尽量避免太淡的色调，然后在线条上以相同颜色写出第一阶的主题或类别名称。用计算机软件制作思维导图时，为了保证展示效果，要避免使用彩色文字以防出现不容易阅读的情况，因此一律用黑色文字，仅以线条色彩来代表信息的意义或个人感受。

《认识石门水库》思维导图笔记的中心主题

逐步完成各个主干之后的支干，支干的线条只要一般粗细即可，方向往上的画凸形，方向往下的则画凹形，并加入文章中类别项目，文字一律写在线条上。如果不同信息之间有关系的话，要加上单箭头或双箭头的关联线条。

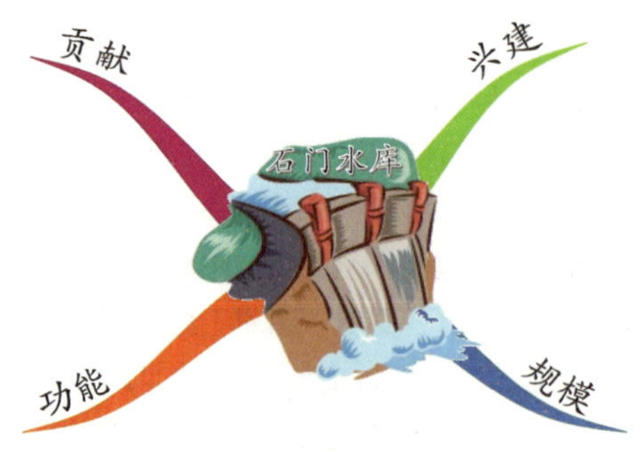

加入文章类别项目的思维导图

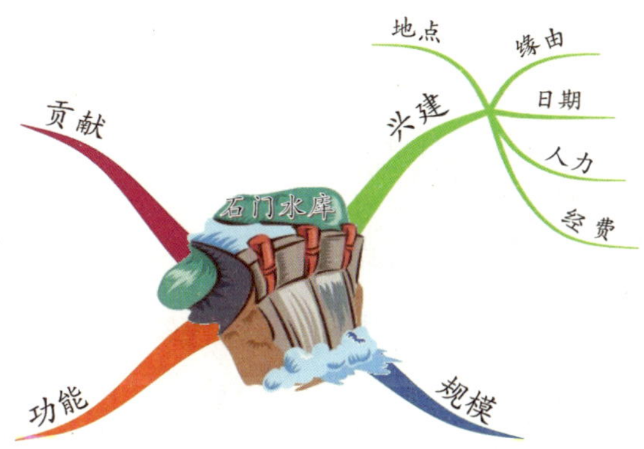

加入文章大类之后的中类名称

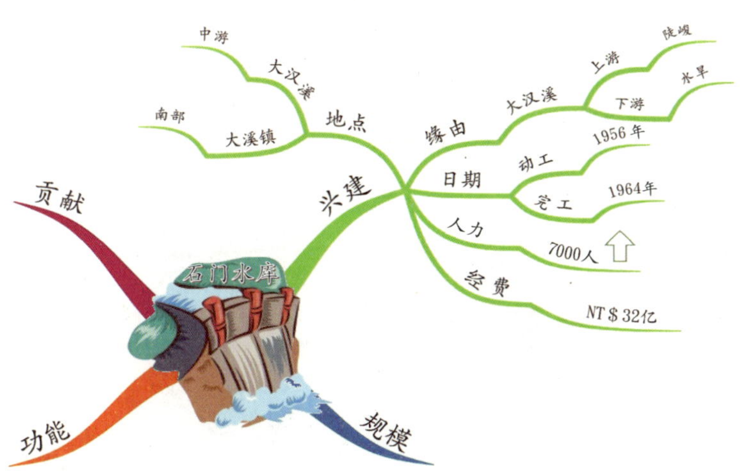

加入文章中更多的重点内容

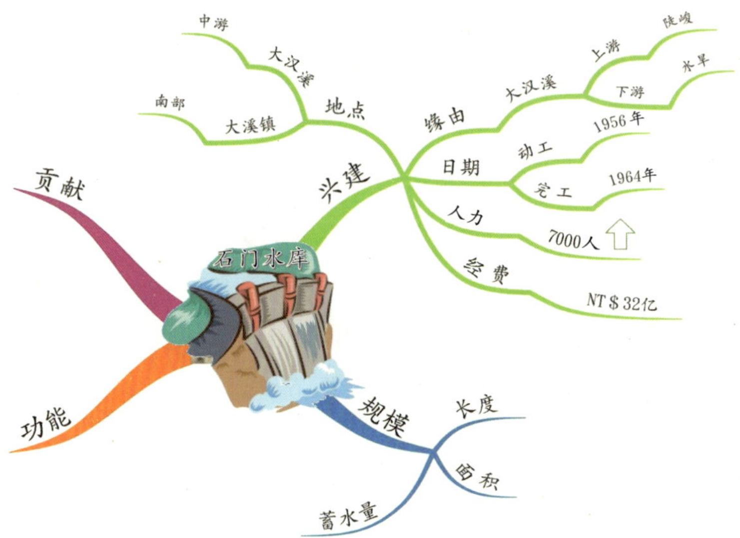

加入文章大类中第二项之后的中类

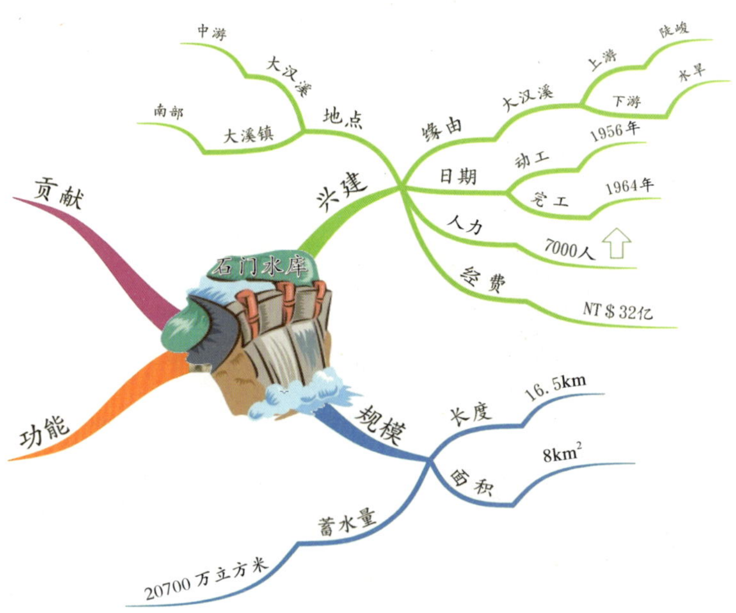

加入文章大类中第二项之后的各个类的描述

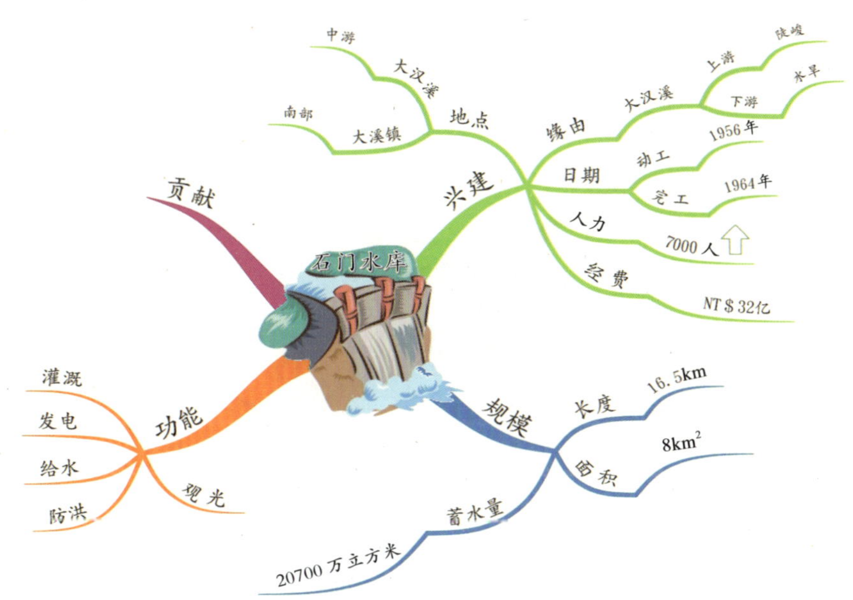

加入文章大类中第三项之后的描述

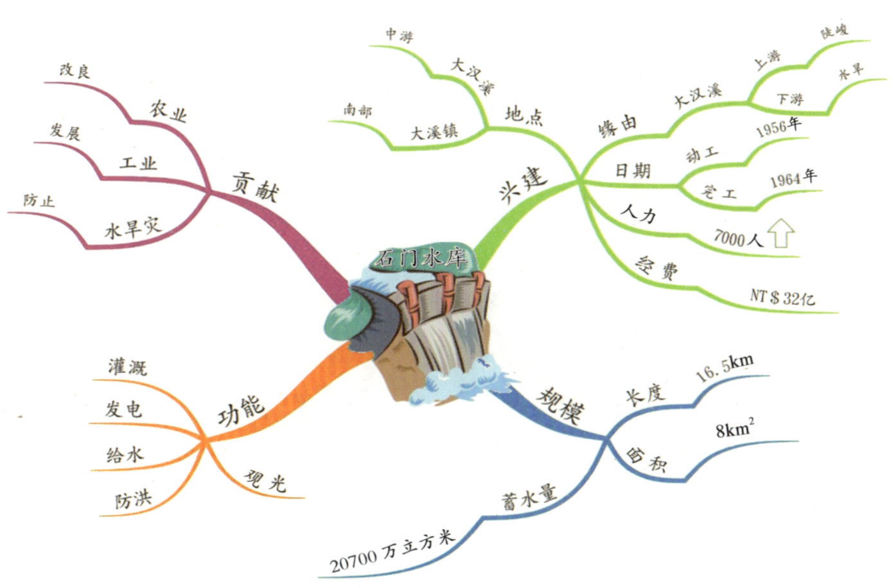

加入文章大类第四项之后的描述

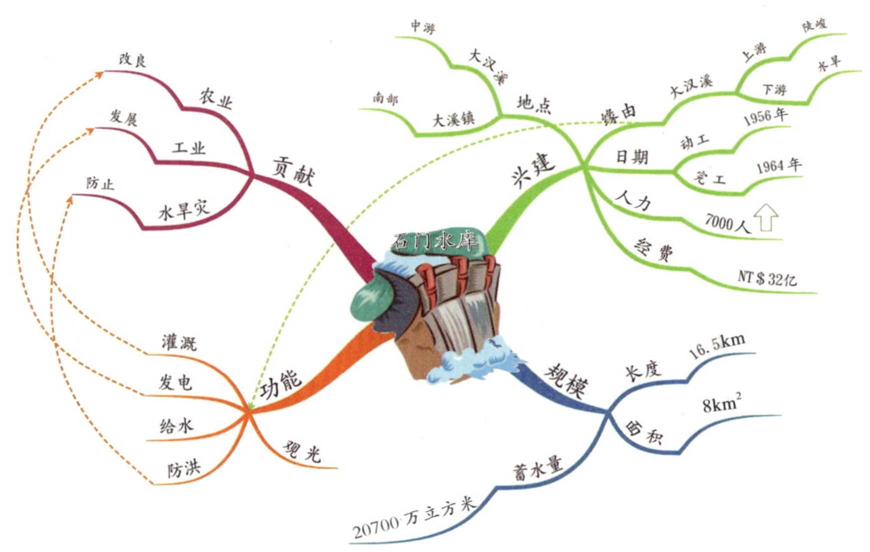

以连接线指出不同信息之间的关系

最后，在特别重要的地方加上能对内容产生联想的彩色插图，以增强注意力与对内容的记忆效果。

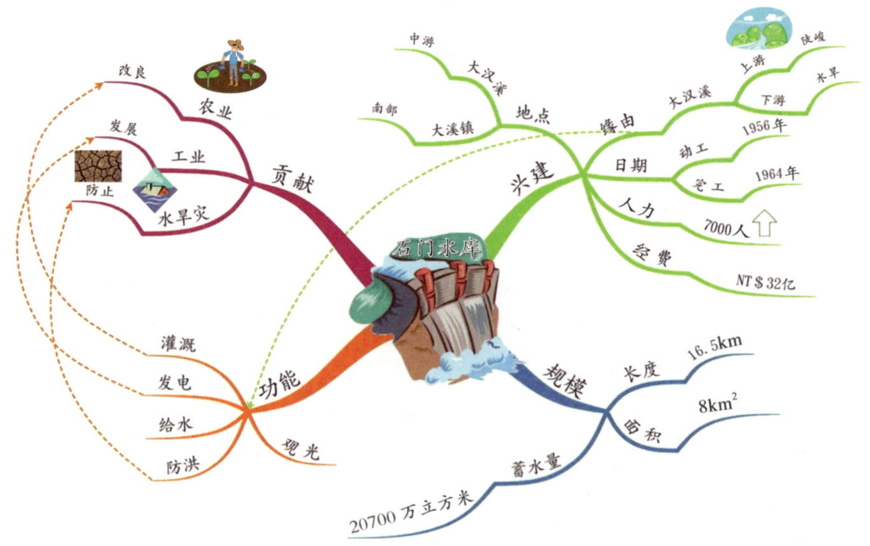

在重要的地方加入插图，指出、提醒重点所在位置

在重要的地方加入插图，指出、提醒重点所在，能够在意义上强化对内容的联想、记忆。

用“开始（原因）、经过、结果”进行分类

以画思维导图的方式来整理文章重点时，第一阶分类可以是“5W1H”，第二阶是“开始、经过、结果”；或者第一阶分类是“开始、经过、结果”，第二阶是“5W1H”。至于以哪个为第一阶分类，该如何选择呢?

阅读书籍除了获取知识之外，还包括内心感受与人生启发等。如果重视知识分类，以“5W1H”为第一阶可以清楚掌握知识的逻辑关系；若强调时间的流动，则以“开始、经过、结果”来做第一阶的分类，可以清楚地看到知识的发展脉络。例如，记叙文主要以叙述为表达方式，包括人物、事件（起因、经过、结果）、时间、地点四大要素，通过生动活泼、形象具体的语言来讲述。为了体会作者要传达的意义，以动态历程为主要分类的方式较佳。下面用牡丹社事件这篇文章的思维导图笔记为例，为大家进行示范说明。

牡丹社事件

1871 年（同治十年），中国的藩属国琉球的渔民遇台风，漂流到台湾南部，大多遭当地居民杀害。日本借机扩大事端，声称琉球人为日本国民，与清廷进行交涉，清廷却称“生番是化外之民”，未予以重视。

1874 年（同治十三年），日本派兵犯台，与牡丹社当地居民发生冲突。由于日军水土不服，病死者众多，士气低落，英、美等国又担心日本侵台之举会影响其商业利益，因此向日本政府施压，日本乃决定撤兵，并与清廷议和。

清廷被迫支付抚恤金给受难渔民家属，收购日本在台所兴建的道路、房舍等，并承认其侵台行动为“保民义举”，间接承认了琉球是日本属地。

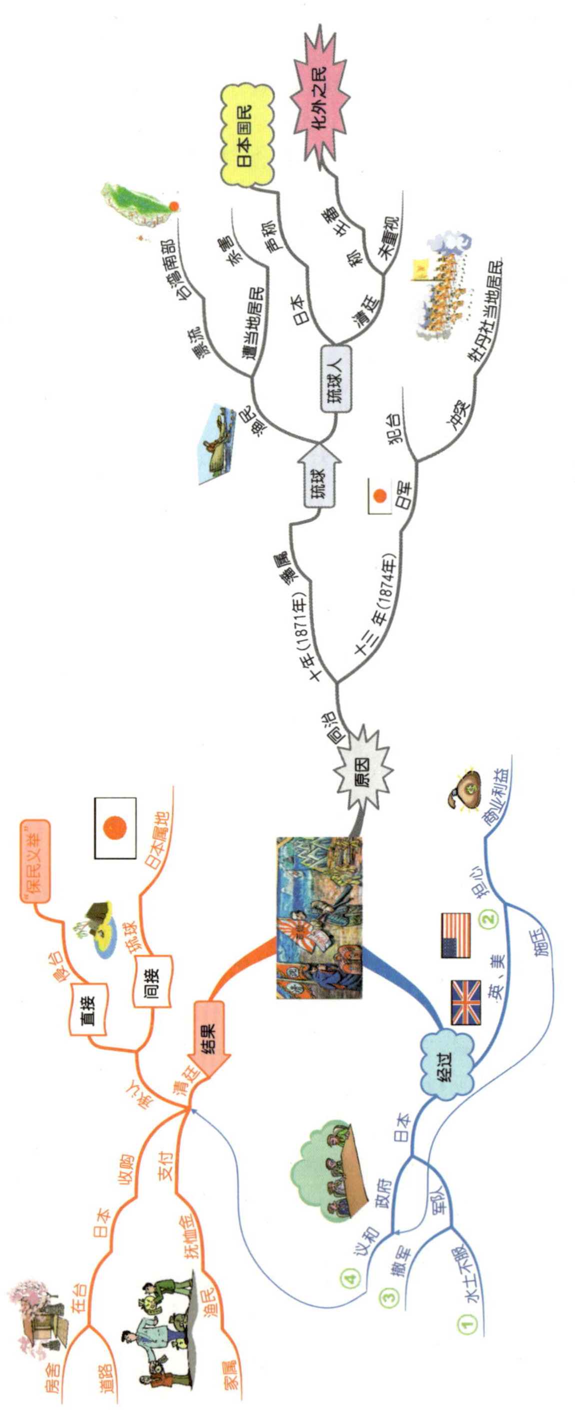

以"开始（原因）、经过、结果"来做文章分类的思维导图笔记

根据文章内容及自己的需求分类

2012 年 3 月，我的皮肤经常出现荨麻疹，前往医院就医时，医生建议从减少肠胃坏菌着手，增强自身的免疫能力。门诊医生给了我一张饮食注意事项的单子，并讲了一大堆能吃和不能吃的东西。听完之后，我的脑袋一片空白，看了他给的书面数据之后，还是懵懵懂懂，各位读者可自行阅读，看看你能理解多少。

减少肠胃坏菌的饮食

原则为避免食用含糖（包括天然糖）与含麦类的食物。包括饮料、甜点、新鲜果汁、水果（不甜的水果如番茄除外）、糖汁零食、蜂蜜、巧克力、面粉制品（面包、吐司、汉堡、蛋糕、蛋饼、松饼、糕饼、馒头、包子、饼干、比萨、面皮、面条等）、勾芡、淀粉油炸物、麦片（五谷米也含麦片）、燕麦片、糯米制品等皆应避免；精制淀粉包括白米饭、米粉、冬粉，以及淀粉含量较高的玉米、绿豆、红豆皆应少吃；应避免黄豆制品如豆浆、豆腐，但黄豆发酵的酱油、纳豆、味噌则可以；非常新鲜的牛奶可以，量不要多（若是症状严重的患者，喝牛奶可能会加重胀气或腹泻，应暂时避免）。避免安素、补体素，或其他含大量碳水化合物的人造补品。

可食用的食物包括大量非淀粉类的蔬菜、新鲜蔬菜汁、鱼（避免含汞量高的海鱼，如鲔鱼、鲨鱼、大青鱼、旗鱼等）、肉（鸡、鸭、猪、牛、羊等，肥肉亦可）、海鲜（避免含汞量高的龙虾、鱼翅等）、蛋、坚果、新鲜全脂牛奶、芝士、健康油脂等。非精制的淀粉如糙米，及根茎类的蔬菜（如马铃薯、番薯、南瓜、山药等）可少量吃。咖啡或茶可以喝，但不可加糖，若加入热牛奶（拿铁）要尽快喝完，否则会出现胀气，甚至会有急性腹泻（在饮食控制初期，症状严重者不建议加牛奶）的情况。

若非吃米饭不可，每天不可超过 1/3 碗糙米，切记淀粉或糖比例越高，餐后出现强烈饥饿感越快，这是身体对淀粉或糖的成瘾导致的。睡前绝不可吃淀粉类食物，否则你可能半夜被饿醒。饿的时候千万不可再吃淀粉或含糖的食物。

这样的饮食结构必须至少维持一个月，之后才能开始少量增加食物的选择范围，但含精制糖或精制碳水化合物的食物仍应完全避免。

为了遵照医生的建议控制饮食，我把内容重点整理成思维导图，以方便自己三餐时作参考。

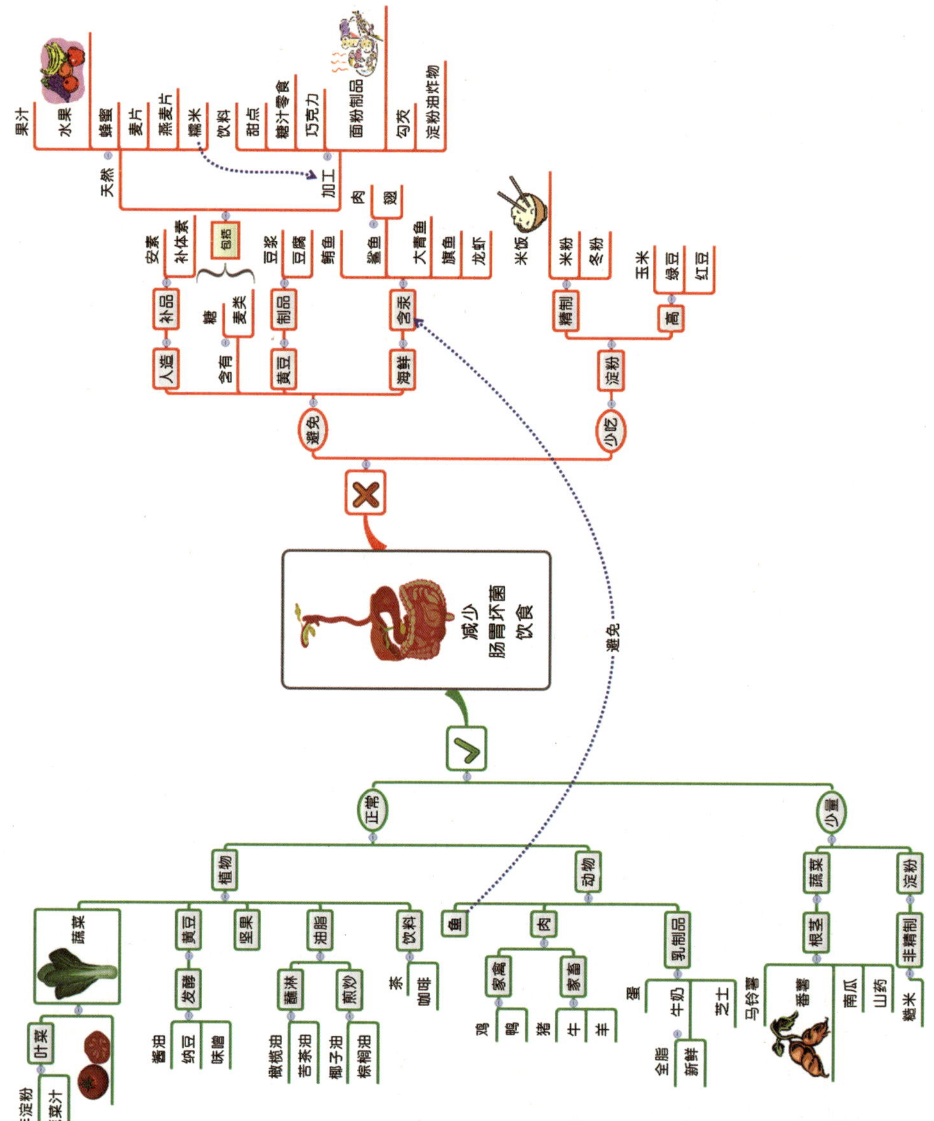

根据文章内容及自己的要求来做分类的思维导图

首先，根据“危险”与“安全”分类，我将食品分成两大类，并用“×”与“√”两个符号代表，这样就能清楚思维导图右边的都不能吃，并以类似交通信号的红灯的红色线条代表“危险”；左边的都可以吃，且用绿色线条表示“安全”。接着是第二阶，“危险”这个大类别下分为“避免”和“少吃”两个中类；“安全”则分成“正常”与“少量”两个中类。然后把文章中分别属于“危险—避免”“危险—少吃”“安全—正常”与“安全—少量”的重要内容，根据其逻辑结构用关键词的形式整理成树状结构的思维导图。最后，在特别重要的信息处加入与内容相关的插图，例如，水果、面粉制品、米饭、蔬菜、番茄与番薯。在这张树状结构的思维导图上，另外还体现了三个重要的技巧。

1. 以线条样式来表示多个关键词的整体性。思维导图是以一个词语写在一个线条上为原则，例如，“人造”“补品”，但必须同时阅读这两个词语。因此，在线条样式上以圆角方形来突显其整体性，其他如“黄豆”“制品”；“海鲜”“含汞”；“精制”“淀粉”；“高”“淀粉”等都是同理。

2. 增加分类的阶层让信息更有结构性。以文章第一段为例，“避免食用含糖（包括天然糖）与含麦类的食物。包括饮料、甜点、果汁……燕麦片、糯米制品等皆应避免”。文章列出了十几种应避免食用的食物，为了更容易分辨，我将这些食物分成“天然”与“加工”两类，虽然文章中没有出现这两个关键词，但多了这一阶层后能让信息更有分类阶层化的概念，更有助于理解内容。

3. 关联线条指出不同类别之间的相关信息。文章提到可以吃鱼，但要避免含汞量高的鱼。因此在思维导图中“安全—正常—动物—鱼”的地方，从“鱼”画一条关联线到“危险—避免—海鲜”之后的“含汞”的地方，并在线条上注明“避免”。

长篇文章或一本书的笔记技巧

整理长篇文章或一整本书的思维导图笔记，务必要运用到知识地图学习法的原则与步骤，以及通过速读的方法快速浏览掌握整本书的概貌，并制定出学习目的，确认所需的内容与重点。整理成思维导图笔记的方式有两种，第一种是从书本的整体结构，即大方向着手，也就是说，要先有个大架构的“心智总图”，然后逐渐衍生出各个章、节，即有层次的“迷你思维导图”。我们称之为“由上而下”模式。第二种是根据自己学习的需要，先在书中各章节的字里行间用一个小主题、小概念整理出一张迷你思维导图，然后再依照迷你思维导图的主题内容逐渐归纳成整合式的心智总图。下图是《创意是这样画出来的》一书在封面上绘制的全书内容结构的思维导图。

《创意是这样画出来的》的内容结构思维导图

由上而下模式

由上而下模式是先整理大类，然后再整理中类，再从小类到细节的笔记方法。如果用思维导图软件来整理，我们可以不假思索地依照书本内容的结构快速展开，如果思维导图中内容的逻辑顺序需要调整，也非常方便。现在就以叶至诚老师所著《教育社会学》这本书的思维导图为范例进行说明。

教育社会学
叶至诚 著
1.作者
学历
政大社会学研究所
经历
青辅会
咨询委员
大学
副教授
2.定义
社会学
研究
人类社会
探讨
社会
结构
功能
发生
规律
发展
3.重要性
世纪
20
21
迅速变革
科技技术
知识经济
现代教育
提升
生活素养
和谐互动
经济发展
关系密切
社会
教育
发展
关联性
4.
《教育社会学》
探讨内容结构

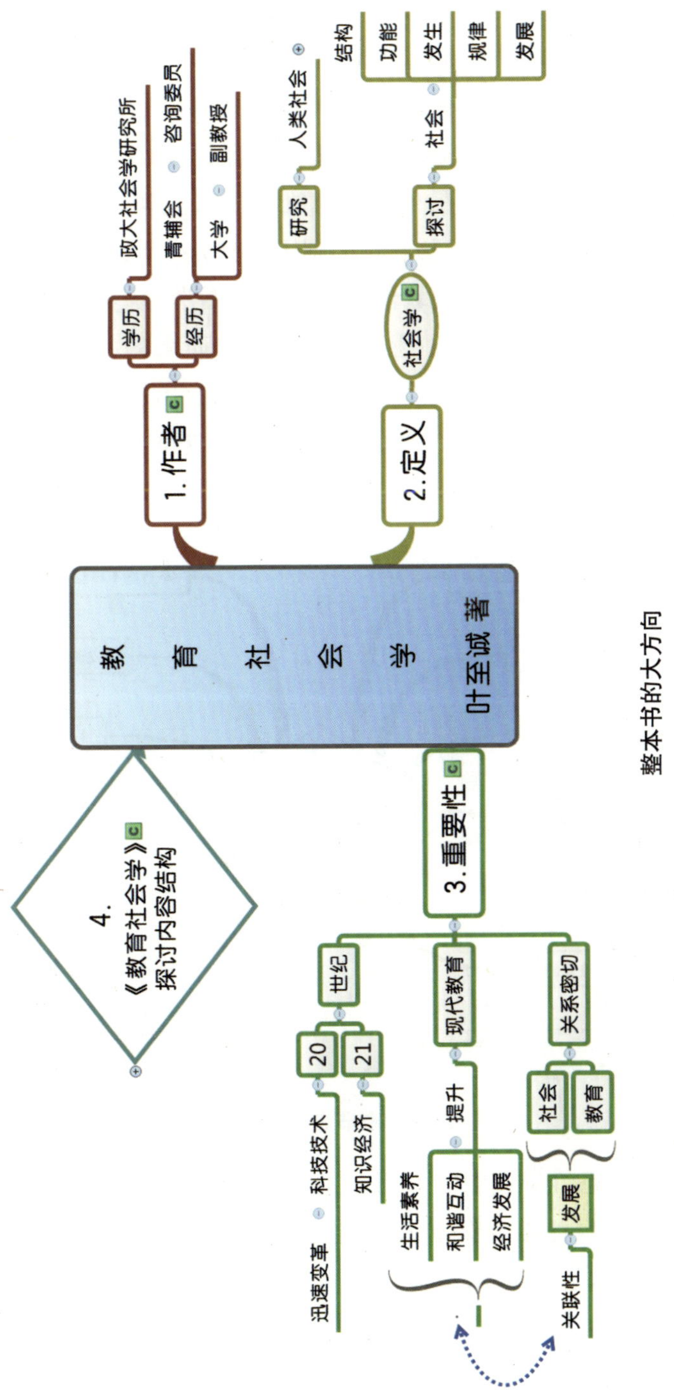

整本书的大方向

中心主题就是书名《教育社会学》加上作者的姓名，以区分相同书名可能会有不同的作者的情况；先从整本书的大方向开始，包括“作者”简介、从序言中掌握的两大重点——社会学的定义和阅读这本书的重要性，以及各个章节的“探讨内容”。由于各章节的探讨内容的重点数据较多，因此以另外一张思维导图来呈现，并从“《教育社会学》探讨内容结构”这个主干连接到下一阶层“以书中章节名称为主干”的思维导图，这也是用软件整理思维导图学习笔记的优点。

接下来这一张思维导图是从上一张延伸而来的，如果以书中十四个章节名称为主干，除了在每一个主干上标示出该章节位于书中第几页之外，还要再链接到每一章的详细重点，或符合自己需求的思维导图笔记。

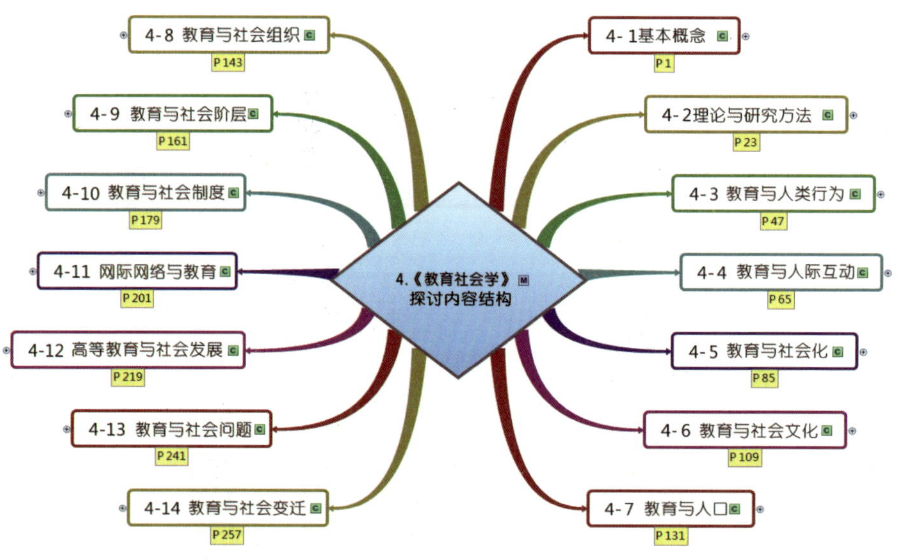

以书中章节名称为主干

下列两张思维导图分别从《教育社会学》的第一章与第二章延伸而来，鉴于日后可能会有不太清楚、需要翻书查询的地方，所以便在思维导图的主干上标示出了页码。

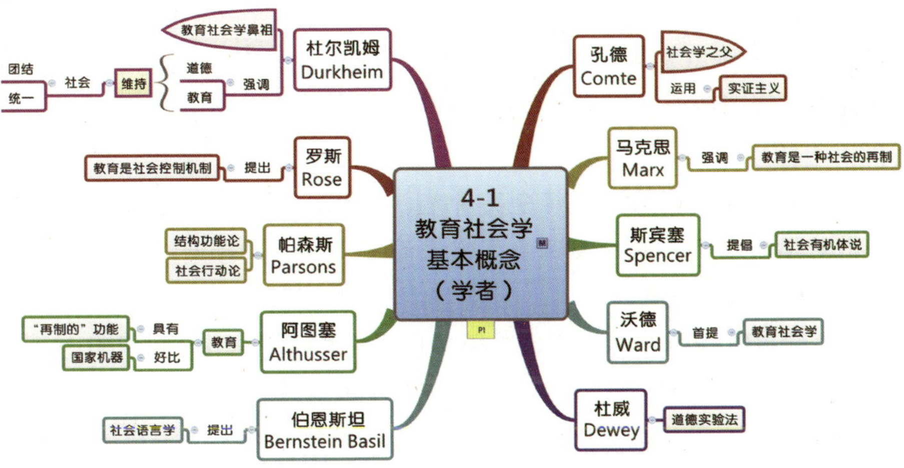

以第一章为主题的思维导图

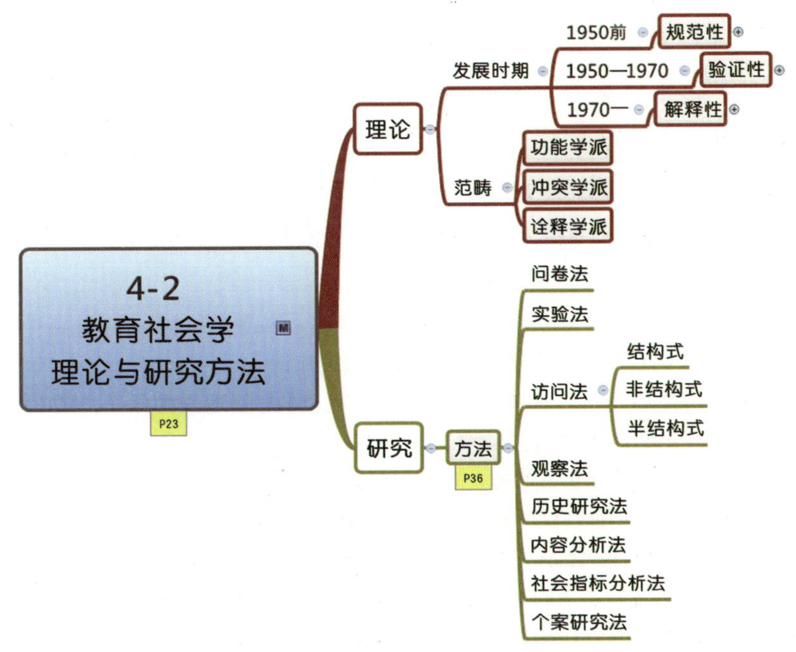

以第二章为主题的思维导图

由下而上模式

先将书中各章节用一个小主题、小概念整理成一张迷你思维导图，然后依照迷你思维导图的主题内容，逐渐归纳成整合式的心智总图。这种模式特别适合下列场合应用：

1. 文章段落结构的逻辑分类清楚、完整，不需要特别去思考思维导图笔记的主干，只要整理自己需要的重点即可，每一个小重点可自成一个迷你思维导图。

2. 利用零碎的时间阅读，发现有自己需要的重点时可以应用。

3. 学校上课时，边听课边整理课本中的重点。迷你思维导图可以采用手绘的方式，也可以使用计算机软件制作，这完全依照实际情况而定。例如在学校上课时，可以在书中文章段落上直接以四色笔或铅笔（画错可以擦掉重写）整理一张迷你思维导图。

但是，接下来要把迷你思维导图汇整成整合式的心智总图，运用计算机软件会更有效率。

接下来就以《世界的水陆分布相关知识》和《认识婴儿的大脑》两篇文章来解说由下而上模式和由上而下模式。无论使用哪一种方法，我们都必须快速地浏览一遍文章。

世界的水陆分布相关知识

世界指地球表面的所有地方。世界分为海洋与陆地两大部分，其中海洋的分布面积比例占71%，陆地仅占29%。

世界水陆面积分布不均衡，海洋大部分在南半球，陆地大多分布在北半球。若将世界分为陆地较多的陆半球和海洋较多的水半球，以法国为中心的陆半球陆地占全球陆地面积的6/7；以新西兰为中心的水半球，陆地只占1/7。

大洋是世界上辽阔的水域，世界的大洋有太平洋、大西洋、印度洋和北冰洋四大洋，各大洋之间水面互连。太平洋是世界最大的洋，约占世界面积的1/3。

大陆是世界上面积广大的陆地，大陆及其附属岛屿称为洲。世界可划分为亚洲、欧洲、非洲、北美洲、南美洲、大洋洲和南极洲七大洲。亚洲是世界上最大的洲，与欧洲合称欧亚大陆。北美洲与南美洲，合称美洲。

两极地区大致指南、北极圈以内的地区。南极地区以大陆为主，称南极洲；北极地区以海洋为主，称北冰洋。

根据文章内容，每一个小小的概念都可以整理成一个迷你思维导图。

然后根据若干个迷你思维导图，将其汇整成一个结构完整的思维导图。这时你会发现，原本的迷你思维导图的结构顺序需要调整。

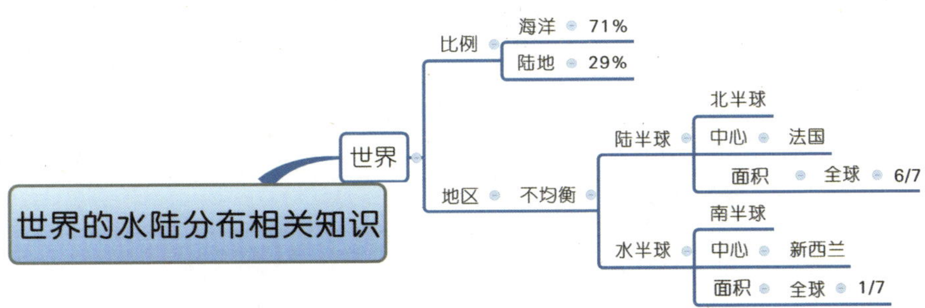

以此类推，最后逐渐归纳整理出整合的心智总图。

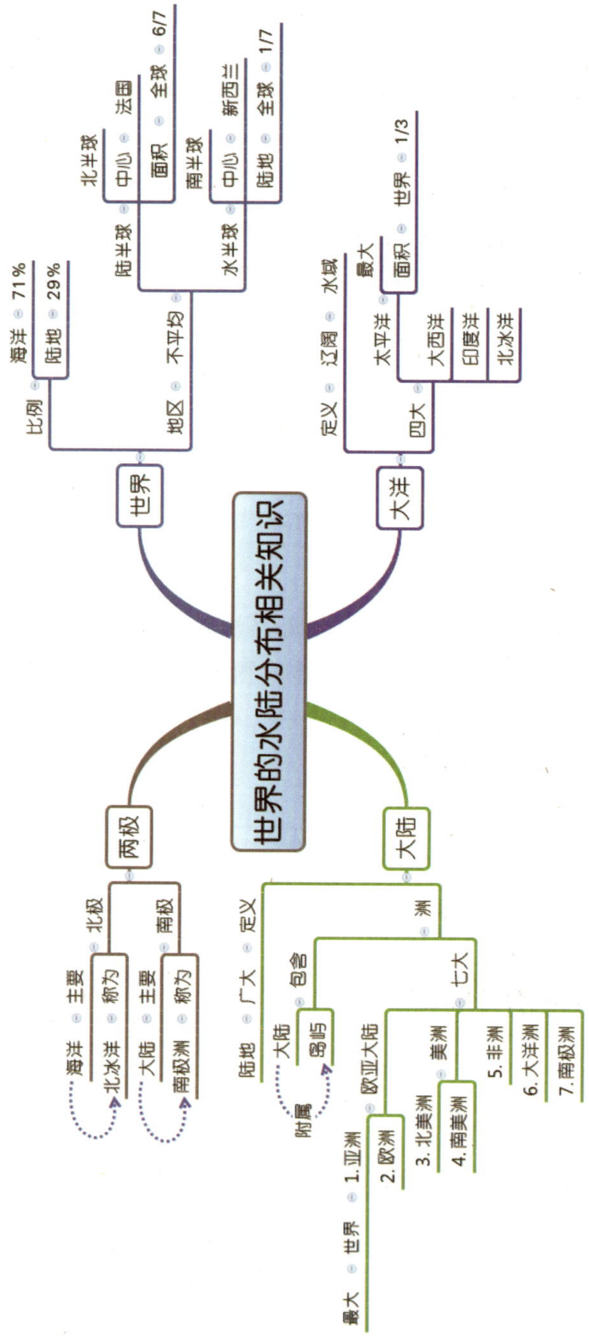

世界的水陆分布相关知识
世界
比例
海洋 71%
陆地 29%
地区
不平均
陆半球
北半球
中心 法国
面积 全球 6/7
水半球
南半球
中心 新西兰
陆地 全球 1/7
大洋
定义 辽阔 水域
四大
太平洋
最大
面积 世界 1/3
大西洋
印度洋
北冰洋
两极
北极
主要 海洋
称为 北冰洋
南极
主要 大陆
称为 南极洲
大陆
定义 广大 陆地
洲
包含
大陆
岛屿
附属
七大
欧亚大陆
1. 亚洲 世界 最大
2. 欧洲
美洲
3. 北美洲
4. 南美洲
5. 非洲
6. 大洋洲
7. 南极洲

世界的水陆分布相关知识的思维导图

对于《认识婴儿的大脑》这篇文章，大家可从由上而下模式决定几个大类段落标题（主干）与中类次主题（支干），再以由下而上模式把文章中圈选出来的重点汇整成结构清晰的思维导图笔记。请先尝试自己动手练习，再参考 172 页的范例。

认识婴儿的大脑

近年来由于科技的进步，人们对大脑的了解也越来越多。大脑究竟是如何从胚胎开始发育的？什么方式对大脑发育更有帮助？相信这些都是新手父母关心的话题，本文将为大家揭开谜底。

一、大脑的发育

与其他器官相比，大脑发育的时间较长，过程也不相同。

从细胞分裂的情况来看，脑细胞在出生前基本上已经分裂完成，其他器官的细胞在出生后则仍在持续分裂，因此，婴儿出生的时候，从比例来看，头大于身体。

大脑发育基本上可分为两个阶段，第一阶段开始于母亲怀孕的第八周，这时候，脑细胞开始成形，并彼此产生联系。第二阶段则是从出生前十周到出生后两年之间，这时候脑细胞的活动非常活跃，并不断地融合、联系、协调与扩散。

二、五官的发育

根据心理学的研究，由于胎儿在子宫内能听见母亲的心跳声音，因此，婴儿对人们发出的声音特别有感觉，特别是自己的母亲发出的声音。在视觉方面，婴儿一出生就具有三维空间感。借着眼珠转动看见不同的景象，并期望出现在眼前的物体是真实的，婴儿会想伸出手去感觉、触碰这个物体。在各种图像中，人类的面孔最能吸引婴儿的注意。据研究显示，婴儿出生时，大脑里就存有面貌的“模板”，这让婴儿能够辨识出给予自己食物、温暖的人。在嗅觉方面，婴儿会把头偏向有喜欢的味道的方向。婴儿学习语言的能力很强，因此，跟婴儿讲话的时候，不要用婴儿呢喃的口吻，而是要直接跟他讲我们日常使用的真正话语。

三、心智发展

无论胎儿或新生儿的发育过程如何，关于婴儿心智能力的知识都不断地在进步。不管父母用何种方式帮助子女发展心智，都要特别注意以下两点：一是持续观察他们日常的行为表现；二是尊重孩子的愿望和兴趣，不管他想朝哪方面发展。身为 21 世纪的父母，不要再给孩子太大的压力，也不要去限制孩子的未来发展。只要子女在自己喜欢的领域里有很好的成就，父母都应该感到欣慰。

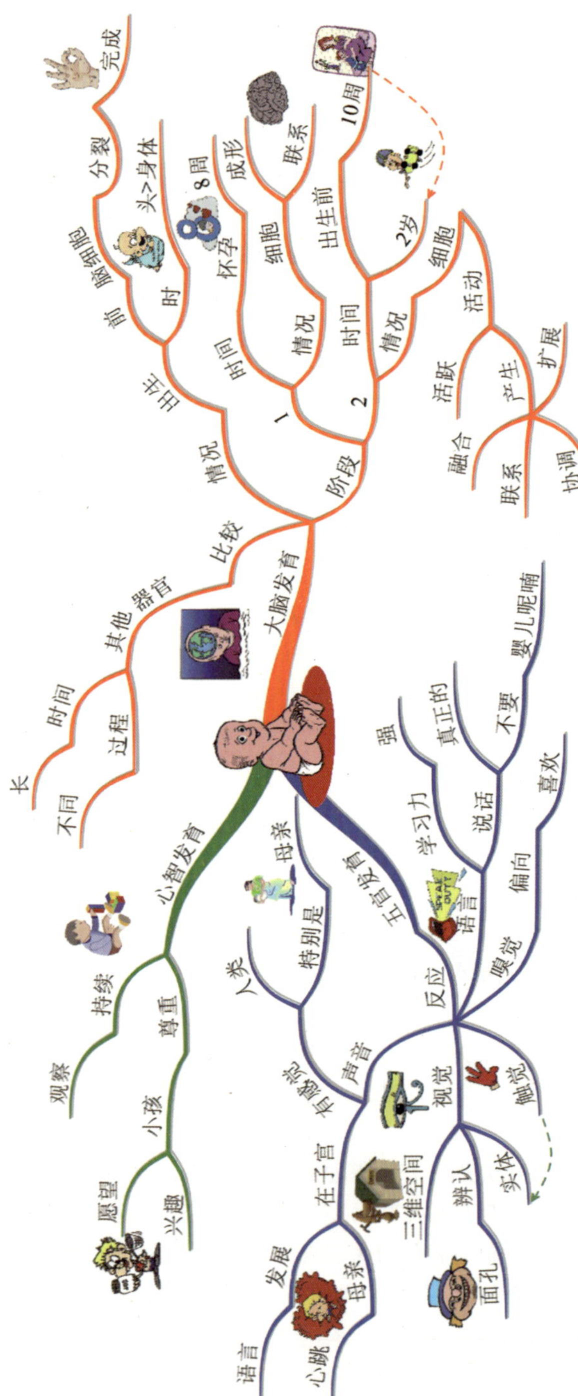

文章笔记范例：认识婴儿的大脑

主题式数据搜集的笔记技巧

若以主题式数据搜集整理思维导图笔记，可能由于数据庞大，结构随时会随着搜集到的资料而变更，因此，以绘制思维导图的计算机软件（例如，Xmind，MindManager，iMindMap 等）来整理比较高效。

在尚未开始搜集数据之前，根据主题及想要探讨的问题、类别、方向，可以将思维导图展开成若干个主干（主要主题）或必要的支干（次主题）。

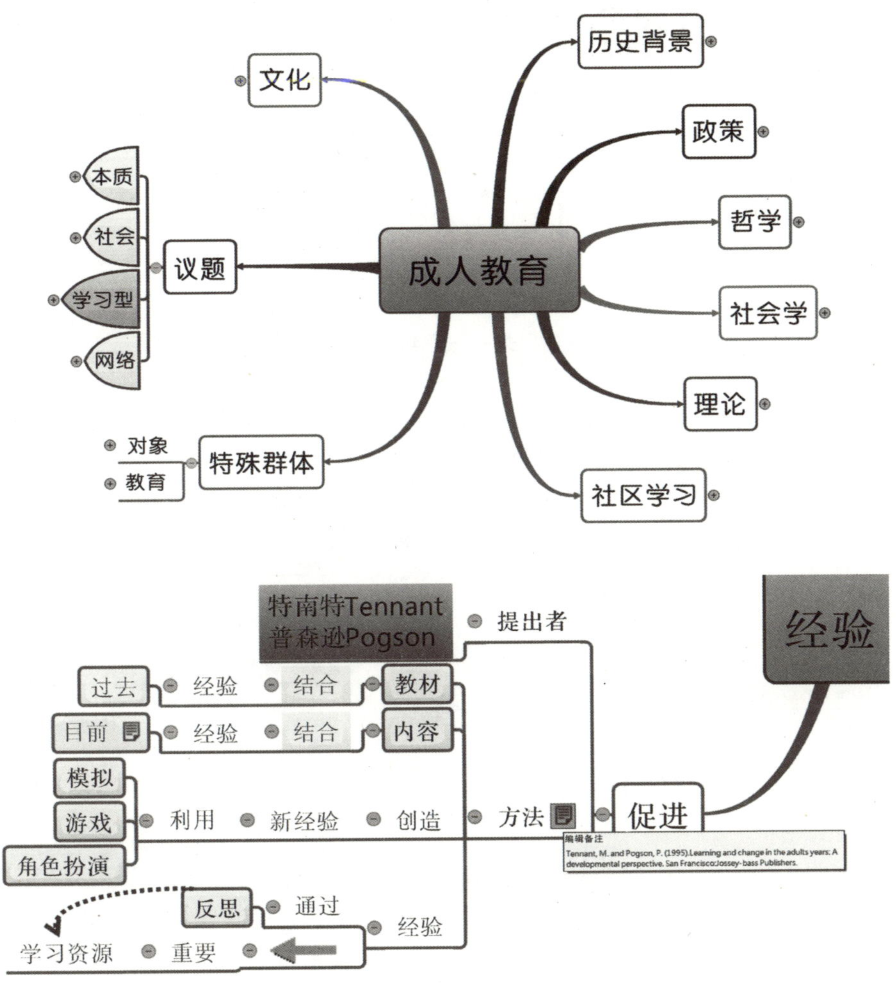

接着，凡是阅读到有用的数据时，便以整理短篇文章的方式，将重点内容接在相关主干、支干之后，并在线条的“备注”栏里注明文章的出处，或将文章的完整内容贴在备注中，以供日后查询参考。

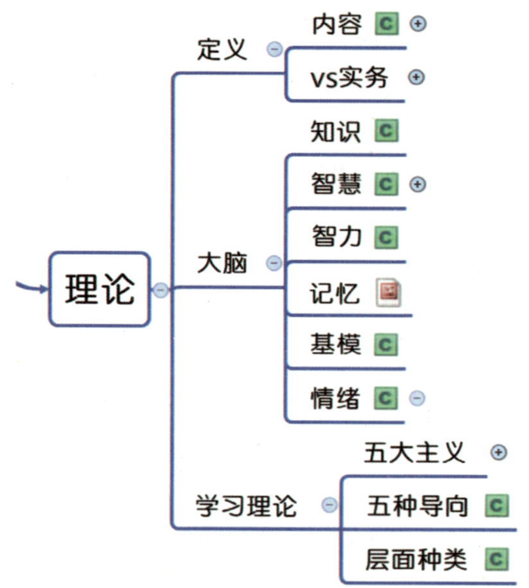

加入超链接连到另外一张思维导图，方便知识管理

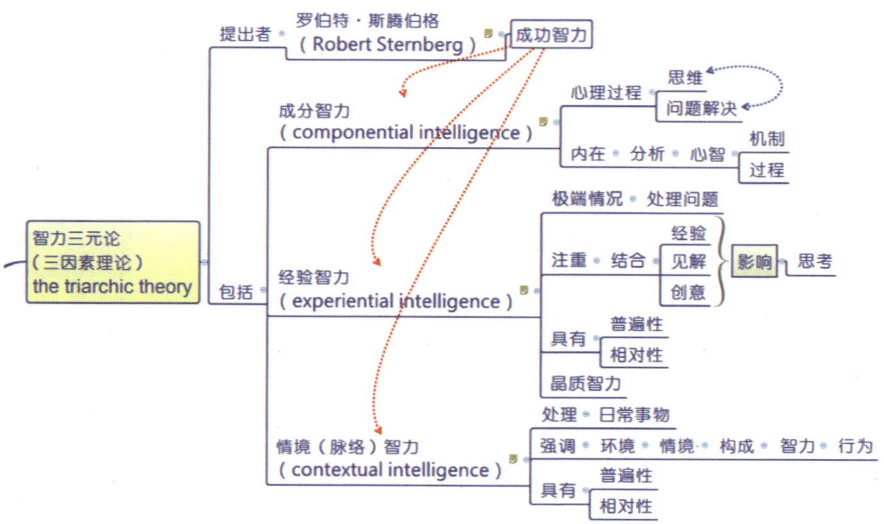

加入关联线指出彼此的关系

如果不同文章的内容彼此相关联，那么可以采用超链接的方式，连接到相关的思维导图文件或思维导图中的某一主题，或者是超链接到 PDF、Word 或 PowerPoint 文件，或用“关联线”指出彼此的关系，以方便做好知识管理。

听演讲的笔记整理技巧

听演讲时做笔记的难度比阅读文章时做笔记的难度高，主要原因有两点：一是演讲者讲话的速度一般为每分钟 120 字左右，若使用 PPT，画面停留的时间不是我们能掌控的，必须在极短的时间内抓到重点；二是演讲时比较容易出现跳跃式的内容，不似书面文章会有逻辑的结构。因此，我们不可能毫无遗漏地记录所有内容，只要掌握有意义或重要的关键词（一般而言是名词与动词）即可。这时候思维导图的笔记方式就可以派上用场，尤其是目前已经有许多免费的思维导图软件可使用，它们对学习者而言是非常好的辅助工具。

听演讲的笔记技巧

无论采用手绘还是计算机软件，思维导图在上课、听演讲时的笔记技巧如下：

1. 提早抵达会场或教室，先根据会议、演讲的议题及大纲、课程名称把中心主题画好，并从议题、大纲中把必要的主干、支干整理出来。

2. 听演讲时，根据内容重点尽可能写下简短的关键词（词语），而不是写下整个句子，将关键词整理到适当的主干或支干之后，并注意关键词的逻辑分类与顺序。

3. 如果你觉得现场整理的思维导图笔记有点乱，可以事后再重新编排内容结构，使之更有条理、更整洁。

4. 也可以将重要的论点、相关主题的关键词从原来的思维导图笔记中挑选出来，单独画成另一个主题的思维导图。这有助于复习内容，并且便于你掌握信息之间的从属关系。

应用计算机软件

运用思维导图计算机软件时，应发挥软件可随时调整内容结构的优势，在听演讲整理思维导图笔记时除了依照上述原则之外，可以再加入两个操作技巧：

1. 暂时不要管关键词的逻辑结构，将听到或看到的内容重点用一个关键词（词语）迅速输入。等演讲节奏稍微放缓时，再来调整结构顺序并补充内容。

2. 将一个小问题、小概念整理成一个迷你思维导图，等下课后时间较充裕时，再依照课程大纲、特定主题或自己的需求重新整成一张或若干张整合式的心智总图，并在不同思维导图之间内容关联处做超链接，以便更系统地汇整知识。

给初学者的建议

初学者若觉得无法立即上手，可以尝试以下几种练习方法：

1. 如果现场允许录音，当出现“好累”“听不懂”“太多重点同时出现”的情况时，注意一下录音的定时器，写下当时的时间，事后可以根据上述时间编号重复听，并在思维导图中加入必要的信息。

2. 从挑战性较低、事前可以获得内容数据的演讲着手，教学节目、新闻报道是不错的选择。先从书本或网络上阅读一下即将要看的节目内容，对其有个初步概念之后再来练习，这样才不会手忙脚乱。

3. 从网上选择适当的教学视频，出现值得记录的关键词时就按暂停键，凭印象将关键词整理到思维导图中。等你的技巧越来越纯熟后，再慢慢等多几个关键词出现时才按暂停键。视频进行了一小段时间之后，重新看一次，但这次不要按暂停键，让视频一次性播完，而且尽量不要看画面，而是凭听觉来整理思维导图笔记。

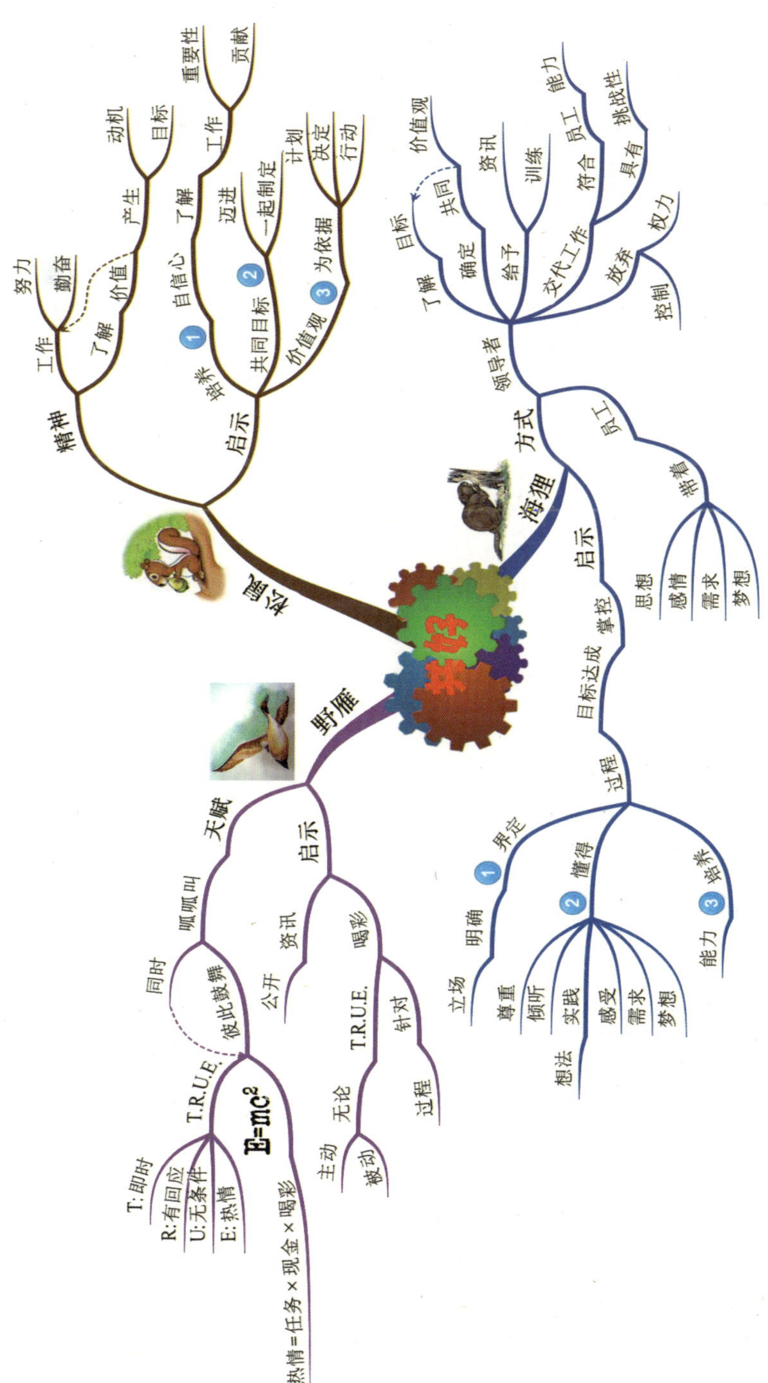

从教学节目视频练习口语笔记的思维导图

听讲时，哪些内容是需要记录的重点呢？一般而言，包括人、事、时、地、物（5W1H），与时间顺序有关的信息，因果关系的原因与结果，问题的成因、影响、解决方法等，还有与议题相关的名词、动词。同时要特别注意演讲者重复的地方、声调较高昂的地方、放慢语速甚至略微停顿时重复的叙述、转折语（例如，“但是”“无论如何”等）之后的内容，都是会有重点出现的时候，要特别注意聆听，并找出关键词记下来。

总复习的笔记整理技巧

考试试卷的题目只有几道题，但为了考试所需要阅读的书多达数百页，甚至数千页。如何从茫茫书海中整理出考前复习的笔记呢？台湾大学教授吕宗昕指出，总复习时需要一本个人的考前笔记，只记录自己不太熟悉及容易忘记的内容。这本笔记将会是你考前的“救命仙丹”！

运用思维导图法整理考前总复习笔记的方法如下：

1. 研读完一个章节后，把该章节的重点与不容易记忆的地方整理成重点学习的思维导图。

2. 做完模拟考卷或月考、期末考之后，把考题的重点及答错的题目分不同科目，分类整理成考试题思维导图。

3. 后续复习时除了阅读先前整理的思维导图外，还要将资料再次浓缩，用另外一张思维导图将原本多张思维导图的内容更精简扼要地记录下来，汇整成关键报告的思维导图，并利用第十四章中介绍的记忆技巧，把“关键报告思维导图”牢牢记住，直到它能清晰浮现在你的脑海中为止。

4. 考试之前，在过去整理的思维导图笔记中依照学科查找自己最容易搞混和一直记不住的部分，进行最后一次复习，把每个科目都整理成一张考前冲刺的“大补帖思维导图”。在考前一两天甚至进入考场前 30 分钟内，迅速复习一下这张“大补帖”，信心满满地迎接挑战。

第十三章

教学与写作的应用

孩子快乐学习、主动学习并且还能获得优异的学习成绩，是家长与老师的愿望。培养终身学习的能力是知识经济社会体系下实现自我价值、融入社会与创新成长的关键。欧盟在 2002 年将“学习如何学习”列为终身学习的八大关键能力之一，其要求是个人或团体具备组织、规划学习的能力，例如，时间管理、学习计划、问题分析与解决，获取、评估与吸收新知识，以及将所学的知识、技能运用于工作或生活中的能力。

思维导图法与“学习如何学习”的关联性是怎样的呢？台湾地区台南市东区复兴初中林茂生校长表示，思维导图法结合思维导图软件的教学适用于各个学科，优点是让学生容易理解教学内容，不必死记课文、公式，通过思维导图的分析、建构，帮助学生分析文章、诗词，学生的反响出奇热烈。思维导图法教学已成为校园内最受学生喜爱的课程之一。

从中国硕士、博士思维导图法的论文研究中可以发现，将思维导图法应用于教学与学习场所的现象已越来越普遍。相关实证研究结果显示，思维导图法有助于提升学生的学科学习效率，能帮助学生在写作上组织想法、研拟大纲、创意构思，能提升学生的写作能力，激发他们的学习兴趣，能有效增强学生的创造力及问题的解决能力。运用思维导图法能帮助学生快速掌握重点，让他们的想法变得有创意，思维更有结构性。研究显示，学生对于思维导图法大多抱持肯定的态度。

《资优教育简讯》有专题报道也指出，教师采用思维导图法教学不仅可以帮助学生发挥潜能，更能刺激学生的创造性思维。思维导图法是帮助学生发挥创造力的最佳途径之一，值得教师广泛运用于教学。廖伟雄针对小学优秀学生的一项论文研究也发现，思维导图法可以促进学生的创造性思考，同时增进他们的记忆效果。

由此可见，思维导图法在教学与学习领域确实是实践学习“如何学习”、学习“如何思考”的好方法。本章就思维导图法在教学与学习上提供实际应用的指南，供老师与学生参考。

教学备课

规划教学计划与课程内容

林美玲在《创新教学策略之研究》中指出，面对学生多元、弹性的学习需求，拟定教学计划、凝聚教学力量，并引导学生达成教育目标是教师责无旁贷的使命。因此，在强调以学生为主体的教育目标下，发展创新的教学与学习策略有其必要性与重要性。

教学活动的设计会因不同阶段的课程而略有差异。中小学的教学计划项目有主题名称、相关领域、教学年级、总节数、教材来源、教学群、主要活动、课程目标、活动单元名称、单元学习目标、教学活动、能力指标、节数与评量方式；大学、研究生院则大致包含了课程名称、必修选修、学分绩点、授课教师、教学目标、教材大纲、实施方式、评量方式、主要读本与参考书目、教学进度。

面对创新的教学，发展教学与学习策略仅靠修改过去的方案已无法完成，需要以崭新的思维、视角来思考。在讨论、修改项目甚至重新规划课程时，思维导图法可提供思考、讨论教学计划与课程内容规划的结构。以下两个思维导图结构范例并非标准答案，而是提供一个参考方向，实际应用时可依据课程属性做必要的调整。

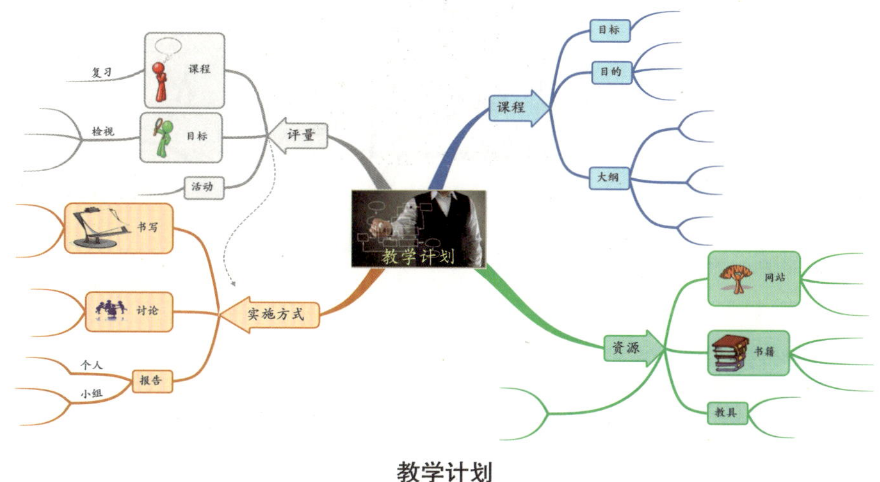

教学计划

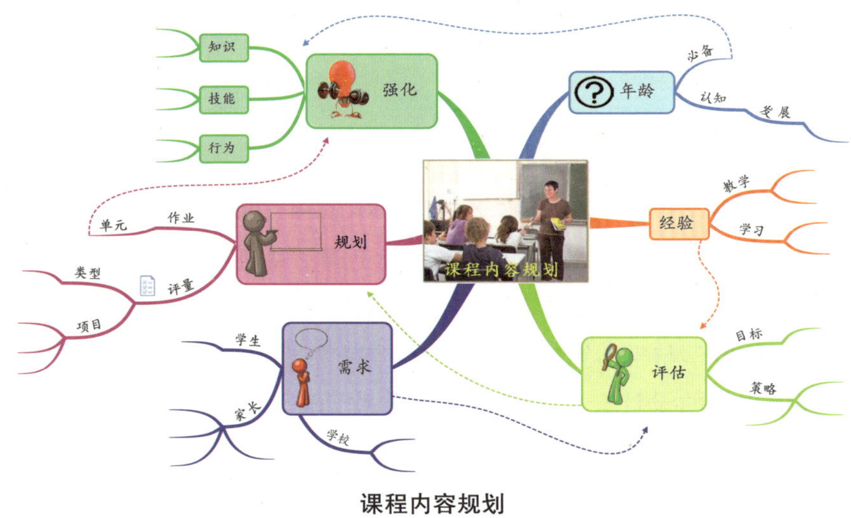

课程内容规划

教学评量

评量是指通过收集资料及测验来获得质化和量化的资料，以方便深入分析，并判断分析结果的价值。评量不只考核学生的学习成绩，也考核教师的教学，以及课程的设计与实施的适合程度。

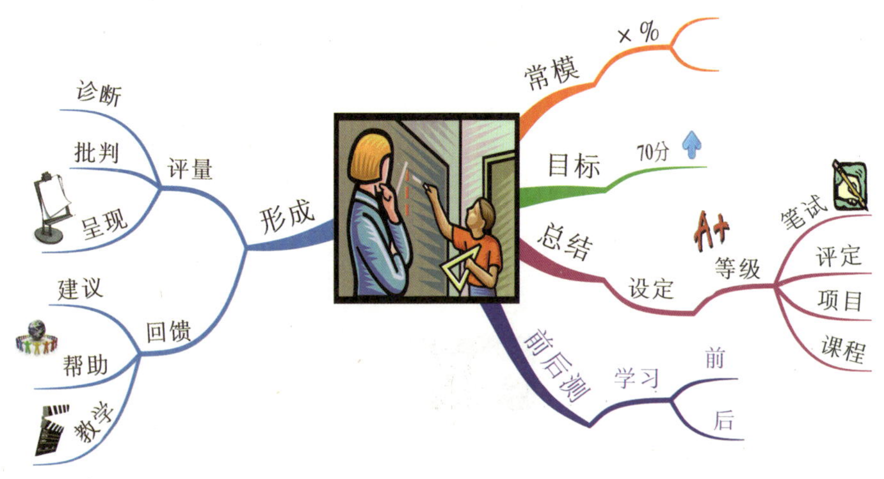

教学评量

维尔斯马（Wiersma）与乔斯（Jurs）指出，评量的类型有“目标参照评量”“常模参照评量”“安置性评量”“形成性评量”“总结性评量”与“表现性评量”。为了让评量实用、可行、适当且正确，我们可以运用思维导图法，以必要的评量类型为思考讨论的方向。上图的范例是以几种评量类型来思考课程，以决定该课程应采用哪些较为恰当。

规划讲义

好的讲义有助于学生达成学习目标，编辑讲义就如同规划一个项目，必须运用掌握5W1H与SMART原则。SMART原则指的是讲义的目标和内容要具体、明确，其效果是可以衡量的，目的是可以达成的，内容要务实，内容与工时要有时效性。因此，我们可以通过思维导图，以“目的”“内容”“日期”“资源”与“检查”五大方向来展开讲义的规划构思。

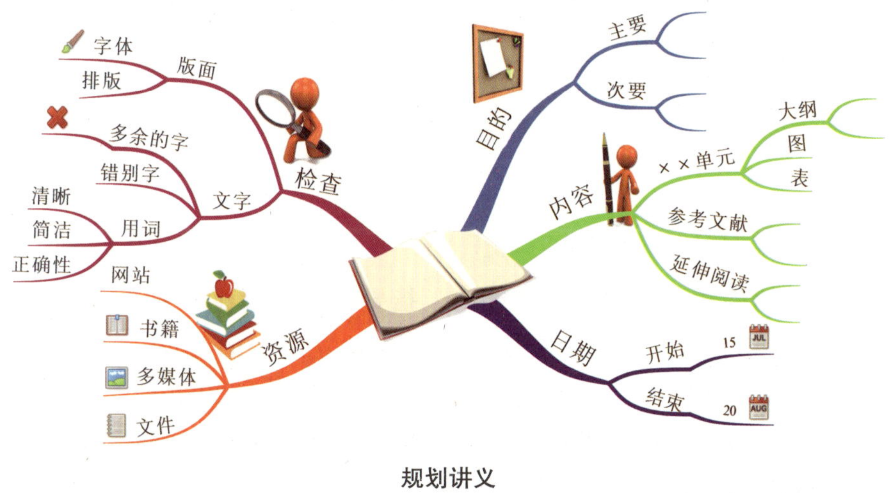

规划讲义

规划活动

教育学家杜威最重要的两个教育思想是连续性及在实践中学习，在实践中学习是让理论与实践结合的关键。因此，在不同阶段的课程中，操作、体验式的学习活动有其必要性。下图是小学自然与生活科技课程中规划科学实验教学活动的范例。

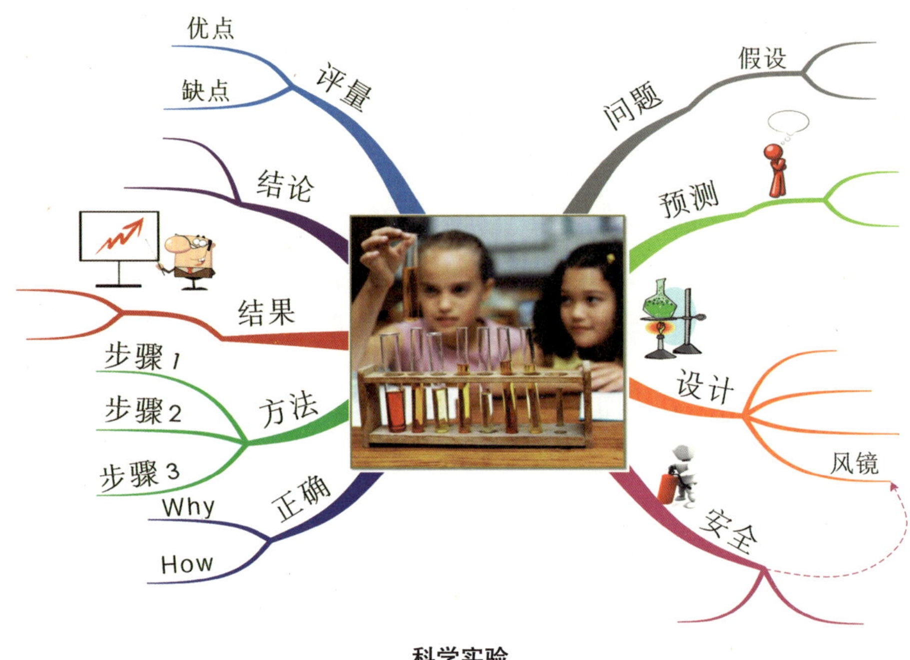

科学实验

语文写作

只有增强学生的深度思考能力，指导学生有效地思考策略，培养学生主动思考的态度，以及让学生养成独立思考的习惯，才能达到“运用语文独立思考、解决问题”的教育目标。思考以语言文字为主，思考活动是联结概念并发展其关系，以求理解事物，发现并解决问题，同时进行更高级的评鉴与创造活动。然而，概念是抽象的，语言文字都是在时间先后的序列中使用概念，往往无法同时呈现诸多概念，并展现概念之间的关系。但若语文教学能配合信息组织图，便可弥补这个缺失。

全球各地已经有不少教师将思维导图法应用在各个学科的教学活动中。2007年12月28日，在台湾师范大学王开府教授等人的领导与推动下，“语文教学运用思维导图工作坊”得以开办，他们系统地编辑出教学方案——《国语文心智图教学指引》(2007版)，以供有志于运用思维导图法进行语文教学的老师参考。

早期的写作教学重视结果，只看文章成品；现在则以写作过程为主，重视思考的过程。依据认知心理学的观点，若写作主题与学生的生活经验有关，写作动机便会增强，架构的建立与内容的书写就变得容易了。美国卡耐基梅隆大学（Carnegie Mellon University）修辞学教授佛拉尔（Linda Flower）在《写作的认知过程理论》（*A Cognitive Process Theory of Writing*）中指出，写作过程应以弹性、非线性的方式进行，主张写作过程要包含三个阶段：

计划：包含设定写作目标，从既有的记忆中提取出相关信息，组织内容的大纲，设计段落与语句。

转译：先做出写作计划，再根据计划结构写出内容，并将想要表达的看法转译出来。

回顾：检查文章是否有错误，修改文中不足之处，重新检查句子组织与章法结构等细节。

中学生基本能力测验推动工作委员会公布的写作测验评分标准包含“立意取材”“组织结构”“遣词造句”与“错别字、格式与标点符号”四大项。许多将思维导图法作为写作构思的论文研究都指出，思维导图法对写作的“立意取材”“组织结构”“遣词造句”有显著的功效。

接下来将说明思维导图法在文章仿作、写作与创作中的应用。

作文仿作

“临摹”是学习书法、绘画的主要途径，是应用和创作的基本功，初学者必先从临摹名家作品入门，依样画葫芦。培养作文能力也是从仿写着手，仿写是结合读写最基本的形式。选出优秀的范文佳作，让学生模仿该篇文章中的形式结构或内容佳句，让学生学习起承转合、立意取材、组织结构、段落设计、表现手法或句子形式等，在模仿过程中锻炼自己的文笔，发掘写作的乐趣。因此，“仿写”就是文章写作的临摹，是以某篇诗文为范例，分析其特色，写出类似或具有新意的文章。通过仿写练习可以领悟创作文章的诀窍，并提升自己的写作能力。

仿写的类型大致可以归纳为“形式仿写”“内容仿写”与“综合仿写”。形式仿写又可细分为语言、结构、体裁和表现手法的仿写，其中，结构仿写是指模仿范例文章的组织构造和整体布局安排，包括人物、事件的处理，起承转合的设计，层次与段落的设置，文脉等的模仿。

思维导图法可以有效应用在结构仿写的训练中，方法与步骤是先根据范例文章中的内容，用思维导图建立包含原文内容的结构，然后只留下结构，换个新主题，根据原结构将内容以关键词的方式填入思维导图中，再依照思维导图的结构与内容，仿写出一篇文章。

根据思维导图仿写，可以让学生在脑海中建立不同的结构。他们未来面对考试也好，自己有兴趣写作也好，看到题目时可在脑海中思考并找出合适的结构，然后发挥想象力，调动平时积累的修辞，便可在最短的时间写出精彩的文章。

与朱元思书

南北朝　吴均

风烟俱净，天山共色。从流飘荡，任意东西。自富阳至桐庐一百许里，奇山异水，天下独绝。

水皆缥碧，千丈见底。游鱼细石，直视无碍。急湍甚箭，猛浪若奔。

夹岸高山，皆生寒树，负势竞上，互相轩邈，争高直指，千百成峰。泉水激石，泠泠作响；好鸟相鸣，嘤嘤成韵。蝉则千转不穷，猿则百叫无绝。鸢飞戾天者，望峰息心；经纶世务者，窥谷忘反。横柯上蔽，在昼犹昏；疏条交映，有时见日。

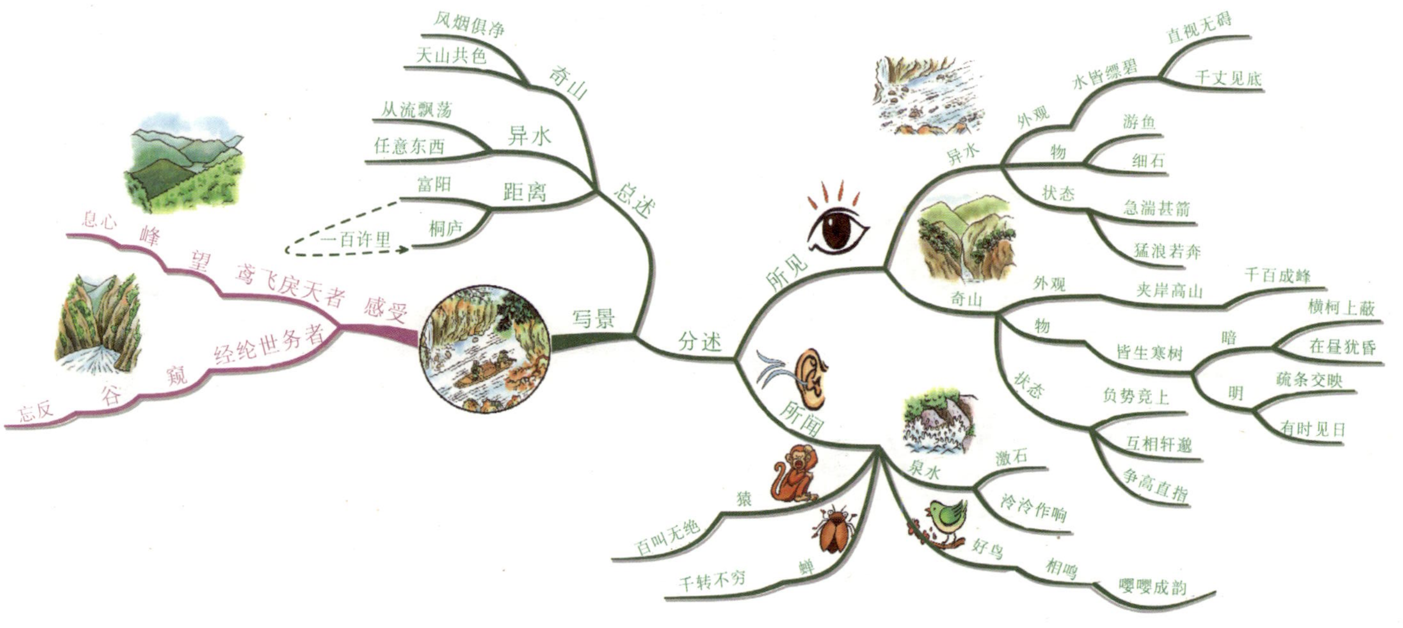

建立包括原文《与朱元思书》内容的结构

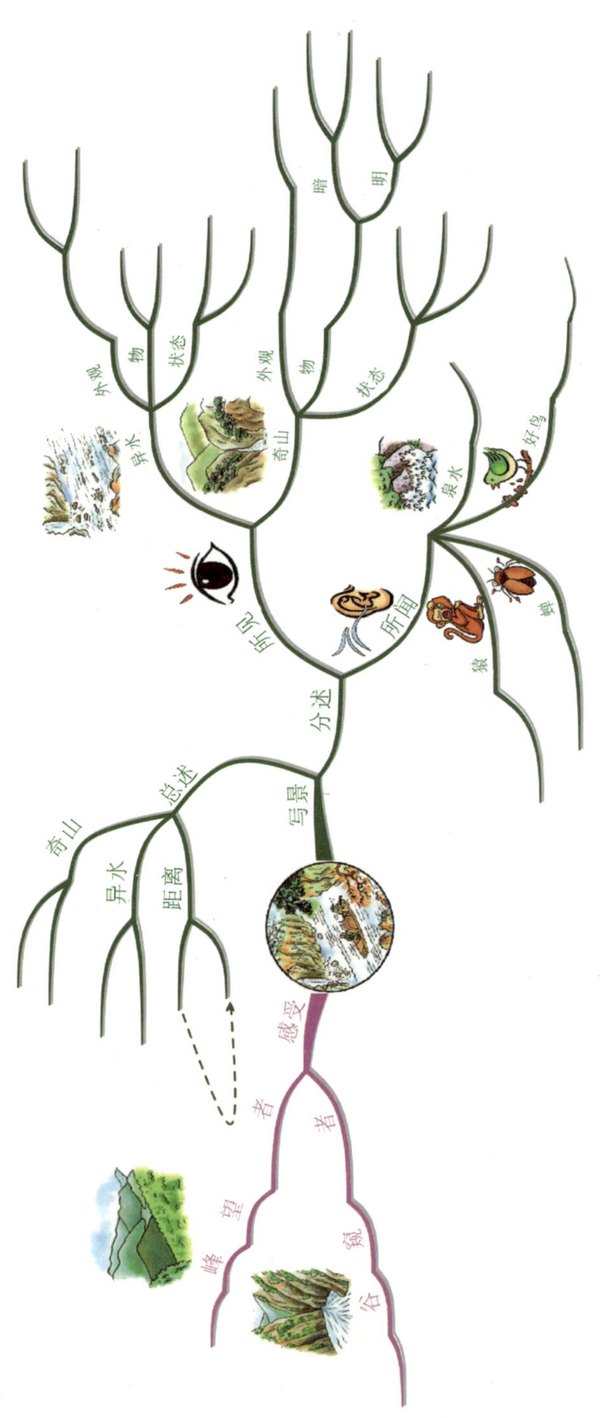

只留下范例文章《与朱元思书》的结构

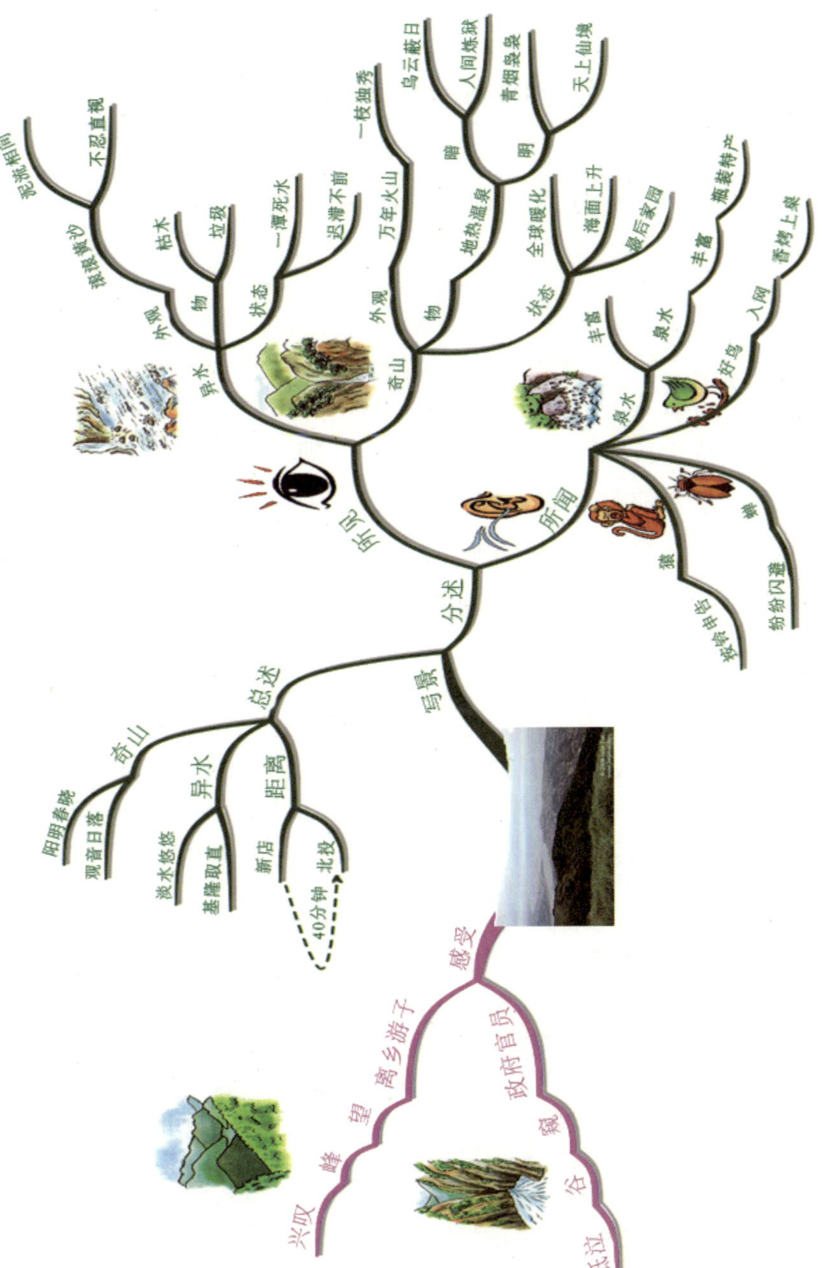

更换新主题，根据原结构将内容以关联词的方式填入思维导图

根据范例文章《与朱元思书》的结构仿写一篇文章，主题为《给台北市长的一封信》。

阳明春晓，观音日落。悠悠淡水，基隆取直。自新店至北投，四十分钟，奇山异水，稀世少见。滚滚黄沙，泥流相间；枯木垃圾，不忍直视。一潭死水，迟滞不前。

万年火山，地热温泉，全球暖化，海面上升，最后家园，一枝独秀。泉水丰富，装瓶特卖。好鸟入网，香烤上桌。蝉则纷纷闪避，猿则按铃申告。异乡游子，望峰兴叹；政府官员，窥谷低泣。乌云蔽日，人间炼狱；青烟袅袅，天上仙境。

台湾地区新北市的板桥高中梁容菁老师在接受为期 10 天的“孙易新思维导图法青少年教学师资培训班”之后，立即将所学的文章仿作技巧教给学生。第 192 页的图是梁容菁老师解构 2009 年台湾地区指定科目考试最高分佳作《惑》的原文，梁老师分析其运用的写作、修辞的技巧，接着在思维导图中留下原文的结构与写作说明，并以“坚持”为题示范写作，再让学生以不同的题目，例如，以“美丽”“奋斗”为题练习仿写写作。

惑

堤畔的玉柳是为了与谁道别而将自己站成一个多情的春天？悬崖上的红心杜鹃是为了与谁联系而招展着花的旗语？清朗的明月是奉了谁的手谕而长倾其万斛流光？往来熙攘的蜂蝶是为了谁而奔忙？永不歇拍的流水的哗然长歌，又是为了哪位知音而咏唱？

俯仰于天地间，令我们疑惑又无法不为之倾倒迷醉的事物委实太多，丰厚得难以盛载、难以沥净、难以厘清。

从古希腊哲人清啸而出的第一个疑问：“我从哪里来？”到现代诗人激昂呐喊的：“我们该往哪里去？”人类似乎一直在如湍流般回旋的疑惑中沉浮打转：伍尔芙的“奥兰多”在两性易换间，把时间拉成一条金缕，镶砌着无数的问号；屈子的“天问”在绵远悠长的湘江泽畔，划开静默的穹苍——我是谁？天地间含蕴的雅事从何而来，又欲适何方？

孔子的“四十而不惑”已是两千多年前的绝响。在纷扰的环境中，平凡的我们若欲不受迷惑，维持心中明灯高悬不落，似乎已不可能，但即使刻鹄不成，我认为，只要我们仍对真理抱持向往，愿意同蒙田、叔本华般，恪守自己的原则，便能接近孔子所云“我欲仁，斯仁至矣”的境界！

即使我们仍不明白：堤岸玉柳无数是为了挥别游子抑或挥别夕暾；如水月华是为了映照千里融融的楚江抑或明澄的人心……我们仍然可以从初抽的新绿中探求人生的哲理，从望远镜幽渺的光晕中刻绘行星的轨迹。

是的，我们无法“无惑”，但我们可以因这些疑惑而对世界怀有更多的想象，对天地怀有更深的崇敬，如同奥兰多、屈原和叔本华一样。

坚持

梁容菁

小草，因为坚持，可以冲破石砾自由呼吸；水滴，因为坚持，可以穿透崖壁继续前行；驽马，因为坚持，可以突破限制远致千里；鲑鱼，因为坚持，可以溯流千里，使后代得以延续；梅花，因为坚持，可以在众芳摇落时，仍鲜妍独立。

长林古壑、蝉鸣鸟语，若你侧耳细听，你会发现：整个宇宙，似乎随处都在低低轻吟，轻吟着关乎坚持的故事与奥秘。

撷取天地精华而有灵的人类，啜饮着自然界的甘霖，在不经意的一言一行中，也闪现出坚持的生命况味。于是哥伦布因为坚持，终而发现新大陆；司马迁因为坚持，完成不朽巨作《史记》；迈克尔·乔丹因为坚持，成为美国职篮的传奇；林书豪因为坚持，创造出属于他的“林来疯”奇迹。

坚持以后的光彩如此绚丽，不能坚持的人们就成了他人或叹惋或唾骂的对象，“卷土重来未可知”就是为楚霸王项羽深深的叹惜；“生儿不象贤”在同情刘备的同时，也对不能坚持到底、持守父业的刘禅进行严厉的批评。

然而，坚持真是唯一真理吗？巍峨的巨木，总是遭受到第一道闪电的劈击；刚强的岩石，总是得承受海浪最大的冲力；逆流归乡的鲑鱼，在旅途中会折损大量同伴，甚而折损自己。文天祥因为坚持不降，所以断送了生命；王安石因为坚持新政，导致内斗不断、小人趁机崛起；邱淑容因为坚持跑到底，所以失去双腿，失去重新起跑的机会。

坚持，它可能变成刚愎，让事情失去转圜的余地。原来，自然从不偏于一端，它总是在最适切的时机表现出最合宜的态度，它有坚持，但从不忘柔软，如冲破石砾的小草、穿透崖壁的水滴，它们永远拥有最柔软的身段。所以，我们仍需坚持，不仅为了符合自然，也为了响应来自内心的呼喊。只是，在这之中，需加入适度的润滑剂，如梅花虽在寒风中傲然屹立，但仍会等待适合的气候；如驽马即使愿意十驾，也应适度地休息。

是的，坚持需要柔软的调和，但在无可回避遁逃时，我们仍要“坚持”，坚持活出自身生命的意义，如文天祥的庶几无愧、如邱淑容的无悔无憾。

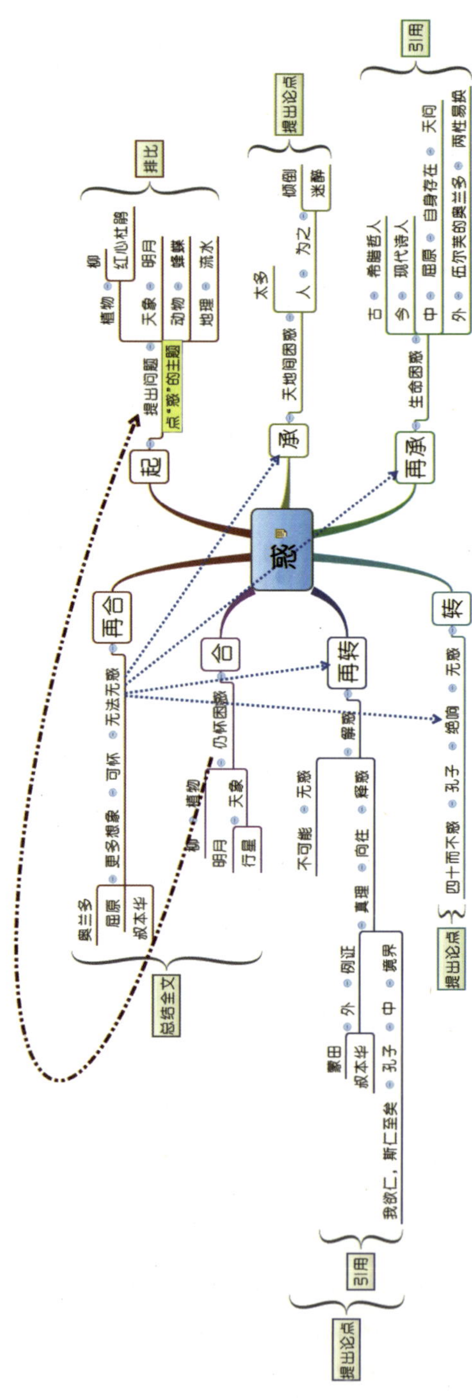

梁容菁老师讲解《惑》之原文，分析文中运用的写作技巧

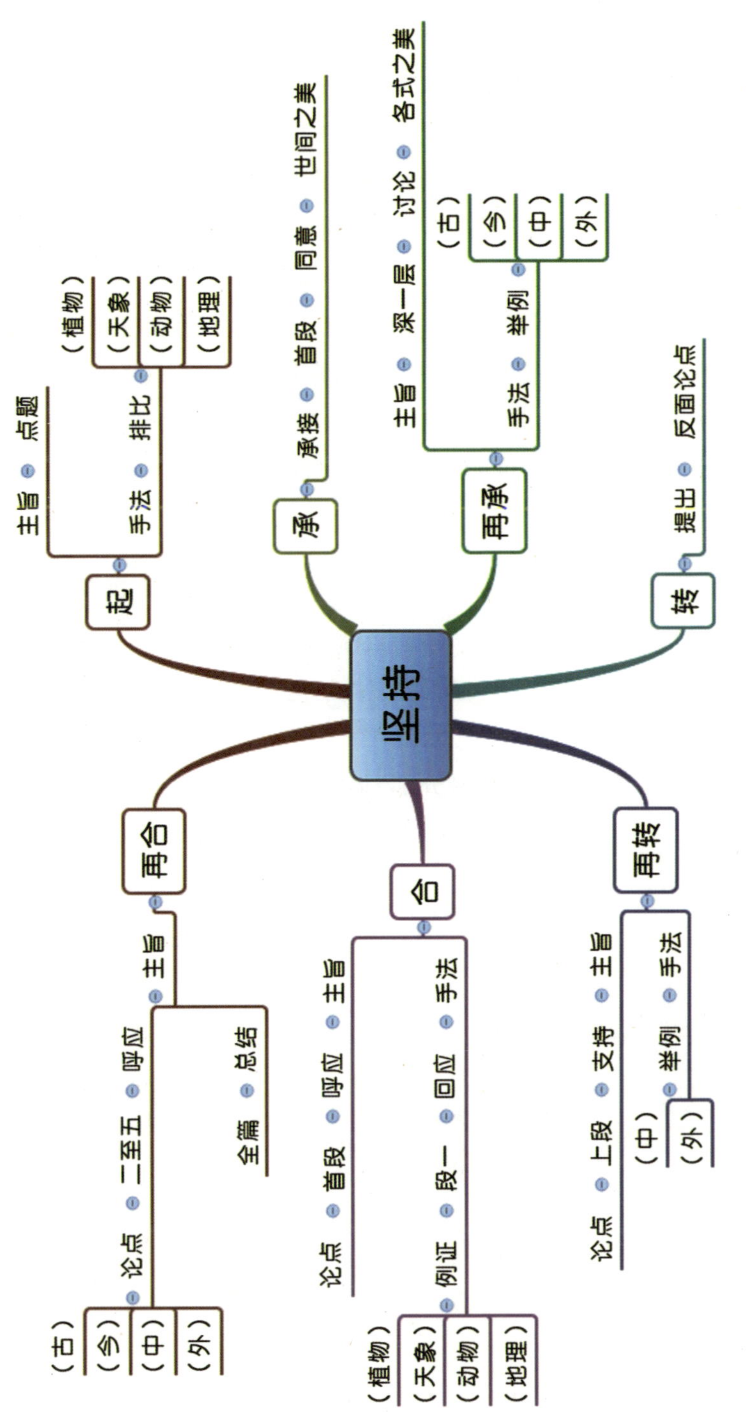

留下《惑》原文的结构与写作说明，改以“坚持”为题

作文写作

通过思维导图法解构优美文章的仿作练习，可以培养学生“组织结构”与“遣词造句”的能力，以及检验学生对错别字、格式、标点符号的敏感程度。在“立意取材”方面，中学生基本能力测验推动工作委员会写作测验阅卷核心委员洪美雀在《基测写作测验评分规准暨相关说明》中明确指出，取材必须更加真实、丰富、独特、创新；有心得、有感想、能思考、能反省；描写深入，从具体到抽象、从现在到未来、从自己到别人；以开阔的视野转换角度或改变立场来思考；再转为具体行动或提出可行的方法等，才能得到好成绩。为了使学生更加清楚写作的要求，我们可以用下列思维导图说明作文评分标准四个方向的原则与特征。

作文评分标准的四个方向

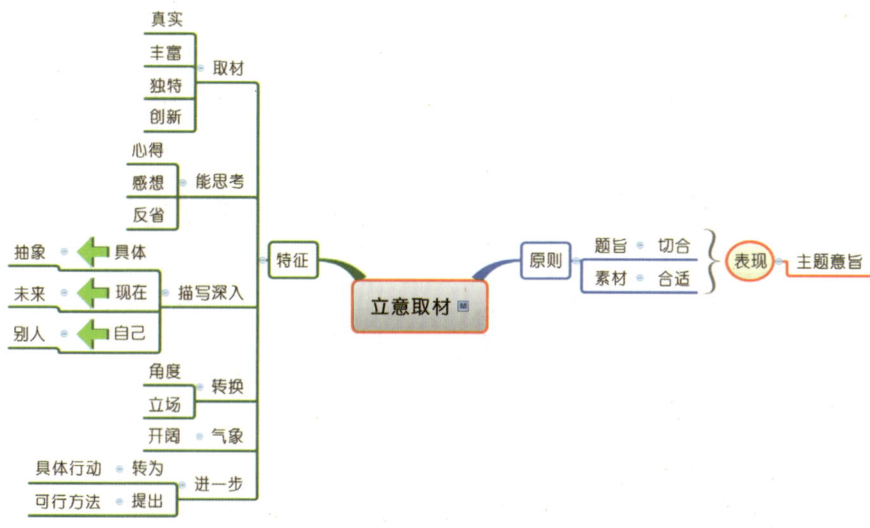

作文评分标准四个方向中“立意取材”的原理与特征

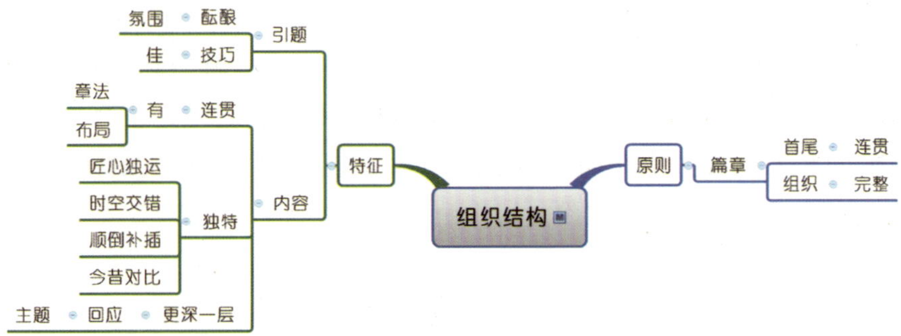

作文评分标准四个方向中“组织结构”的原则与特征

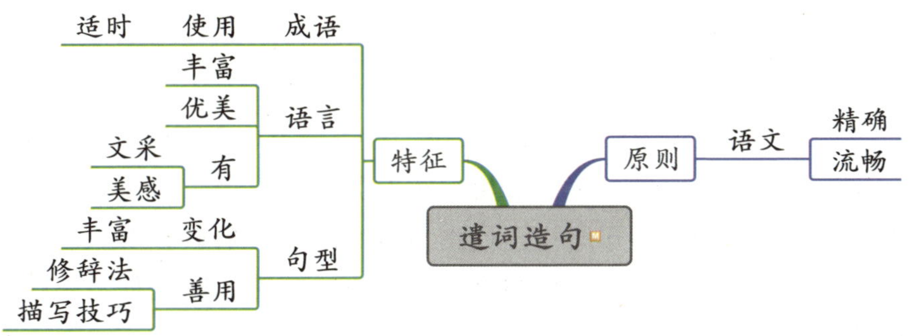

作文评分标准四个方向中“遣词造句”的原则与特征

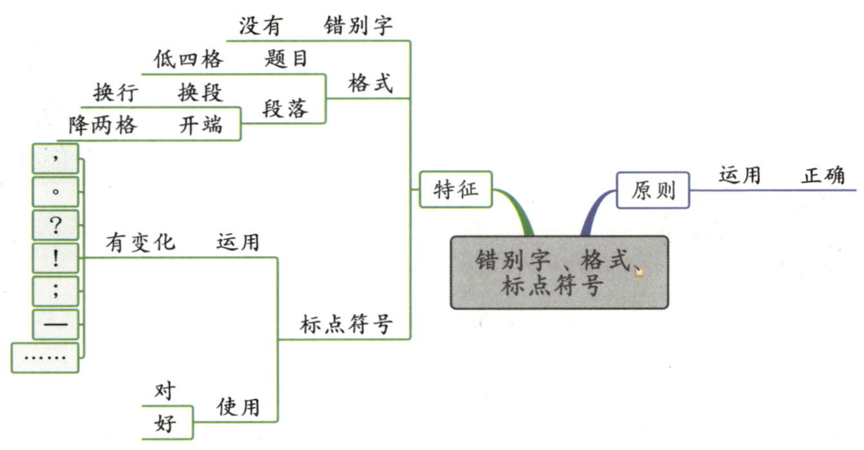

作文评分标准四个方向中“错别字、格式、标点符号”的原则与特征

从“立意取材”与“组织结构”的图中说明可以发现，写作时若能进一步根据题目，运用代表思维导图法广度与深度的逻辑联想与自

由联想来呈现联想的内容结构，不仅有助于理顺“组织结构”，更能丰富“立意取材”的素材，从而避免写作时想到哪里就写到哪里。太过随性的写作不叫创意，这样除了会造成前后不连贯之外，也容易离题。谢美瑜在《心智图法在初中语文读写教学上的应用》论文的研究结果中也证实了思维导图法在作文写作中的四个优点：

1. 是一种系统化的知识管理，建构学习鹰架。
2. 能帮助人们深入思考，增进理解、帮助记忆。
3. 便于摘录重点，并可随时修正调整。
4. 能够激发学生的创意。

然而，在不同文体结构的文章中，段落分类也会不同。初次学习运用思维导图法构思写作的学生往往对如何确定第一阶主干的大分类及之后的次分类不知所措。台湾师范大学王开府教授等人在《国语文心智图教学指引》（2008 版）中指出，针对不同文体，思维导图的结构“模块”如下：

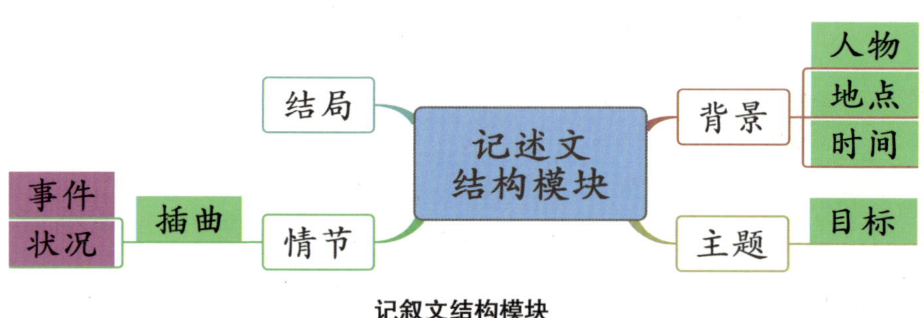

记叙文结构模块

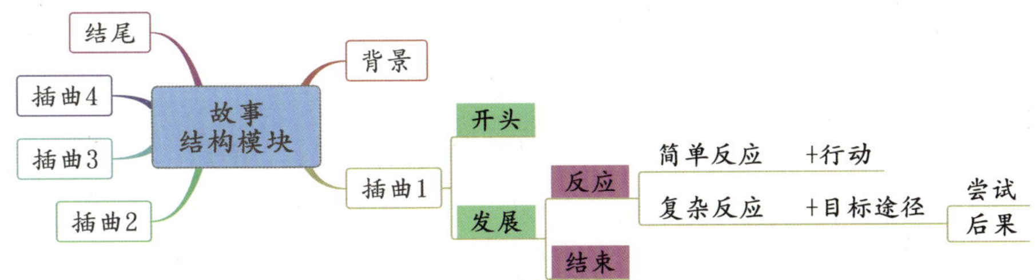

故事结构模块

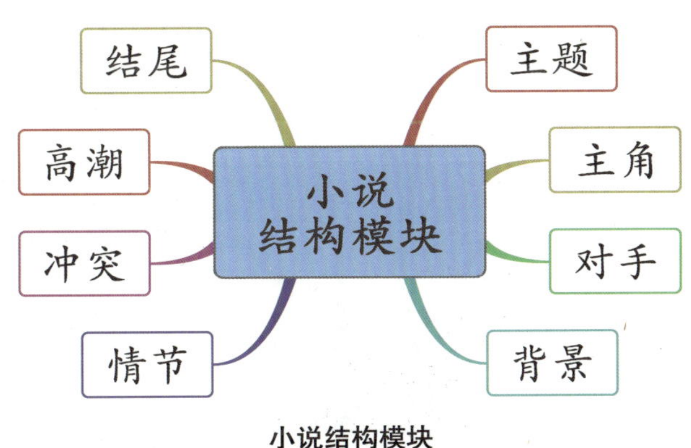

小说结构模块

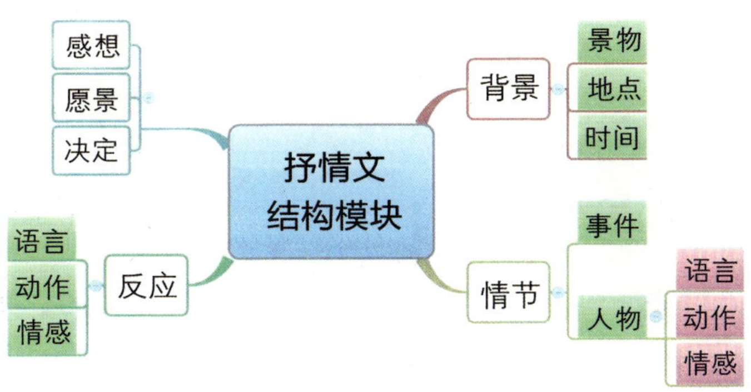

抒情文结构模块

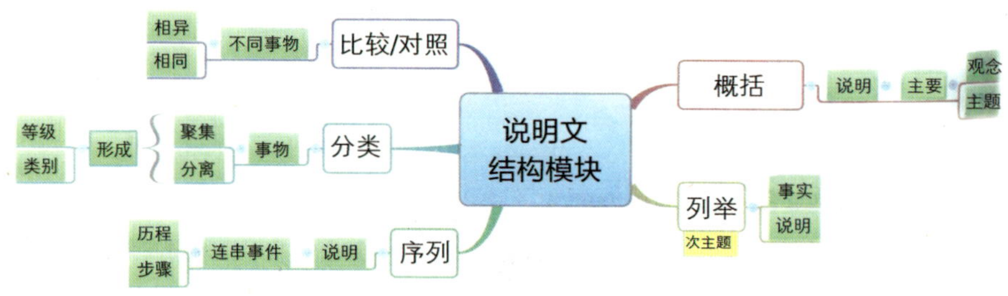

说明文结构模块

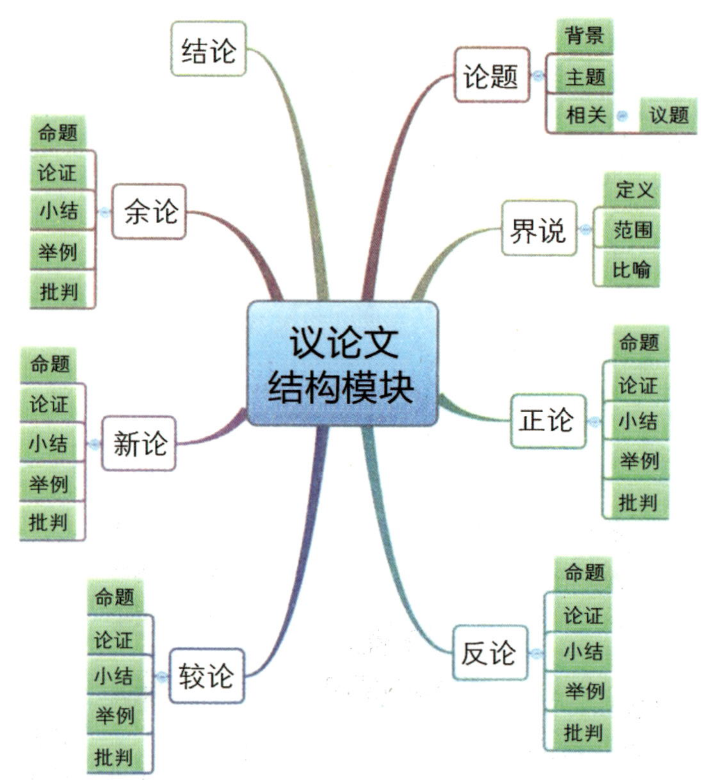

议论文结构模块

熟悉上述不同文体的分类结构之后，再运用思维导图法来构思写作大纲，写作者可以很清楚地知道自己即将写作文章的结构，这样可以帮助写作者厘清思路和培养整理资料的能力。学生养成运用思维导图构思的习惯后再进行写作，不管遇见什么类型的作文，也不管在什么场合，都可以不用画思维导图的草稿而在脑海中自然而然地根据题目浮现写作结构，让文章内容符合主旨、素材，文章结构完整，段落清晰分明，内容新颖且前后连贯。因此，吕美香在《运用心智绘图提升小学高年级学童写作质量与写作态度之行动研究》论文中建议，用思维导图代替文字大纲的写作教学方式是值得尝试的。

文章创作

文学作品是有生命的艺术，从创作的角度来看，文章本身应具有“美感”的外在形式，适合表达作者的内在情感与思想，并具有强烈的说服力，从而引发读者的共鸣。因此，一篇好文章应具备真情、思想、风格、主题、简洁与细致等特征。为了让文章具有“美感”，从构思主题开始到情节、事件、角色安排都少不了发挥想象力；为了达到简洁、细致的目标，缜密的思考结构是必要的。

思维导图法通过对图像、色彩的运用，强调在创意构思过程中尽情发挥想象力，并通过树状结构系统地展开文章创作的概念元素。例如，下图以一个调色盘为中心主题图，代表“创作”的含义，然后展开“题目”“事件”“剧情”“地点”与“人物”五大构思方向。

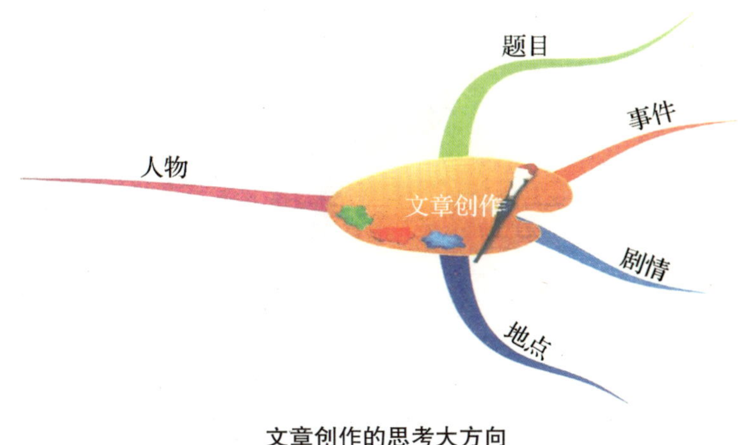

文章创作的思考大方向

接着从“题目”展开第二阶的“类型”“灵感”与“名称”；从“题目”的“灵感”与“类型”的概念中可以构思出各种天马行空的

“事件”；从众多“事件”中，选择适当的元素作为“剧情”的第二阶“开场”“过程”与“结局”；“人物”则有“主角”“配角”与“对手”，他们的下位阶可以是这些人物的“背景”“个性”“任务”与“关系”；“地点”这个主题之下，可以根据题目、事件或剧情的内容，展开有关联的地点，例如，“台北”“香港”与“上海”等城市。

从每一个第二阶概念都可以衍生第三、第四、第五……阶的创意点子，例如，“题目”中的“类型”可以衍生“励志”；“灵感”可以来自“名人”中的“林书豪”。构思完毕之后，再以通过观察思维导图联想出来的内容作为立意取材与组织结构大纲的参考依据。

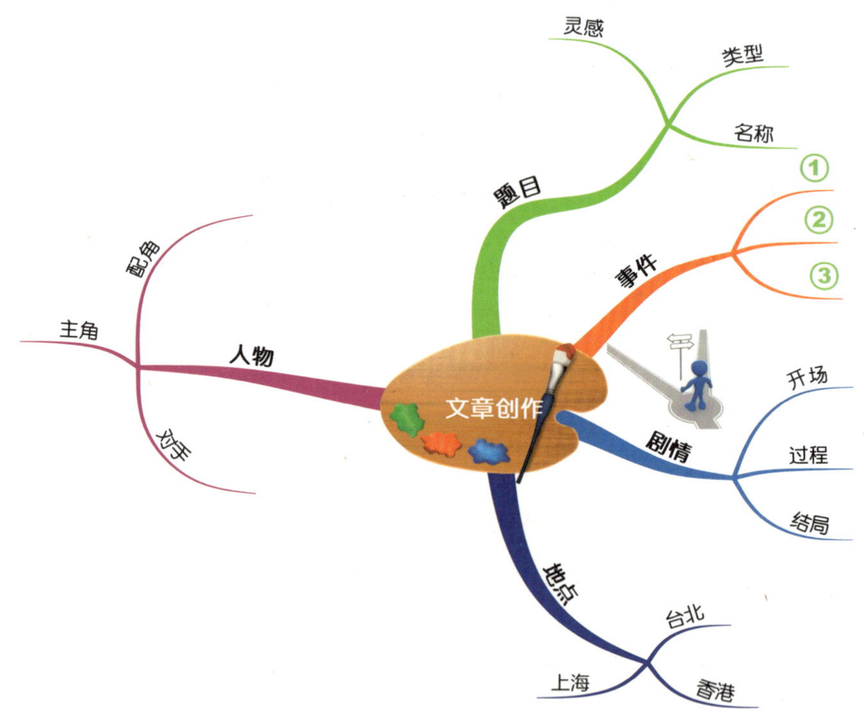

文章创作时，从大方向延伸到第二阶的中方向

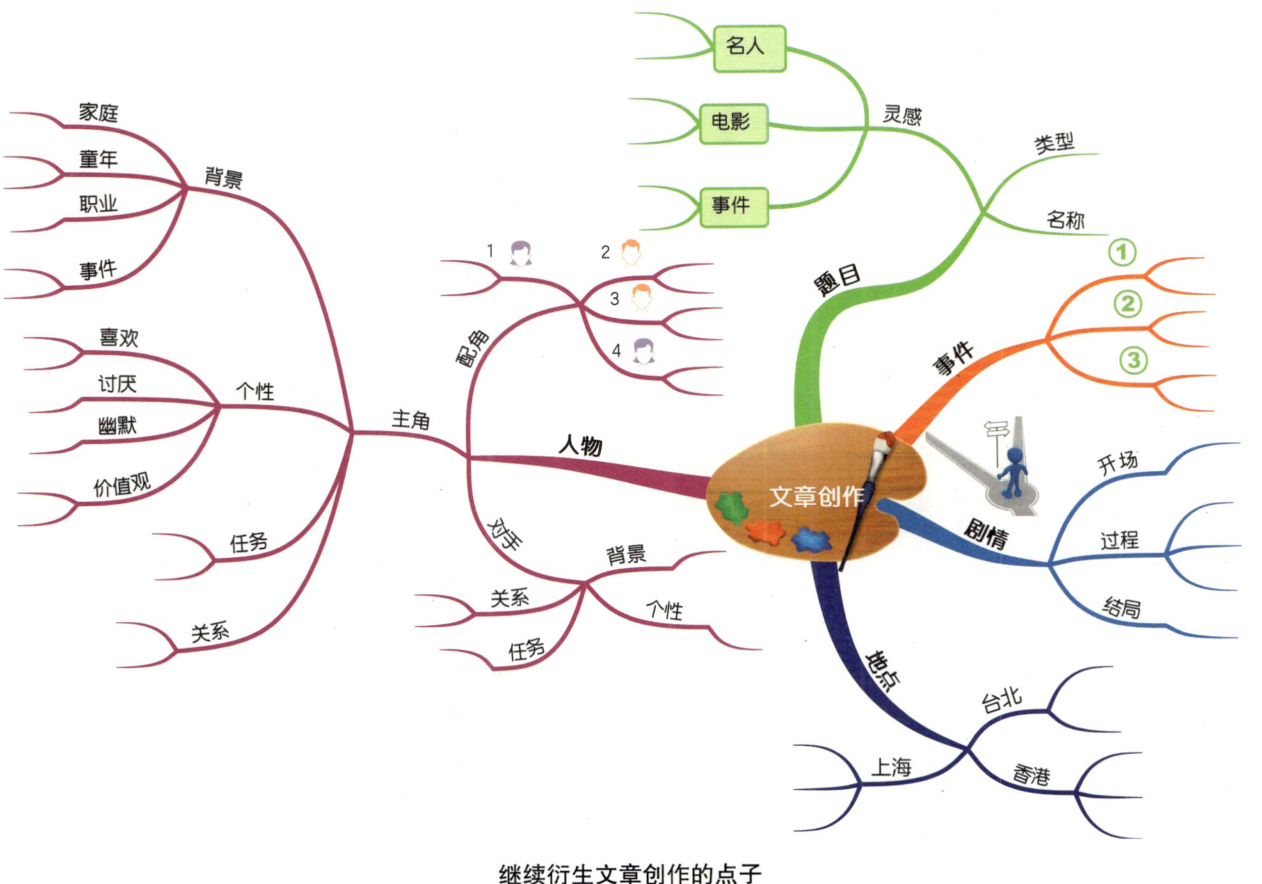

继续衍生文章创作的点子

写作计划与读书心得报告

写作计划

撰写报告是大学生、研究生必备的能力之一，一份好的报告必须从作者自身的内在关怀着手，同时关注外在环境，探究欲达成的实践目的，查询既有的文献资料来支持研究的论点，并采用适当的研究方法来执行。因此，从小培养写作能力有其重要性与必要性。

下图的写作计划是以小论文或期中、期末的报告为例。先在绪论中阐明写作动机、目标与研究目的；接着讨论与主题相关的各个议题，每个讨论议题都列出引言、论点，并进行重点小结；最后的结论以摘要的形式列出讨论后的重点内容，并陈述获得的结论，最后提出个人见解，并以此作为总结。

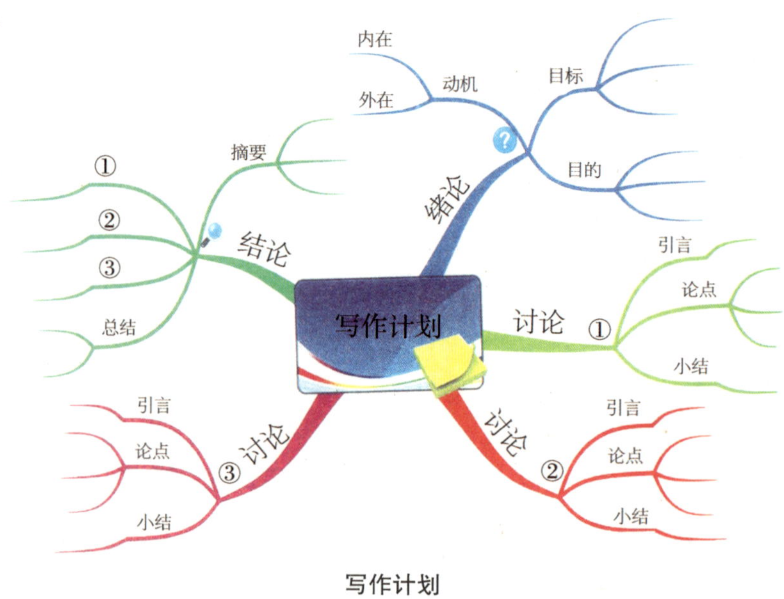

写作计划

读书心得报告

撰写读书报告不应东抄一句，西抄一句，而应掌握书中要义，再用自己的方式表达，重新组织文章的重点，并进行批判与反思。因此，读书报告必须包含两大要素：内容和心得。

常见的读书心得报告的类型有：

1. 感想型：凭借主观感觉写出对该书的印象与感受。

2. 论述型：分析评论该书的内容旨趣、结构、重点、特色；从个人的感想中可引出精神、论述与评论内容，并思考其内容可归纳成哪些重点、改变了个人哪些观点与体现哪些意义，然后提出疑问与期望。同时可进一步探索与该书类似的书籍、影片或戏剧，或整理出书本中的一些佳句语录。

撰写读书心得的报告时可运用思维导图学习法模式，将书本内容的大意简明扼要且有系统地整理并加以评论，搜集、查阅与该书相关的资料，最后进行个人反思。下图是论述型的读书心得报告的思维导图，以此结构作为写作的思考方向不仅可以写出有水平的报告，更可以培养人们批判、反思、独立思考与后设认知的能力。

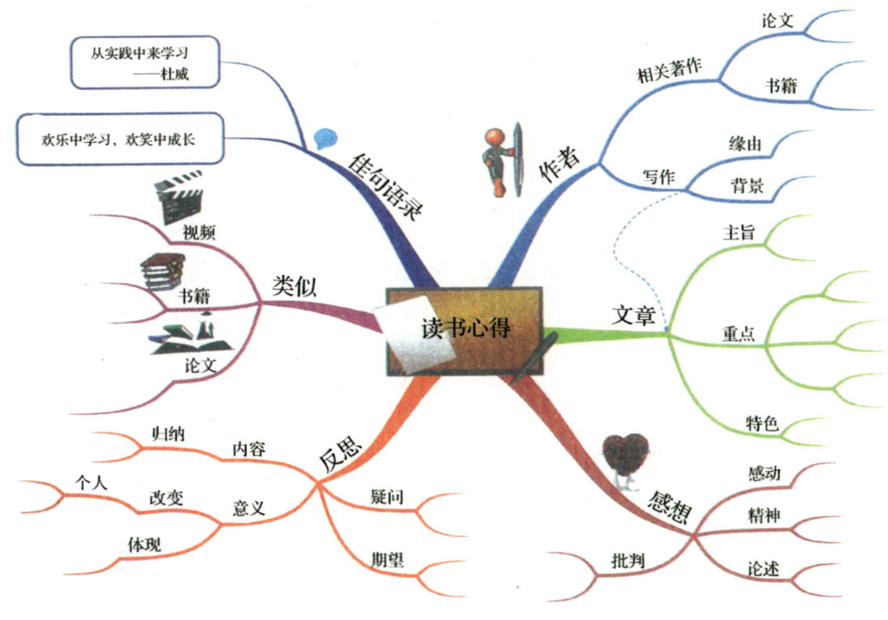

论述型的读书心得报告

校外教学与学习

广义的校外教学是指校园以外的教学活动，包括参观、体验学习和旅游；狭义的校外教学是指教师为了有效达成特定的教学目标，通过教学活动设计，引导学生在校外直接探索体验学习，以深入了解特定主题。

但实际上，在教学参观后，学生大多疲于书写教师或参观场所设计的学习单。梁美贵在她做的行动研究中指出，如果在校外教学运用思维导图法，学生皆能达到良好的学习效果，并觉得学习活泼、轻松、有趣。

苏联教育心理学家维果茨基的鹰架理论提到，老师若能给予学生系统引导或关键性指导，学生就容易超越原来的认知层次。思维导图就像一张“知识导览地图”，可以让学生在校外教学前就系统地了解即将学习的主题，学生在学习过程中就能依照老师的规划把握学习的方向，通过判断、选择、组织的方式将知识框架构建起来，能有效理解学习内容。因此，思维导图法能呈现思考与理解结果，完全符合建构主义者强调的“有意义的学习”。

下图是带领小学生做“2012 疯狂达利超现实主义大师特展”校外教学的思维导图学习单。教师根据该次学习的目标，列出系统化的结构，并预留空白线条，让学生在参观过程中自行寻找答案。同时，在需要学生自己探索主题知识时，先给出范例让学生模仿。例如，特展中有五个主题，教师先在“宗教与神话”这个主题上做示范，其他四个主题则由学生自行写作。这张思维导图以达利的脸部为中心主题，这对加深记忆是很有效的做法，可以让我们一开始就对这张思维导图要代表的主题有深刻印象，尤其是他的翘胡子，更能让人联想到达利的疯狂。接着就各个主题画出代表作品的图，也能达到强化印象的效果。

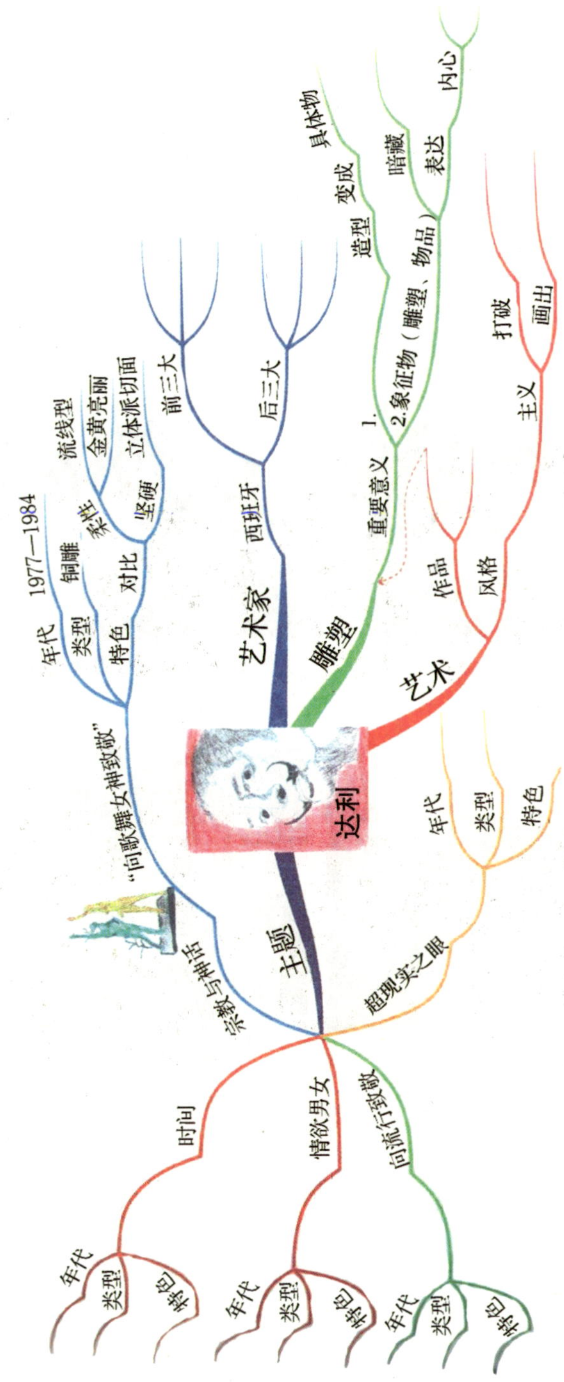

“2012疯狂达利超现实主义大师特展”校外教学的思维导图学习单

参观展览完毕后，立即由每一位同学轮流分享思维导图学习笔记。一方面，可以马上确认学生记录的内容是否正确，另一方面，也可以让学生复习刚刚参观时学到的新知识。

在带领学生参观画展之前，可先通过思维导图掌握作者的背景与作品内容，让没有接受过专业美术训练的学生也能欣赏美术作品，甚至在参观后，能模仿画家使用的元素，自行创作类似作品。虽然学生的绘画水平可能还有提高的空间，但能让学生在模仿学习的过程中提高自己的美学素养。

校外教学：记录导师的讲解重点

校外教学：做出参观内容报告并复习重点

校外教学：整理参观的内容重点

模仿米罗画作中使用的元素，
团体进行创作的过程及作品

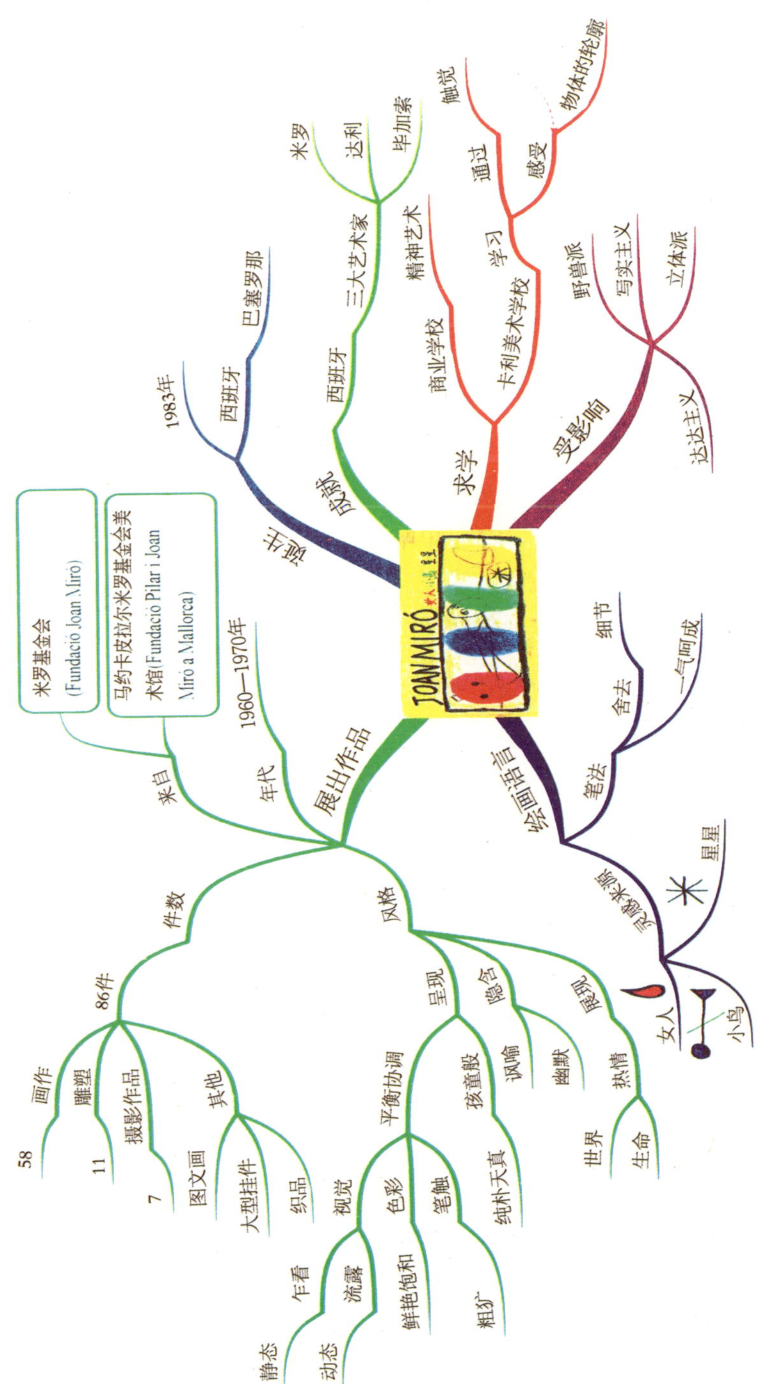

校外教学参观前预习思维导图“2013米罗特展”

第十四章

超强记忆力

如何做才能记得多、记得久呢？这与学习时是否善于听、看、说、做，以及拥有积极的情绪等增强记忆的因素有关。东尼·博赞指出，只有融入五官感觉、以积极的态度提升学习兴趣，并采用联想方式，才能有效强化记忆效果。

美国田纳西州的海格伍德（Scott Hagwood）在36岁时发现自己罹患甲状腺癌，为了对抗放射线治疗对大脑细胞、记忆力的损伤，他决定采取行动抢救自己的记忆力，他采用了东尼·博赞的《运用完美记忆》（*Use Your Perfect Memory*）一书建议的记忆技巧。后来海格伍德不但没有因为放射线治疗造成的大脑损伤而产生记忆力减退的后遗症，记忆力反而比以前更好了，他连续参加了四届美国记忆力竞赛均获得冠军。

我从小就喜欢做白日梦、爱幻想。1994年参加某资格证考试时，就是以情境画面的方式来记忆枯燥的课本内容与法律条文。看到考试题目时，只需在脑海中回想可以用“影片”中哪个片段来回答即可。我已经用这个方法帮助了许许多多的学生通过了公务员考试及研究生入学考试。在本章中，我将以实际案例配合理论进行讲解，让大家掌握超强的记忆力技巧。

我将先介绍提高记忆力的基本条件，然后介绍空间位置记忆的挂钩法与情节记忆的联想法，再解说对学习相当有帮助的思维导图记忆法。最后再说明数字记忆的技巧，并带领大家玩几个有趣的记忆游戏。

提升记忆力的基本条件

点亮记忆力一点灵

曾经有一位家长带着她自认为记忆力很差的孩子来找我。她的孩子在上小学，她希望我能帮她训练孩子的记忆力，以挽救其几乎无药可救的成绩。我询问孩子平常喜欢什么休闲活动，这个小朋友的答案与大部分孩子相同，就是玩电脑游戏。于是，我就跟她的孩子聊起游戏内容，这时，她的小孩以兴奋的口吻告诉我游戏中每个人物的角色名称、特性，战斗力、防御力，宝物的名称、价格等，我听了之后只能用佩服来形容。于是，我回过头问他的母亲，这样能说明他记忆力不好吗？但是这位家长还是很疑惑，为什么学校布置的课文却记不住呢？因为影响学习记忆的关键之一在于“兴趣”，有兴趣的事情才能提高人的专注力，专注力能让人集中精力。记东西时不分心，记忆效果才会好。因此，提高记忆力的基本前提就是培养学习者对学科的兴趣。换句话说，就是要不断思考，为何要学习这个学科？它对学习者的意义是什么？学习它之后对学习者的好处是什么？

影响记忆力的三颗心

你觉得自己的“记忆能力”如何？在说明提升记忆力的基本条件前，请按照自己的直觉回答下列这个自我评量：

觉得自己目前“记忆能力”如何？请标示◆

希望自己未来“记忆能力”如何？请标示 V

觉得亲朋好友“记忆能力”如何？请标示★

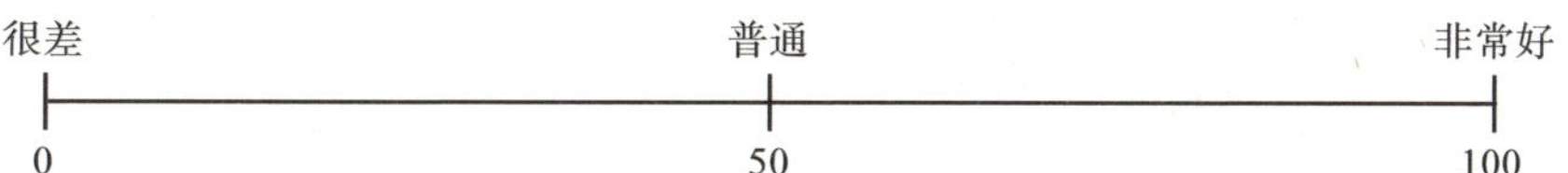

你觉得自己的记忆能力比别人好吗？如果是，那么，恭喜你！因为你的记忆能力是否真的比别人好并不重要，重要的是你对自己有信心，“自信心”是提升记忆力的第一个基本条件。接着，你希望自己未来的记忆能力比现在会更强吗？如果是，那么，再次恭喜你！因为，“企图心”是提升记忆力的第二个基本条件。最后，你希望自己未来的记忆能力是多少分呢？如果你的要求是 100 分，那么，你将成为记忆达人！因为，你是否真的能够达到 100 分不重要，关键是你追求完美，朝此目标努力不懈。所以，提升记忆力的第三个基本条件就是“坚持心”。

提升记忆力五要素

提升记忆力是大多数人共同的期望，难道我们的记忆力真的有那么差吗？不妨先来做个小测试：请先按照编号顺序阅读下列30项物品名称，再翻到下一页凭印象写出答案。

1	茶杯	16	汽车
2	西瓜	17	小狗
3	计算机	18	钢笔
4	猴子	19	照片
5	火箭	20	饼干
6	钢笔	21	飞机
7	梳子	22	火柴
8	面包	23	磁铁
9	恐龙	24	皮鞋
10	眼镜	25	钢笔
11	Book	26	袜子
12	钢笔	27	钞票
13	巫婆	28	领带
14	报纸	29	电灯
15	地图	30	太阳

根据阅读前一页的印象，请按照顺序把答案填写在相应的空格里。

1		16	
2		17	
3		18	
4		19	
5		20	
6		21	
7		22	
8		23	
9		24	
10		25	
11		26	
12		27	
13		28	
14		29	
15		30	

不管你能写出几项，写好之后翻回前一页对一下答案，看看你答对了几项。

根据我多年的教学经验，我发现测验出来的结果符合第三章探讨的相关记忆理论的研究结果，也就是下列五大原则：

初期效应：对刚开始几个项目的记忆效果最好，例如记住了“茶杯”“西瓜”“计算机”“猴子”“火箭”等。

近期效应：对最后几个项目记得会比中间部分好，但还是比不上初始几项。例如，记住了“太阳”“电灯”“领带”等。

关联原则：对与自己的兴趣、经验、时事等能够联想在一起的项目的记忆效果也不错。例如记住了“皮鞋”与“袜子”（项目之间有关）、“计算机”（与每天的工作有关）、“钞票”（与兴趣需求有关）等。

特殊原则：比较特殊的项目也能强化记忆效果。例如，记住了“Book”，因为只有这一项是英文；记住了“恐龙”，因为它在这个世界已经不存在了。

重复原则：孔子在《论语·学而》中明确指出“学而时习之”，这充分说明了“重复”或“复习”对记忆的帮助。因此，我相信你一定能记住“钢笔”这一项！

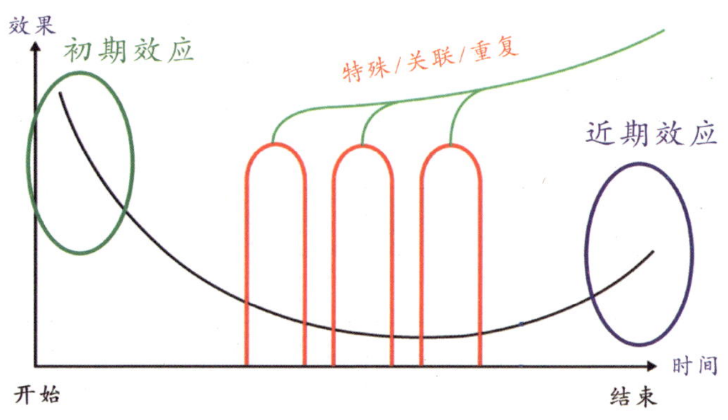

提升记忆力的五大要素

训练记忆力的七种生活习惯

1452年，达·芬奇诞生于意大利的一个小村庄，一辈子没有上过学，但其一生却有着非凡的成就。他不仅在艺术领域取得了突出成就，而且在工程、数学、机械与解剖学方面也有傲人的表现。这当然与他的学习能力、记忆力有关。被誉为“世界大脑先生”的东尼·博赞自称其所创立的思维导图法受达·芬奇的影响颇深；国际知名潜能开发大师葛柏为了准备1994年春天在意大利佛罗伦萨总裁协会的演讲“如何像达·芬奇一样思考”，而展开了一趟达·芬奇的“朝圣”之旅，他研

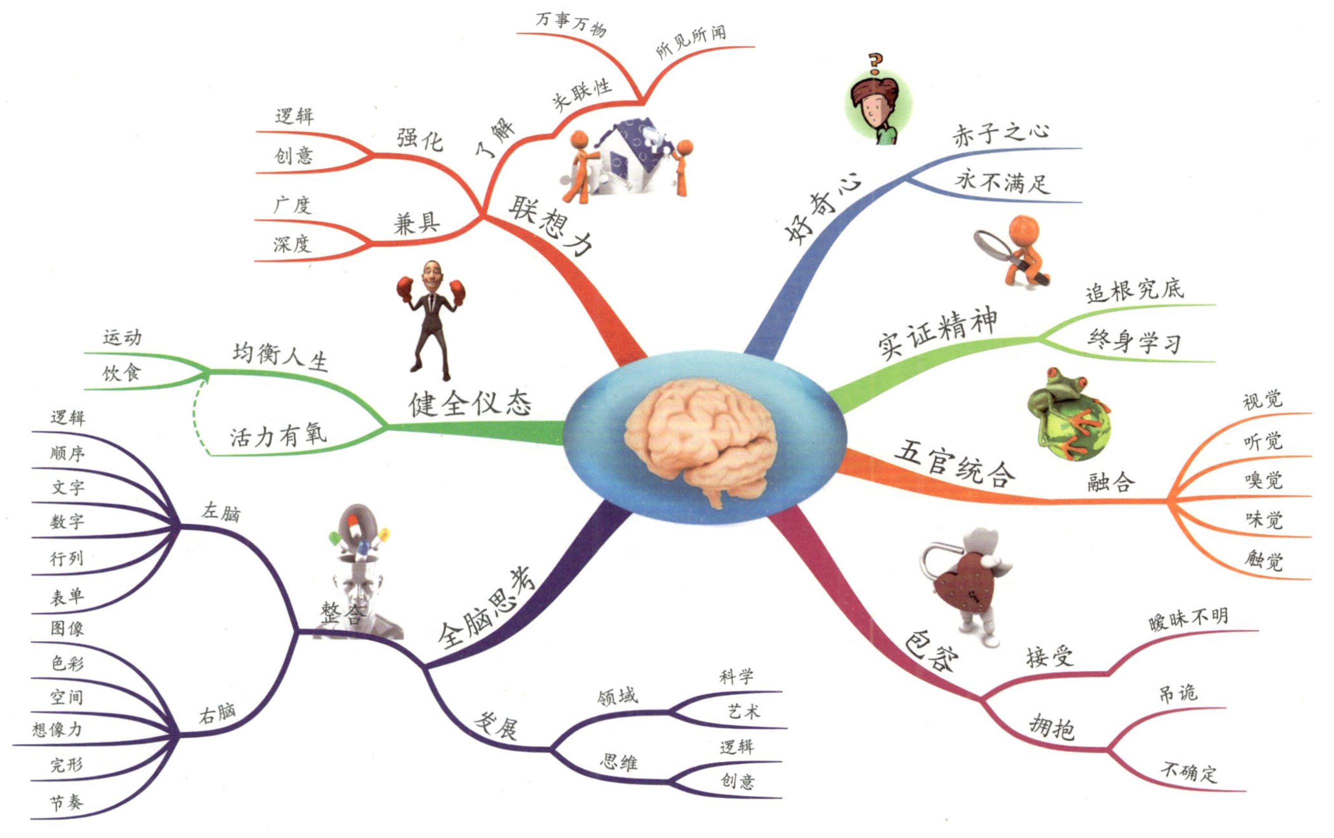

训练记忆力的七种生活习惯：像达·芬奇一样思考

究大师的作品，探讨了许多相关文献之后，归纳出造就“天才中的天才”的七大生活习惯，分别是：（1）孩童般的赤子之心，永不满足的好奇心；（2）对任何事情追根究底，到临终之前都还在研究、学习的实证精神；（3）锻炼五官感觉的能力；（4）愿意接受不确定的包容心；（5）整合左右脑的能力，在科学与艺术、逻辑与创意之间平衡发展；（6）经由均衡的饮食与运动，让生活有氧，培养优雅的气质、灵巧的双手、健美的体格与落落大方的态度；（7）了解万事万物与自己的所见所闻的关联，强化逻辑与创意的思维，并培养兼具广度与深度的视野。

以上提出的“一点灵、三颗心、五原则、七习惯”是提升记忆力的几个基本条件。我们结合广告中常运用的 S.H.E. 三大原则：S：性隐喻或性幻想（sexual），H：幽默（humor），E：夸张（exaggeration），归纳出“九阳神功记忆法则”。说明如下：

1. 重复：要不断地复习重点。

2. 积极：思考所学的东西对自己的好处，以及如何将其运用到生活中。

3. 五官整合：如身临其境般看到、闻到、听到、尝到、摸到需要记忆的内容。

4. 头尾效应：每一次读书都把需要记忆的重点放在开头与结尾的有效记忆区段，而且每次读书的时间不宜过长，30 分钟左右就要有规律地休息，以创造出更多初期效应与近期效应。

5. 关联性：把要记忆的内容串成一个有关联的故事、与国内外重大事件结合，或将其与自己的兴趣、工作、休闲等联系在一起。

6. 夸张：夸张的事物往往会提高注意力，记忆效果也会增强。

7. 特殊性：不寻常的事情会引起人的警觉性，印象也跟着强化。

8. 性的暗示：每个人都喜欢俊男或美女，甚至会有性幻想，带有性暗示的信息往往更吸引我们的目光，这也就是为什么车展、计算机展都会找一群漂亮的辣妹来促销。

9. 幽默：每个人都喜欢听幽默的笑话，幽默是化解尴尬和冲突的润滑剂，可以让我们身心放松，提升学习效果。

只要能掌握本节归纳出来的“九阳神功记忆法则”，并将它应用于生活中，记忆达人就非你莫属了。

空间记忆：挂钩法

挂钩法是用某一个空间里的物品作为记忆挂钩来记忆大量数据的方法。常见的方法有罗马房间法、汽车空间法、身体挂钩法等。本节将说明罗马房间法与身体挂钩法的使用原则与技巧。

罗马房间法

这是一种源于古罗马的视觉图像记忆术，通过将所要记忆的事物分别与某一个场所事先编好顺序的各个位置联结或进行联想，之后就可利用这些位置作为回忆线索，把这些事物回忆起来。这个方法也被称为“场所记忆法”或“位置记忆法”。

据公元前 1 世纪罗马哲学家西塞罗的文献记载，罗马房间法最早出现在公元前 500 年左右，是希腊诗人西摩尼得斯（Simonides）发明的。有一天，西摩尼得斯在宴会中吟诗赞颂他的主人斯珂帕斯（Scopas），就在宴会结束西摩尼得斯离开之后，宴会厅的屋顶突然坍塌，压死了许多宾客。所有尸体被压得血肉模糊，连家人都无法辨认。但是西摩尼得斯记得每一位来宾坐的“位置”，从而顺利协助家属辨认尸体。事后，西摩尼得斯认为若能通过想象力把要学习记忆的内容与某个特殊“位置”联结在一起，将更有助于记忆，进而发明了罗马房间法。

从此之后，古罗马元老院的长老在准备演讲或参与辩论等必须记忆大量数据与法典内容的时候，纷纷运用这套能够精确记忆大量数据的记忆技巧。当时的罗马人发现，家里的家具一般来说不会随意移动，如果以它们作为记忆的媒介，把需要记忆的事物与这些家具联想在一起，记忆效果会非常好。

于是，罗马人将屋子从大门到房间的每一个角落，选定出特定家具，编上顺序号码当作“记忆挂钩”，与要记忆的事物联结在一起。罗马房间法是一种运用空间概念、逻辑顺序，以及五官感觉来强化记忆效果的技巧。

这种技巧会同时运用到左右脑的能力。除了右脑的想象力、色彩画面之外，挂钩的设计必须井然有序、精确无误，这属于左脑的能力。

设定罗马房间法记忆挂钩的原则是：

1. 选择自己熟悉的环境或房间。

2. 沿着自己习惯的方向、路线，给房间中原有物品编上顺序编号，将其作为记忆的挂钩。

3. 选择不会随便移动，且能在脑海中清晰浮现的家具物品作为挂钩。

4. 选择自己喜欢的家具物品为挂钩。

5. 不同的房间要采用相同的方向来设定挂钩编号。

6. 避免采用相同的物品做挂钩。

7. 刚开始练习时，每个房间的挂钩数量不要太多，等熟悉这一技巧后再逐渐增加数量。

罗马房间法的记忆挂钩

然后，发挥你的想象力，融入五官的感觉。如同虚拟情境，配合夸张的方式，把要记忆的事物按照顺序分别挂到挂钩上。汽车挂钩法也是同样的道理，只是限定在比较小的空间，原理和技巧与罗马房间法相同。

你可以分别将家里的客厅、厨房、餐厅、浴室、卧室每一个地方都编上 10 个挂钩，这样就有了 50 个记忆媒介，由于每一个小房间、小区域都可以独立记忆，这样就能轻轻松松记住 50 项物品。这也是一种把要记忆的大量信息分成若干小群组来个别记忆的方式，可有效突破大脑记忆数量 7 ± 2 法则的限制。

请试着把下列 10 件物品挂到你已设定好的家中客厅的 10 个挂钩上面，看看是否能顺背、倒背与任意抽背都能正确无误说出答案。

1. 鼠标　2. 梳子　3. 苹果　4. 手机　5. 茶杯

6. 棒棒糖　7. 课本　8. 皮鞋　9. 眼镜　10. 飞机

身体挂钩法

如果要记忆的东西数量没那么多，可以使用罗马房间法的简易版，也就是身体挂钩法。这个方法同样运用了空间顺序、逻辑顺序，以及五官感觉来强化记忆等方式，但是较罗马房间法更简单、方便。身体挂钩法也是培养日后要记忆思维导图内容的基本功。

身体挂钩法的挂钩编号是要按照身体位置的顺序，由上到下或由下到上来编出挂钩的顺序。然后发挥你的想象力，融入五官感觉，方式可以夸张一点，把要记忆的事物挂到挂钩上。请先熟悉身体左右两边的各 10 个挂钩的位置，请家人或同事写出任意 20 个物品的名称，然后试着将这些物品按照顺序挂到身体的每一个挂钩上，你将会惊讶地发现，自己的记忆力在瞬间突飞猛进，不仅可以顺背，也可以倒背、抽背。

经常练习身体挂钩法的记忆技巧可以锻炼你的空间记忆能力。之后每完成一张从中心向四周发散的思维导图笔记后，就可以很容易地记住在中心主题的右上、右中、右下、左上、左中、左下的位置分别记录了哪些信息。以上罗马房间法与身体挂钩法，对应到思维导图中思绪绽放所展开的各个树状结构主题的话，就是属于“空间记忆”与“情节记忆”两大快速记忆技巧中的“空间记忆”。

身体挂钩法的 20 个记忆挂钩

把要记忆的东西挂在挂钩上

情节记忆：联想法

爱因斯坦曾经说过：“想象力比知识更重要。”想象力是良好记忆力的先决条件。因此，要锻炼记忆力就需要先培养想象力，接下来是几个对提升记忆力有帮助的想象力练习。

图（心）像联想练习

进化中的人类一直是视觉思考的动物。几千年前人类发明了文字，人类开始依赖文字，甚至抑制图像表达方式，这从 20 世纪 50、60 年代不准学生看漫画、课本鲜少有插图，到现在考试卷还是条列式的文字，就可以看出端倪。

现在的孩子幸福多了，不仅书本中画满了与课文内容相关的插图，生活中各种机器设备的操作端口也都有图像。图像可以帮助记忆已经是不争的事实，现在就让我们展开一场“漫画之旅”吧！

1. 随意找几个或写下几个物品、人物、动物、植物等名称，例如，铅笔、汽车、苹果、邮差、小狗、玫瑰花等。刚开始练习时只要选择一项即可，然后慢慢增加数量。闭上眼睛发挥想象力，让这些物品的图像在脑海里清晰地浮现，然后让它变大、变小、拉近、变远、左右旋转、翻转，改变颜色，扭曲变形。

2. 找一首歌词或一首诗，例如，“床前明月光，疑是地上霜。举头望明月，低头思故乡”。尽量在脑海中想象每一句话的画面，经常进行类似的练习会让我们一看到文字，大脑中就浮现出画面，听到歌词，大脑中就出现歌词描绘的情景。

故事联想练习

小朋友都很喜欢听故事。文字还没发明之前，没有自己文字的民族要传承知识，就是以故事的方式口耳相传。讲故事、听故事可以算是人类的本能，通过故事来联想一些事物，是一种有效的记忆方法，这种方法也被称为“两两相连法”。

例如，要记住发源于青藏高原的长江流经的主要地区（依序是青海省、西藏自治区、四川省、云南省、重庆市、湖北省、湖南省、江西省、安徽省、江苏省与上海市），编故事首先要从主题“长江”开始，否则背了半天却不知是哪一条江、哪一条河就麻烦了。

故事可以这样开始：“长江”1号驴友在“青海”自由行归来途中，跑去“西藏”拜访2号驴友，两人一起去“四川”看变脸，一不小心跌了一跤，赶紧服用“云南”白药，在“重庆”吃了火锅之后，他们发现这种白药从“湖”的“北”边到“湖”的“南”边都有卖的，买了药之后装到从“江西”景德镇购买的瓷瓶里，在瓶子上“安”置一个驰名品牌的“徽”章，拿到“江苏”南京中山陵祭拜孙中山先生，最后去“上海”看世界博览会。

前缀联想练习

故事联想法确实好用，但还是太冗长，能否精简一下记忆的内容呢？答案是肯定的，而且大家对此方法也不陌生，就是前缀联想法。“前缀”是加在词根前面的构词成分。我们取记忆的事物的第一个字，再利用意义或谐音来记忆。例如，时间管理的SMART原则，SMART是聪明机灵的意思，做好时间管理当然要聪明机灵。记住SMART之后，要知道每个字母代表的意思。S代表specific（明确的），M代表measureable（可衡量的），A代表achievable（可达到的），R代表realistic&result（实际结果的），T代表time（时间表）。

如果要记忆的东西有顺序，第一个字母排起来又没有意义的话，可以用每个词的第一个字母重新组成一个新词语，将其编成可视化的画面来记忆。例如，太阳系八大行星从距离太阳最近到最远的行星分别是：Mercury（水星）、Venus（金星）、Earth（地球）、Mars（火星）、Jupiter（木星）、Saturn（土星）、Uranus（天王星）、Neptune（海王星），我们取每个单词的第一个字母“MVEMJSUN”，这八个字母并没有意义，因此可重新定义为“My Very Energetic Mother Just Serve Us Nut”，这样它就变成了一个有意义的句子，在脑海中也很容易出现“我那非常有活力的妈妈正在给我们准备坚果”的画面。根据脑海中这个画面，就可以写出“My Very Energetic Mother Just Serve Us Nut”，再从每一个单词的第一个字母“MVEMJSUN”写出八大行星的名称。

再举一个例子：英文中有所谓的字母替代法，称为“格林法则”，即同一群组的字母在英文单词中经常可以彼此替代。除了元音“a，e，i，o，u”彼此可以替换、拓展与压缩之外，格林法还有四大群组，每一群组内的字母也可以替换。四大群组分别是：

th，ch，t，d，s，g

r，l，m，n

m，w，v，u

m，f，p，v，b

要死记硬背一定很痛苦，不妨采用前缀联想法，把每一个字母拓展成单词，整个群组就变成有意义的句子，很容易记忆。以下是我自己编的短句，你也可以发挥想象力，自己编编看，可以不用太在意语法的正确性，只要能记住每个群组有哪几个字母即可。

th，ch，t，d，s，g：The Chinese teacher do something good.

r，l，m，n：Read loving morning news.

m，w，v，u：My watch very unique.

m，f，p，v，b：Most farmer plant variety banana.

前缀联想法应用在中文里也是一样的情况：把每一个词语的第一个汉字排列成可以意义化或通过谐音来帮助记忆词语。例如，欧盟 27 国分别是：希腊、西班牙、爱尔兰、爱沙尼亚、荷兰、斯洛伐克、斯洛文尼亚、葡萄牙、瑞典、法国、拉脱维亚、立陶宛、比利时、塞浦路斯、德国、丹麦、芬兰、保加利亚、罗马尼亚、奥地利、意大利、马耳他、英国（2016 年 6 月英国全民公投决定“脱欧”，2020 年 1 月 31 日正式脱欧）、波兰、捷克、匈牙利、卢森堡。取每个国家的第一个中文字“希西爱爱荷斯斯，葡瑞法拉立比塞德丹芬，保罗奥意马，英波捷匈卢”，再经由谐音编成有意义的短故事：“奇奇（达・芬奇的昵称）很爱喝斯斯饮料，比赛开始 Play（葡瑞），法拉利跑车比赛（塞）得到单分（丹芬），保罗先生坳（奥）朋友一（意）匹马，用音（英）波去拦截（捷）来犯的匈奴（卢）。”运用前缀联想技巧的时候，首先要熟悉并记住每一个单词，否则只知道第一个英文字母或第一个汉字却无法说出完整的内容，那就白忙活了。

以上联想法对应到思维导图法中则是思绪飞扬的概念，这属于“空间记忆”与“情节记忆”两大快速记忆技巧中的“情节记忆”。

思维导图记忆法

前两个小节介绍了“空间记忆”与“情节记忆”两种记忆法。记忆思维导图的内容也要充分运用图像、色彩、空间与情节联想的技巧。

接下来，我就如何培养空间、图像的记忆力练习进行解说，然后再说明记忆一张整理好的思维导图笔记的步骤。

锻炼记忆力的方法

拿出不同的照片（或图片），仔细观察后闭上眼睛，试着回忆画面的内容，越完整越好。然后睁开眼睛看看刚才的回忆是否正确，如有错误，仔细观察之后，再次闭上眼睛，重新回忆。也可以在生活情境中进行练习。例如，在一家餐厅用餐时，仔细观察眼前的事物，然后闭上眼睛回忆刚才看到的人物、衣着、桌椅、餐具，以及各种摆饰等。练习时要注意，脑海中除了清晰地浮现每个人或事的外表之外，也要回忆起颜色。这个练习不仅可以训练对图像、空间的记忆能力，也能培养人的专注力与想象力。

以挂钩法和联想法为训练基础。挂钩法对于培养空间记忆能力相当有帮助，对思维导图中 360° 围绕在中心主题图像四周不同位置的不同的信息、图像都可以用挂钩法来记忆。联想法则有助于记忆有前因后果的信息，思维导图中的信息是由树状结构及网状脉络组成，均有其分类结构、从属关系或因果关系。因此，为了有效记忆一张整理好的思维导图，多多练习挂钩法与联想法是很有必要的。

记忆的实际应用

为了准备考试、商业简报等，我们把内容整理成容易理解的思维导图之后，还是有必要记忆的，其步骤如下：

1. 从思维导图的中心主题图像记忆主题，强化整体内容的概念。

2. 运用挂钩法的空间记忆技巧，记忆所有主干上的关键词，先记住大类别，以掌握思维导图内容的大方向。然后拿出一张白纸，绘制回忆的思维导图，这时，凭印象先画出中心主题图像与各个大方向的内容。

3. 按照顺序从第一个主干开始，记忆其后树状结构支干上的所有内容，只要有中类、小类的信息，都以挂钩法的空间记忆技巧配合情节式记忆的方法进行记忆。先记忆所有的类别内容，然后再以情节式记忆的联想法记忆类别之后的内容。全部记完之后，试着在不看原稿的前提下，把刚才记忆的内容快速地回忆的思维导图中画出来。

4. 用上述方法完成思维导图中其他各个主干之后的支干内容。

5. 以照相记忆的方式，让思维导图的内容清晰地浮现在脑海中。

6. 如果发现有些地方实在不容易记忆，这有可能是因为信息太简略或过于繁杂，可以试着略微调整一下思维导图的结构，或是在关键词的地方加一个能让你产生联想的图像来帮助记忆。之后，只要有机会就拿出你的思维导图学习笔记，用自己的表达方式分享给学习伙伴，也可通过经常复习的方式来强化自己对文章重点内容的记忆效果。

数字记忆技巧

记忆历史年代、河流长度等，往往是许多学生的梦魇。数字的记忆难度大，因为它本身代表量的大小、时间先后，不具有帮助记忆的条件。但我们可以将数字转化成具象事物来进行记忆，例如，形状法、谐音法与意义法。西方国家还常用一种英文字母发音法，以英文辅音10种发音来代表0至9这10个数字，再用子音的发音搭配元音编成一个英文单词来记忆数字。本节将介绍如何通过形状法、谐音法、意义法与英文字母发音法来记忆数字。

数字形状法

你听过幼儿园小朋友念“铅笔1、鸭子2、耳朵3、帆船4、勾勾5”吗？这是一种根据阿拉伯数字的形状，联想它的形状很像什么东西，然后把需要记忆的数字转化成与之相似形状的物品来记忆的技巧。

0到9这10个数字分别可以用形状类似的物品来代表，如下面的数字形状法对照表是个简单范例，你还可以发挥想象力，列出更多物品来联想这些数字。例如，数字1可以用竹竿来联想，数字11就像一双筷子；看到耳朵可以联想到数字3，天上的飞鸟也很像数字3；数字5可以用钩子、轮椅来联想；数字7可以用手枪、拐杖来联想；数字9可以用气球来联想等。最重要的原则是，根据这些数字形状联想的东西必须跟自己的生活经验有关，这样运用起来更容易一些。

如果要记忆台湾地区的气象局地震查询电话“2349-1168”，可以想象成“地震发生时，一只鹅（2）蒙住耳朵（3），跑到帆船（4）上，点亮台灯（9），拿出一双筷子（1）（1）当成双手，头顶着樱桃（6），把自己假扮成雪人（8）”。

数字形状法对照表

0	球
1	铅笔
2	鹅
3	耳朵
4	帆船
5	萨克斯风
6	樱桃
7	吹风机
8	雪人
9	台灯

数字谐音法

买车要挑中意的车牌号码，申请电话要挑中意的号码，不外乎两个原因，第一个是避免读起来不太吉利，第二个就是容易记忆。的确，如果每个数字连起来读的发音很像某个事物，就会对记忆有很大的帮助。大多数人在没有训练的情况下也会使用这个技巧，这就是数字谐音法。

0 到 9 这 10 个数字的谐音运用，可以是汉语，也可以是闽南语、客家语、粤语，只要自己熟悉并确定即可，但是要避免用同一件物品来代表不同的数字。例如，“溜溜球（Yo-Yo）”谐音可以代表“669”，但在使用形状法代表数字时，它可以代表“0”，也可以代表“6”，像这样容易混淆的东西就要避免使用。

电视节目里常见到利用谐音来帮助观众快速记住厂商电话号码的广告。例如，几年前有一个电话号码是“2882–5252”，谐音很像“饿爸爸饿，我饿我饿”。

数字意义法

每个人都有不同的生活经验，例如，生日、结婚纪念日、学号、座号，这些数字对自己而言都有特殊意义，已经被牢牢记在脑海里了。当我们必须记忆新数字时，可以去“链接”一下已经深植脑海的数字，让其产生意义，这样对记忆也很有帮助。

数字意义法用于记忆年代日期特别有效。例如，要记忆美国、加拿大与墨西哥签署北美自由贸易协议正式生效时间是在 1994 年，我正好在那一年担任了青商会的会长。

数字意义法非常私人化，带有个人感受，也正因为如此它才能产生强化记忆的效果。当然，有些数字代表的意义大家都能理解，例如，9 月 21 日是台湾地区曾发生大地震的日子。

英文字母发音法

西方国家常用英文辅音的 10 种发音来代表 0 到 9 这 10 个数字，再由辅音的发音搭配元音及 W、H、Y 组成一个英文单词来记忆。也就是说，用英文辅音分别代表 0 到 9；5 个元音 A、E、I、O、U 及 W、H、Y 没有对应的数字。

例如，Day 代表数字 1，Dad 代表数字 11，Rainbow 代表数字 429。如果有一串数字是“1823282214”，可以写成这样一串单词“dove（18）name（23）navy（28）nun（22）tire（14）”，然后编成小故事：“鸽子的名字叫海军，旁边有个尼姑拿着轮胎。”请注意，要背英文并念出发音“dove name navy nun tire”，可不是记中文内容哦。回忆时，根据这 5 个英文单词的发音，就可以正确地写出对应的数字。但由于使用这个技巧需要具备良好的英语能力，非英语系国家的人应用起来比较困难，其普及也会受到限制。

英文字母发音法对照表

数字	子音	数字	子音
0	s，z，轻音 c	5	L
1	d，t，th	6	j，sh，dg，轻音 ch，轻音 g
2	n	7	k，ng，qu，重音 ch，重音 g
3	m	8	f，v
4	r	9	b，p

神奇有趣的记忆游戏

在一些记忆课程的招生说明会上，曾经有人可以随意背出 25 项甚至 50 项物品名称或数字，而且还可以倒着背或从中间任意抽背。

很惊讶，是吗？如果能熟练使用挂钩法与联想法，你也可以成为世界一流的记忆高手。参加脑力奥林匹克竞赛的选手，包括蝉联美国记忆力竞赛冠军的海格伍德，也是采用同样的方法来记忆的。

5×5 方格

如何才能记住下列 25 项物品呢？

	1	2	3	4	5
A	牙刷	苹果	屋顶	枕头	茶叶
B	宝剑	皮包	青蛙	领带	樱花
C	手机	卫生纸	蛋糕	西瓜	斑马
D	小狗	鸡蛋	计算机	太阳	钢琴
E	筷子	米酒	冰箱	树根	桌子

方法其实很简单，如第 229 页图表：先将第一列的五项物品通过身体挂钩法进行记忆，将“牙刷”挂在腰部，“宝剑”挂在屁股，“手机”挂在大腿，“小狗”挂在小腿，“筷子”挂在脚底；然后融入五官的感觉，夸张一点，想象腰部挂着一把“牙刷”，屁股被“宝剑”刺了一刀，大腿裤子口袋里放着一部“手机”，小腿被“小狗”咬了一口，脚底踩在长长的一双“筷子”上面。

接下来记每一行时都采用故事联想法。例如，A 行，把一只“牙刷”插入“苹果”，把它放到“屋顶”上，走上“屋顶”，发现上面有一个大“枕头”，“枕头”里面塞满了“茶叶”。

记忆 B 行到 E 行时，也以故事联想的方法进行。记完这些物品，你会发现自己的记忆力大幅提升了，这就是用对了方法的结果。如果要记忆 25 个数字，只须先把数字以形状法转换成物品即可。用同样的方法来记忆，你将会发现，记住圆周率小数点之后的 25 位数简直易如反掌。

如果要背出从左上 A1 到右下 E5 的内容，就回想 A 行的第一项、B 行的第二项、C 行的第三项、D 行的第四项、E 行的第五项；如果要背出从左下 E1 到右上 A5 的内容，同理，就从 E 行的第一项开始回想，接着 D 行的第二项、C 行的第三项、B 行的第四项、A 行的第五项。

	1	2	3	4	5
A	牙刷	苹果	屋顶	枕头	茶叶
B	宝剑	皮包	青蛙	领带	樱花
C	手机	卫生纸	蛋糕	西瓜	斑马
D	小狗	鸡蛋	计算机	太阳	钢琴
E	筷子	米酒	冰箱	树根	桌子

这个练习对记忆内容的重点有很大的帮助。因为它运用了空间位置（第一列）与情节内容联想（每一行）的记忆方法。

记忆金库密码

早期很多保险箱、金库的锁是一种机械式转盘，通过旋转不同方向到不同号码来开启安全门。后来，台湾地区有个综艺节目把它拿来当噱头，让嘉宾玩记忆金库密码的竞赛游戏，能够记住十组密码的优胜者可获得巨额奖金。之后，许多记忆训练课程也把这个游戏纳入其中。

要记忆金库密码，也可以运用故事联想或身体挂钩两种记忆方式。

一、故事联想法

每一个金库密码数字都会搭配一个左边或右边的方向，一般而言，机械式密码锁不会设计成连续两个号码都是同一个方向的形式。因此，只要记住第一个号码的方向，接下来只要把号码通过数字形状法转化成物品，再串成一个故事来记忆 10 个数字。例如：

1. 左 2
2. 右 7
3. 左 5
4. 右 8
5. 左 1
6. 右 7
7. 左 4
8. 右 1
9. 左 6
10. 右 0

听到第一组号码“左 2”时，就赶紧记住方向，例如，左手握拳的方式。接下来就不要管方向了，开始用故事联想记忆数字即可。“唐老鸭（2）拿出枪（7）射击轮椅（5），轮椅上坐着雪人（8），它拿着一把剑（1）挥砍一大堆拐杖（7），拐杖被拿去造帆船（4），船上的旗杆（1）上挂着樱桃（6），把它一口吃掉并吐出种子（0）。”

以上是我编的故事，其实最好的方式是自己编，以自己的生活经验或想象进行记忆，印象才会深刻。要回忆这组号码时，只要记住第一个数字是哪个方向，之后都是左右互相对调，根据故事的内容，把方向与数字念出来即可。

如果游戏规则是可以连续两个数字同一个方向，那么故事联想法就不太管用了，这时，就需要采用身体挂钩法。

二、身体挂钩法

这个方法应用在记忆金库密码上其实也很简单。还记得身体挂钩从脚底到头顶的 10 个位置吗？脚底是第 1 组密码的位置，小腿是第 2 组……头顶是第 10 组。密码数字转化成物品之后，根据每一组的方向挂在身体的左边或右边即可。例如：

1. 左 3
2. 右 9
3. 右 5
4. 左 1
5. 右 7
6. 右 2
7. 左 6
8. 右 1
9. 左 4
10. 右 8

几月几号星期几

这种能力看起来很神奇，但只要知道方法，再加上一点练习，或许电视新闻都会来采访报道你这位记忆神童了。

首先，把身体挂钩拓展成 12 个挂钩，脚底到头顶的 10 个不变，增加屋顶（第 11）与天空（第 12）两个。然后拿出今年的月历，把每个月的第一个星期日是几号标示出来，然后把他们它们用数字形状法将其转化成物品，按照月份顺序挂在身上的 12 个位置。例如，2014 年每个月的第一个星期日是：

1 月 5 日（脚踩着钩子）

2 月 2 日（小腿围绕一群鸭子）

3 月 2 日（大腿也围绕一群鸭子）

4 月 6 日（屁股大便可以看作一颗颗樱桃）

5 月 4 日（腰抱着一艘帆船）
6 月 1 日（肩膀上扛着竹竿）
7 月 6 日（脖子挂着樱桃项链）
8 月 3 日（鼻孔里跑出飞鸟）
9 月 7 日（眼睛长出一把枪）
10 月 5 日（头顶被钩子吊着）
11 月 2 日（鸭子飞到屋顶上）
12 月 7 日（天空许多枪互相射击）

记住 12 个月份中每个月的第一个星期日是几号之后，用下列简单的数学公式就可以算出星期几了。

情况 1

当日期大于该月第一个星期日的日期时，（日期 – 该月第一个星期日的日期）÷7，余数即为答案。

注意：若日期减该月第一个星期日的日期之后，差小于 7 的话，就不需要除以 7 了，差即为答案。

情况 2

当日期小于该月第一个星期日的日期时，（日期 +7 – 该月第一个星期日的日期），差即为答案。

接下来，推算一下来年的每个月份第一个星期日是几号，原则上是今年的日期减 1，若碰到来年是闰年，2 月有 29 天的话，从那年 3 月一直到后年 2 月的日期都要减 2，3 月起恢复减 1。如此 4 年一个循环，清楚了这一点，想推算到哪一年都没问题。

年份与每月第一个星期日的日期对照表

月份 年份	一月	二月	三月	四月	五月	六月	七月	八月	九月	十月	十一月	十二月
2014	5	2	2	6	4	1	6	3	7	5	2	7
2015	4	1	1	5	3	7	5	2	6	4	1	6
2016（闰年）	3	7	6	3	1	5	3	7	4	2	6	4

续表

月份 年份	一月	二月	三月	四月	五月	六月	七月	八月	九月	十月	十一月	十二月
2017	1	5	5	2	7	4	2	6	3	1	5	3
2018	7	4	4	1	6	3	1	5	2	7	4	2
2019	6	3	3	7	5	2	7	4	1	6	3	1
2020（闰年）	5	2	1	5	3	7	5	2	6	4	1	6
2021	3	7	7	4	2	6	4	1	5	3	7	5
2022	2	6	6	3	1	5	3	7	4	2	6	4
2023	1	5	5	2	7	4	2	6	3	1	5	3

扑克牌记忆

一副扑克牌在洗过之后，如何做到只看一次，就可以按照顺序，准确无误地说出每一张牌的花色与数字呢?

技巧其实很简单，但若是没有经过长期练习的人还是不容易做到的。首先，把 52 张扑克牌分别转化成 52 个具体事物的英文名称，然后，配合身体挂钩法与故事联想法来记忆。

52 张扑克牌以该花色的第一个字母，例如，黑桃全部以“S”、红心以“H”、红方块以“D”、梅花以“C”为英文单词的开头，再配合每张牌的数字，以字母发音法来编码。数字 10 以 0 来取代、13K 以本身花色名称来代表。编码时特别要注意尽量以名词为主，而且越具体越好，除非实在编不出合适的名词，才使用动词、形容词或副词。

52 张扑克牌的编码表

花色 牌数	spades 黑桃	hearts 红心	diamonds 红方块	clubs 梅花
A	seat 座位	hut 茅舍	daddy 老爸	cot 婴儿床
2	son 儿子	hen 母鸡	dune 沙丘	can 罐头

续表

花色 / 牌数	spades 黑桃	hearts 红心	diamonds 红方块	clubs 梅花
3	sumo 相扑	home 家	dam 水坝	cameo 浮雕宝石
4	serai 骆驼商队客栈	hair 头发	durra 高粱	car 汽车
5	sail 航海	hill 小山	doll 洋娃娃	cell 细胞
6	sage 圣人	hacker 黑客	dish 盘子	cosh 防身拐杖
7	sake 日本清酒	hook 挂钩	duke 公爵	cock 公鸡
8	sofa 沙发	hive 蜂窝	dive 潜水	coffee 咖啡
9	soup 汤	hip 髋关节、臀部	dope 笨蛋	cap 帽子
10	sissy 女孩子气 的男孩	hose 水管	doze 瞌睡	case 盒子
J	state 美国（州）	hothead 暴躁的人	deadwood 枯木	cadet 军校
Q	satan 恶魔	heathen 无宗教信仰者	dudeen 陶瓷烟斗	cotton 棉花
K	spades 黑桃	hearts 红心	diamonds 红方块	clubs 梅花

熟悉这 52 张牌所对应的英文单词之后，接下来就是运用身体挂钩与故事联想的技巧了。在挂钩的位置与数量上，建议在身体左右两边各选 9 个，总共 18 个，把 52 张牌加上两张小丑牌（或称司令、大小王），每 3 张分成一小组，第 1 张、第 4 张、第 7 张、第 10 张、第 49 张、第 52 张牌以身体挂钩方式挂在身上设定好的 18 个位置。从每一组的 3 张牌中挂在身上的那一张开始，编一个短故事。例如，出牌顺序如下：

1. 红方块 5
2. 梅花 4

3. 梅花 8

4. 黑桃 6

5. 红方块 10

6. 小丑牌

7. 梅花 Q

8. 红心 5

9. 黑桃 8

把第 1 张红方块 5（doll）挂在脚底，然后联想 doll 开着 car 去喝 coffee（洋娃娃开着汽车去喝咖啡）。第 4 张黑桃 6（sage）挂在小腿，然后联想 sage 抓着小腿在 doze 梦到 joker（圣人打瞌睡梦到小丑）；第 7 张梅花 Q（cotton）挂在大腿，这时可以联想大腿上一大坨 cotton 像座 hill，拿它做成 sofa（棉花像座小山，拿它做成沙发）。以此类推，就可轻松记住 54 张牌的顺序内容了。别忘了要运用记忆的重点技巧——融入五官的感觉，让脑海中鲜明地浮现出故事的画面。

第十五章

论文写作的应用

在“文官学院”的训练课程中，“问题分析与解决”单元强调把新生培养成专家，方法就是阅读、讨论与写作。阅读让思考更深刻，讨论让思考更敏锐，写作让思考更全面，这也是高等院校要求学生撰写毕业专题、学位论文的目的之一。

然而，论文写作真的很让人头疼，除了找题目、做研究、掌握研究方法之外，从构思到下笔，还要拥有一定的写作能力。许多正在写学术论文的学生都会发现，尽管天天都在使用中文，从小到大都在写作文，但是，自己却越写越不清楚，有的学生甚至连自己论文的逻辑结构都说不清楚。

实践大学的李庆芳教授指出，要从事研究工作，学习者必须先建构自己的知识体系。它就像一个书柜，在我们的大脑中建立一个有结构的图形概念，并以思维导图法组织研究的结构。之后无论是阅读文献还是与人交谈，都可以将吸收的知识纳入自己的思维导图法的知识体系。

构思研究结构

本体论、实践论、知识论与方法论，在论文的研究思考与写作过程中是息息相关且环环相扣的。用“思维导图”建构研究的本体关怀、具体实践、知识基础与背景脉络是一种很好的选择。思维导图法的图像式思考可以强化学生对主题的印象，也能激发学生更多的写作灵感。首先，将论文的核心概念摆在中央，把它作为思考的起点，在外围列出与核心概念相关的问题，这样可以使研究者清楚研究主题时的思考范围，进而从核心概念出发，延伸到其他领域。运用思维导图法，以一个知识点为基础，逐步运用联结的方式，可拓展写作思考的深度与广度。

从下面的思维导图中，研究者很清楚地从一个页面中掌握了“本体关怀”“知识理论”及“方法运用”的相关论述。每一个支干上的概念都可以再度发展出一个新的思维导图，以它为中心扩展出更多、更有创意且有结构的想法。例如，从“本体关怀”中的“研究对象”的“界定”，发展出右上角的部分，将两者之间做双向链接，点击“界定”这个支干的“C”符号，可链接到“研究对象界定”这张思维导图的中心主题；点击中心主题的“T”符号又可链接回到“界定”这个支干。

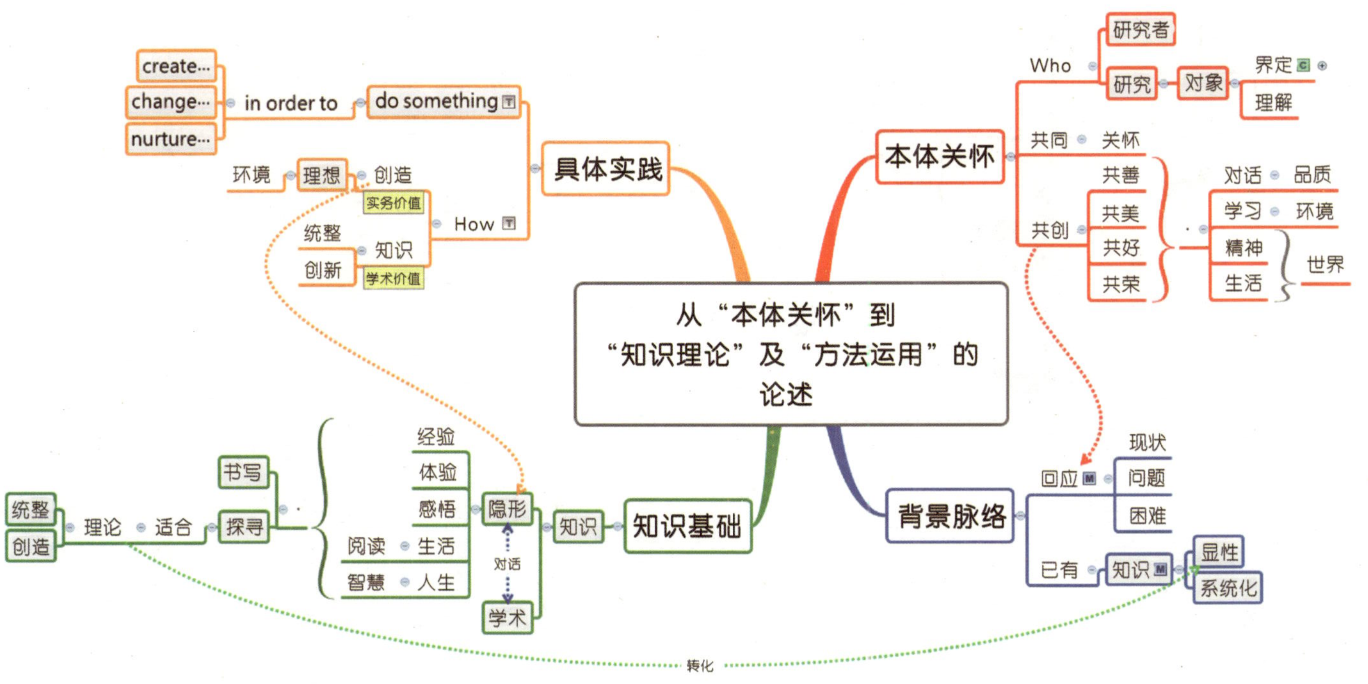

以本体关怀、具体实践、知识基础与背景脉络作为构思论文的起点

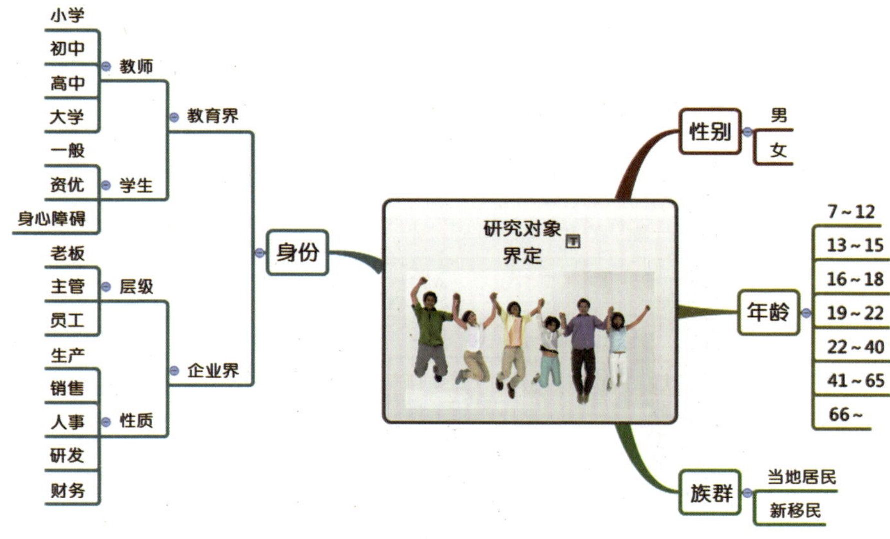

研究对象界定

从第239页中的思维导图，逐步以类似上图的方式，发展完成“本体关怀”“具体实践”“知识基础”与“背景脉络”所有必须考虑的内容，接下来就可清晰梳理研究的概念与脉络，发展出论文章节结构的思维导图。

从第239页思维导图中的“背景脉络”—“回应”—“现状、问题与困难”超链接到下图的主干“研究”；第239页的图中“已有”的“知识”则超链接到图下的主干“文献探讨”；思维导图中“do something in order to…”则超链接到下图的支干“研究”中的“目的”。以此类推，逐步将论文各个章节内容建构起来，特别是在提出研究计划时，必须完成的第一、第二、第三章。

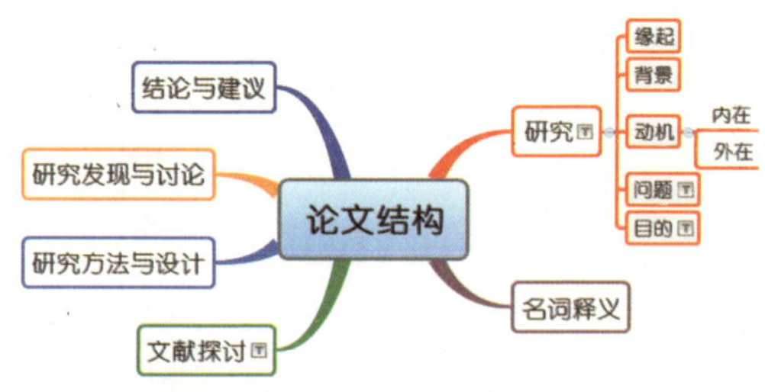

论文章结构的思维导图

文献资料的整理

论文写作时应用思维导图法整理文献数据，技巧与第十二章提到的“主题式数据搜集的笔记技巧”相似。我们先根据研究主题衍生出来的动机与目的探讨相关知识。

举例来说，思维导图的中心主题是论文的第二章“文献探讨”；主干则是第二章所要探讨的各个主题，也就是这章当中的各“节”；主干之后的第一阶支干是各节的次主题或标题；接着，再根据次主题或标题阅读相关文献，并把有意义、有价值的重点内容整理到思维导图相关的支干之下。

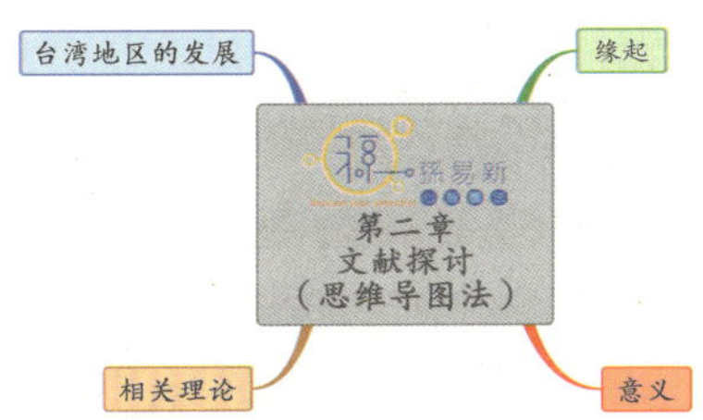

论文第二章“文献探讨”的结构

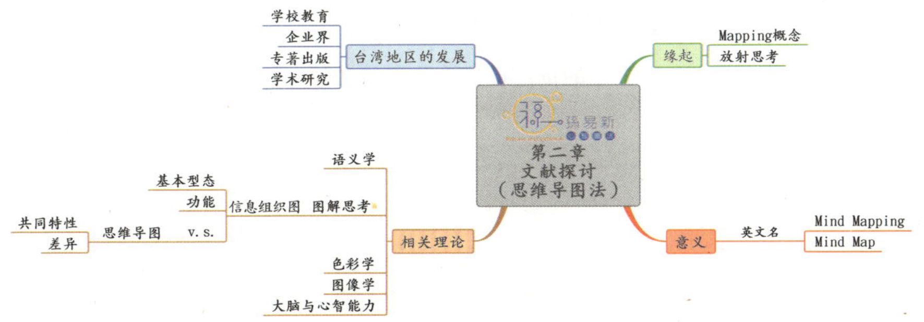

加入次主题或标题的思维导图结构

用思维导图先把“文献探讨”的基本结构与内容重点以关键词的方式整理出来，可以让研究者或指导教师清楚地看出你的思路是否清晰，逻辑结构是否合理、顺畅，内容是否完整。若有必要增补或删减内容，也会很容易操作。若有已知的文献出处，可在支干备注栏上先加注。将结构整理清晰后，再用整理文章笔记的思维导图法的技巧，以关键词的方式有系统、有条理地探讨，整理出不同学者的意见。最后，依据思维导图的树状结构，书写成文书格式，每个小主题书写完毕后，搞清楚该小树状结构探讨了哪些学者的文献，按照论文要求的“文献引用”格式加注，并将出处来源以论文规定的格式（例如，APA格式）写到“参考文献”中。

用思维导图先整理文献，然后再书写，这样做的优点是，写出来的内容不会像剪贴本。因为思维导图不但能统整不同学者对同一主题的相同看法，还能对比出不同的意见，研究者本身也能在进一步消化吸收文献中的精华之后，以自己的方式汇总表达，以推动后续研究的发展。

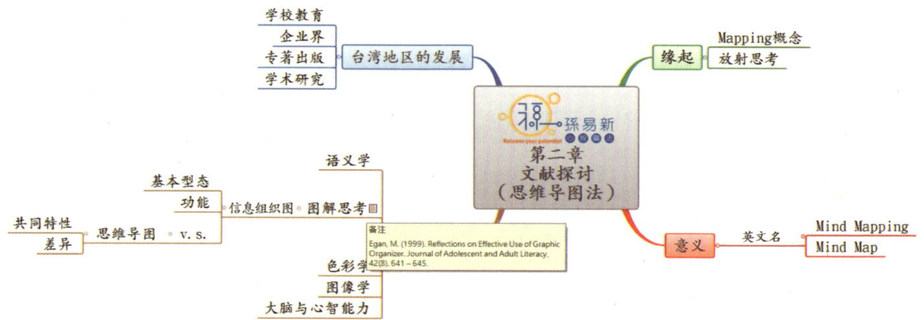

在支干的批注框加上已知的文献资料

第十六章

读书会的应用

台湾师范大学林振春教授套用金庸的武侠小说指出，学习有三大方法：独孤求败、吸星大法与紫霞神功。独孤求败的学习方式适用于应试教育之下的莘莘学子，他们上课专心听讲，下课专心背教科书，班上的同学都是他们的竞争对手，如果有人能打败他，他便向胜利者学习，直到有一天，他超越了那个人，便去挑战下一座高峰。吸星大法是指同伴之间互动学习，因为每一个人都有独特的经验、背景、观点与价值观，通过交流，可以扩展彼此的视野和观察事物的广度。紫霞神功是指在无人或无书的情况下学习，也就是“无字天书”的学习模式。

读书会活动就是一部学习的无字天书，我们参加读书会，不仅可以学到书本中的知识，还可以学到读书会伙伴的经验，更可以从读书会组织者身上获得更多智慧，因为读书会的筹办过程，也有许多可以学习的地方。本章先阐明读书会的意义与功能，再进一步说明思维导图法在读书会上的运作模式。

读书会的意义与功能

不遗余力地推广小区学习与读书会的林振春教授与阳升教育基金会执行长詹明娟在《悦读读书会》一书中详细地解说了读书会的意义与功能，简述如下：

读书会的时代意义

一种新时代的学习形式：以个人的学习兴趣为出发点，自觉自愿地选择自己喜欢的时间、地点、书籍来学习。

一种新时代的学习需求：身处知识爆炸的时代，终身学习的重要性不言而喻，读书会不像学校教育那样会受到约束，而是可以随着时代的变化，弹性地调整大家的学习内容与方式的学习形式。

一种新时代的学习方法：一群学习需求相近的伙伴，自动自发地组织读书会，通过成员之间的互动与分享来获取知识，其学习形式有别于传统模式。

读书会的目的

读书会的成立与存在有其目的，成立的动机有千百种，目的也不只有学习成长一个。可以将读书会组织者的目的分为：文章品鉴、知识汇整、工作实践精进、自我成长、增强思考能力、以书会友、专业学习、带动打造书香社会等。

读书会的特性与功能

读书会是一种贴近时代的学习潮流，适应了现代人的学习需求。因此，读书会的特性与功能有：

1. 一种新的学习组织。彼得·圣吉 (Peter M.Senge) 在《第五项修炼》中提出的五项修炼不仅适合组织学习，也适用于读书会的经营：建立团体的共同愿景；不断超越自我；改变心智模式；建立团队学习；进行系统思考。

2. 一种新的学习策略。读书会不是传统的学校班级方式的学习团体，因此可以采用有别于传统的学习策略：

◎从实践中学习：教育家杜威曾经说过，从实践中学习是最有效的学习方式。从实践中领悟并修正所学。

◎师徒制的学习：从模仿中学习。

◎经验式的学习：向读书会的组织者、同龄人学习经验，自己也在参与中累积经验。

3. 一种新的生活方式。读书会是一种融入日常生活的学习方式，具有以下三种特色：

◎生活就是学习，学习也是一种生活。

◎是一种“学习如何学习”的生活哲学。

◎讲求民主开放、平等互惠、自主自动的精神。

读书会是适应新时代需求的一种生活方式，其目的也因人、事、地而有差异。在学习过程中，读书会可谓是自主学习的最佳写照，它也是一种有效的学习策略。思维导图法可以运用在读书会的书籍阅读、整理内容重点、记录、规划、分析、教学准备与书籍导读。下一节我将进一步说明如何在读书会中运用思维导图法。

在读书会中运用思维导图法

“五、六、七、八”四项心智学习

林振春、詹明娟指出，思维导图法在读书会的应用有“五个层次的问题与思考”“六项思考帽的应用”“七个 W 来解读文章”“八大智能的多元智慧”，简称为“五、六、七、八”四项心智学习。

1. 五个层次的问题与思考：从文章中能看到、听到什么？联想到、感受到什么？检查出什么？收获及整理什么？可应用于哪些领域？

2. 六项思考帽的应用：以德·波诺提出的六种思考面来检查重点及相关数据（白帽）；阅读的感受与揣测作者意图（红帽）；针对内容正向思考，肯定论点的适用性、意义与价值（黄帽）；质疑文章内容的谬误或矛盾（黑帽）；诠释文章主题，探讨延伸的阅读（绿帽）；整合所见所闻，提取并整合不同帽子所引发的想法，做出总结与决策（蓝帽）。

3. 七个 W 来解读文章：用七个以 W 开头的英文单词来解读文章。

Why：作者撰写本书的目的何在？自己为何要阅读这本书？

What：本书的目录内容有哪些？整体结构与主要议题是什么？哪些内容是我需要理解、记忆的？

Who：情节中的主要人物、角色、特征与关联性是什么？此书适合哪些人阅读？

When：什么时候可以运用自己所学的知识分析书中的社会背景、年代、历史？

Where：文化、环境因素及空间造就了哪些情节发展？书中提到哪些重要的地理位置？

How：作者是如何展现笔法的？作者是如何描述因果关系与呈现逻辑的？我要如何应用书中所学的知识？

Which：书中的要点是什么？应用领域是什么？

4. 八大智能的多元智慧：以八大智能的语言、逻辑数理、空间视觉、音乐、人际关系、自我反省、肢体动作与博学为检核项目，找出书本中对自己有意义的部分。

KMST 读书会学习法

一本书的阅读与分享要如何进行才能达到读书会的目的？本书所提出的 KMST 学习法值得参考。进行方式如下：

1. 在阅读书本内容之前，在读书会组织者的引导下，先思考书的名称、章节目录，并彼此分享：针对该主题，你已经了解的内容有哪些？如果你是作者，会写出哪些重点？将你的想法以重点摘要的思维导图的方式列出来。每个人轮流报告时，指派专人负责将大家所说的内容汇整成一张“背景知识”的团体思维导图。

2. 快速浏览一下整本书，特别留意内容的结构与标题、图表等。如果遇到不懂的地方、重要的信息，先不要停下来思索，只要在这个页面贴一张标签，提醒自己这里有需要回头细读的内容即可。继续快速把内容看完。

3. 思考一下，作者想要表达的重点是什么？我们为什么要读这本书？从这本书中可以学到什么？用思维导图列出你的学习目标，并与其他读书会成员分享你的思维导图。这时也要指派专人负责将大家提出的学习目标汇整成一张“学习目标”的团体思维导图。与第一阶段完成的“背景知识”的个人与团体思维导图做比较，看看哪些是自己阅读书本内容之前就已经知道的知识。这一步骤属于 7 个 W 当中的 Why 与 What，以及六顶思考帽的红帽与白帽。

4. 再次快速浏览一下整本书，把重心放在符合学习目标的章节、段落上。

5. 在仔细阅读文章时，用荧光笔或彩色笔在符合学习目标的内容处或第二个步骤中贴标签的艰涩难懂的章节、段落处标出关键词。

6. 用思维导图软件将标出的关键词的内容整理转化成结构清晰、易懂易记的思维导图学习笔记。第四、第五、第六步骤属于 7 个 W 中的 What，以及六顶思考帽的白帽。

7. 以团体对话的方式模拟邀请作者参与座谈，进行讨论，检查思维导图的内容是否满足预期的学习目标，在这本书当中是否有遗漏的内容？从其他哪些书中可以获得解答？如有必要，做出局部调整与修改。这一步骤属于六顶思考帽的绿帽。

8. 通过整理好的思维导图学习笔记，用自己的表达方式将书中的重点内容与自己将如何应用所学分享给读书会的学习伙伴。这时也要派专人负责将大家提出的重点内容与实际应用分别汇总成“内容重点”与“实际应用”两张团体思维导图。

根据“内容重点”与“实际应用”的团体思维导图，读书会成员自由发表意见，包括对内容的批判、文章的价值、给作者与读书会伙伴的建议、自己的心得与启示等。在这个步骤中，可以灵活套用“五、六、七、八”四项心智学习的各个方面来做深度思考。

第十七章

创新思考与管理

创新来自创意，创意来自创造力，创造力包括流畅力、变通力、精进力、独创力与敏觉力。运用创造力产生新的、不一样的、有价值的与可被接受的创意想法，接着经由企划力与执行力，将创意落实成创新。

身处竞争激烈的知识经济时代，核心资本与竞争力已从早期的土地、机器、人力转为脑力，尤其是充满创意的金头脑。哈佛大学教授克里斯腾森（Clayton M. Christensen）与戴尔（Jeff Dyer）、格雷格森（Hal Gregersen）、福斯特（Mel Foster）在《五个技巧，简单学创新》（*The Innovator's DNA: Mastering the Five Skills of Disruptive Innovators*）一书中指出，创新的五大技巧之一即联想。思维导图法是一种强调发挥想象力进行联想的思考模式，我的论文研究也显示，融入思维导图法的创造力培训方案能有效提升学生的创造力中的流畅力、变通力、独创力、精进力。

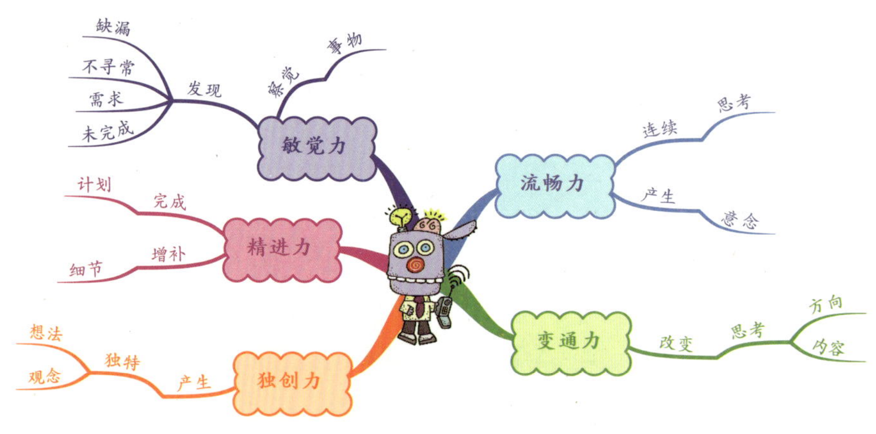

创造力的五大方面

“世界咖啡馆”头脑风暴

世界咖啡馆的含义

世界咖啡馆（World Café）是由未来学学会（The Institute for the Future）研究专员朱安妮塔·布朗（Juanita Brown）与美国得克萨斯大学EMBA副教授艾萨克斯（David Isaacs）共同提倡的策略性会谈模式，也是《第五项修炼》作者、管理大师彼得·圣吉推崇的新学习法，是一种适用于创新历程、知识创造、策略规划、深度会谈、转型变革的头脑风暴法。

世界咖啡馆有以下七大运作原则：

1. 为背景情境脉络定调：先搞清楚会谈的目的，为对话范围定好界限。

2. 营造宜人的环境：营造一个舒适、有安全感的环境，让参与会谈的成员能处于心情放松、相互尊重的氛围中。

3. 探索真正重要的议题：大家共同把注意力集中在几个重要的议题上，以便集思广益。

4. 鼓励大家踊跃发表自己的意见：每一位参与的成员都能全心投入讨论中，协调“个我”和“群我”之间的关系。

5. 不同观点之间的交流与联结：除了聚焦在核心议题之外，也要加强各个观点之间的联结关系，激发观点的生命力。

6. 仔细聆听他人的观点与探寻更深层的问题：集中注意力，以不同的方式分享并表达想法，以探寻深层的共识，找出思想观点的连贯性。

7. 分享并记录大家的心得：呈现集体的智慧，并付诸行动。

除了七大原则之外，世界咖啡馆还强调，在进行过程中要活泼有趣、不急不躁地尽情涂鸦、画画，除了组长之外，其他成员还可以在不同组之间进行交流。

思维导图法在世界咖啡馆中的角色与功能

由于我们的大脑倾向于放射性、跳跃式思考，在世界咖啡馆的头脑风暴中，思维导图法的树状结构与网状脉络能让我们在轻松愉快的气氛下，在不同主题、概念之间贡献想法，最后的结果又不失逻辑结构的严谨性。在讨论过程中，通过涂鸦的图像、色彩来表达对概念、想法的感受，对营造友善气氛与激发创意有积极的作用。

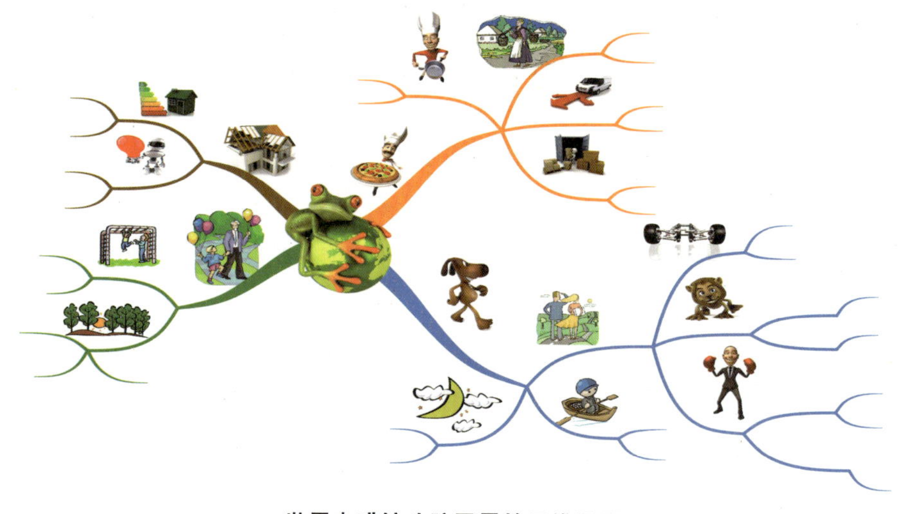

世界咖啡馆头脑风暴的思维导图

以下是融入思维导图法的世界咖啡馆会谈的步骤与原则：

1. 根据会谈的主题与目的，在白色海报纸的中央画一个彩色图像。

2. 从限定的几个对话主题中，根据每一个主题含义选择较贴切的颜色，画出若干条由粗到细的彩色主干线条，并在线条上用同样的颜色写出主题名称。

3. 内容结构是采用逻辑联想还是自由联想，由主题目的来决定。

4. 为求放松心情，层级结构可以不用刻意讲究严谨的逻辑分类。

5. 成员开始发表意见时，自己或其他人帮发言者把意见想法填入思维导图适当的位置。

6. 线条上尽量只写一个词语。

7. 除了文字之外，尽量在自己认为较关键的想法上（无论是自己说的还是他人说的）加上容易让人产生联想的彩色图像。

每一回合的会谈结束后，各组成员分别到其他不同组别时，组长用思维导图法做简报，为新成员说明该组刚才讨论了哪些大主题，每一个大主题之下又有哪些中主题、小主题，以及各个主题的详细内容。思维导图可以让新加入的伙伴很快了解刚刚这组讨论的内容，以便接下来贡献自己的意见与想法。

世界咖啡馆融入思维导图法的会谈意见交流模式，不断更换组别座位，这可以减少成员容易固执己见的问题。换句话说，这是一种用对话找答案、用思维导图整合想法与激发创意的集体创造力思考方式。

用思维导图法表示世界咖啡馆所产生的创意构想

7R 创新企划

所谓的 7R，是由七种潜在变化组成的架构，包括重新思考（rethink）、重新组合（reconfigure）、重新定序（resequence）、重新定位（relocate）、重新定量（reduce）、重新指派（reassign）、重新安排（retool）七个步骤，这七个步骤的含义分别对应到 5W2H 的 Why，What，When，Where，How many（much），Who，How。但 7R 特别强调“重新”，也就是说，从 Why，What 到 How 的每一个步骤都要先发散出各种可能性，再聚敛具有可行性的项目。

5W2H 是逻辑思考的“首部曲”，也是项目管理定义工作范畴的思考方向，顺序是先从目的（Why）开始，再根据目的列出工作内容（What），然后根据目的、内容来决定时间（When）、地点（Where）、人员（Who）、经费（How much）与执行方式（How）。

5W2H 的思考模式可应用在许多不同领域，例如，写作文可以根据题目以 5W2H 来建构大纲，采访新闻事件可以用 5W2H 来搜集重要信息，写工作计划可以用 5W2H 来构思。但是为何许多用 5W2H 写出来的企划案常被老板痛骂一顿、被客户退件呢？理由不外乎“不符合需求”“不是我们想要的”“毫无创意”等。

怎么做才能满足老板、客户的需求，才会让自己的企划有创意呢？毕嘉台的论文研究指出，同样采用 5W2H 指引思考方向，但融入了埃森哲（Accenture）极致流程训练计划的创办人夏彼洛（Stephen M. Shapiro）提出的 7R 思考法，结合图解思考工具思维导图或九宫格图对创新企划必备的创造力的提升会有显著的效果。

夏彼洛指出，我们常用的思考技术之一——形态分析是先从 7R 中挑选部分或全部项目，并针对每个有可能解决问题的“重新”提出各种建议或意见，然后再随机搭配不同的 7R 组合。

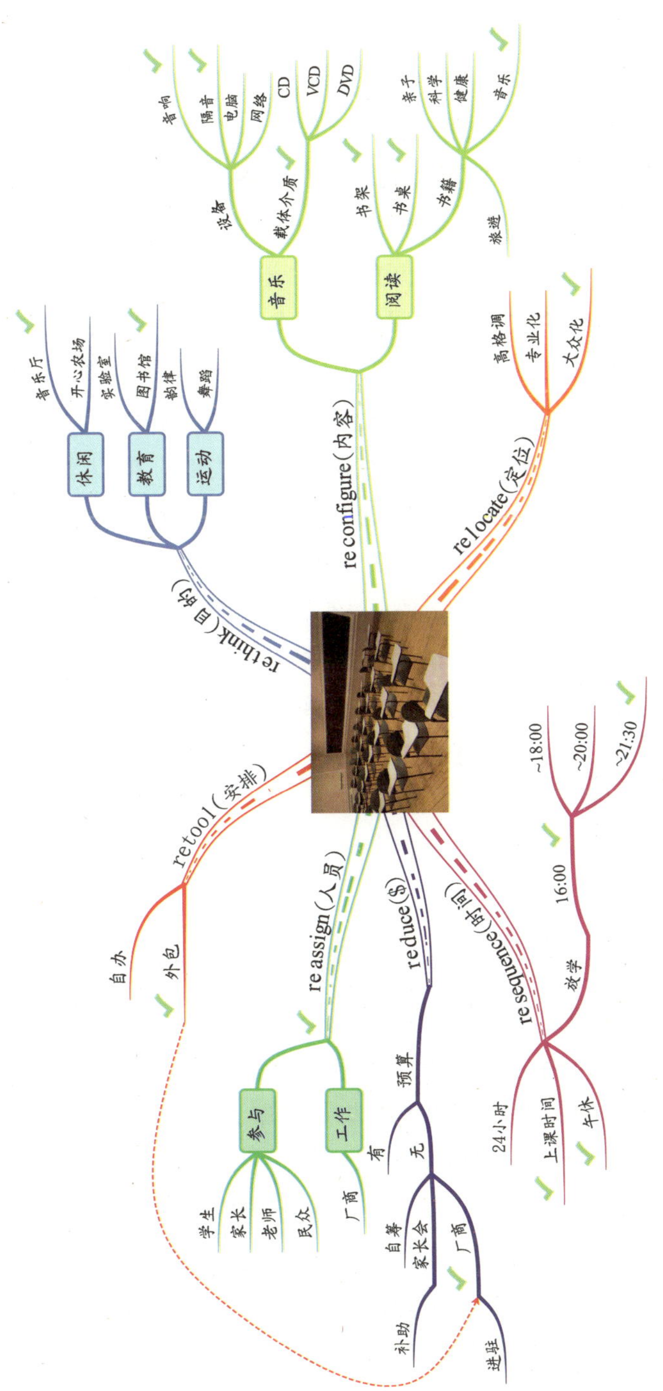

7R 创新企划思维导图：闲置教室再利用

5W2H 的 7R 思考模式能让我们摆脱习惯的限制，在重新思考、检查每一个项目时产生全新的创意。例如，我们想重新利用小学的闲置教室，于是开始重新思考教室有什么用途，在诸多用途中选出“图书馆”与“音乐厅”，接着从闲置教室作为“图书馆”与“音乐厅”需要哪些设备再重新组合，然后重新思考它的定位，重新规划其开放时间，重新思考经费多寡，重新思考开放对象与工作人员，最后重新思考执行方式。本案例中的主题是很明确的一个地点——教室，因此要思考教室该如何“重新定位”。如果 7R 主题是其他无关地点的议题，例如，“尾牙活动”，那么“重新定位”就要思考尾牙场地可以有哪些选择。

夏彼洛认为，在组织中实施创新固然有些地方难以掌握，但也不只是碰运气。唯有先管理好流程的互动因素，才能促进创新。将思维导图法应用在 7R 创新企划中最关键的步骤是第一步与第二步，也就是重新思考与重新组合两个阶段。在重新思考阶段构思出各种可能的目的，例如，既有的目的、借用其他场合的目的、创新的目的等。然后聚敛出本次目的想要采用的项目。接着根据选定的目的，重新组合符合目的的内容，也就是通过扩散思考，尽可能把各种内容项列出来，然后再次聚敛出符合目的需求的项目。

项目管理的创新思维

许多项目规划人员常被项目管理滚动的流程与错综复杂的关系搞得头痛不已。他们常常因为忽略了某个重要细节，使得项目进度落后或整个触礁；或是因为没有考虑到某些潜在风险，导致整个项目宣告失败。美国华盛顿大学的布朗教授与范德堡大学的海尔教授共同指出，这是因为许多规划人员在思考项目时会立刻跳到执行细节的层面上。这又与大多数人倾向于用左脑思考，以及受限于过去的习惯领域有关。如果要平衡运用左右脑，布朗与海尔建议大家可以运用项目管理的利器——思维导图法。因为思维导图法可以激发更多创意，让你在一开始接手项目的时候就有更全面的思考和更有效的选择。

一提到项目管理，大多数人就会想到美国项目管理协会提出的五大流程与十大知识领域，以及 PERT 计划评核术（Program Evaluation Review Technique）、CPM 要径管理（Critical Path Method）或甘特图（Gantt Chart），但实际上它们却常常以失败收场。这时候就必须在项目管理的过程中导入新思维、新工具，也就是布朗与海尔建议的思维导图法。

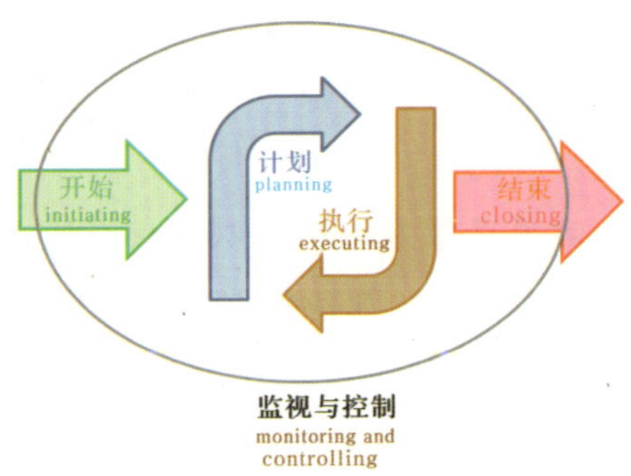

项目管理五大流程

项目管理十大知识领域

运用思维导图法激发隐藏的创意

大家都很熟悉条列式的大纲思考，思维导图法也是通过关键词与树状结构、网状脉络运用了类似大纲的层次结构，而且还加入了色彩与图像。因此，运用思维导图法的优点是：

1. 全脑思考：思维导图法不仅在结构上比传统条列式的头脑风暴模式更严谨，而且运用了色彩、图像，可以触发更多想象力、创造力，是一种全脑思考模式。

2. 见林又见树：运用思维导图法可以让我们从一开始启动项目时，就能看清楚各个领域的大方向，厘清错综复杂的关系。

3. 弹性的结构：使用思维导图软件来进行项目初始的头脑风暴，使用软件时，可以随时调整内容结构，可以更有效地履行头脑风暴的原则：只求想法的数量，暂不涉及逻辑顺序，等大部分想法都呈现之后，再根据分类与阶层法的原则，组合成符合逻辑的结构。反观线性思考的条列大纲，一开始就需要进入严谨的结构，否则容易离题，也限制了想象的空间。

4. 灵思泉涌：思维导图法强调每一个线条上只写“一个关键词”，通过头脑风暴，很容易找到“搭想法便车的月台”，找出可以增补的细节，然后再设法和其他项目联结。运用这种方式，就算平常会议中沉默寡言的成员也可以有所贡献。

5. 享受工作：高雄师范大学成人教育研究所的余嫔教授指出，“玩兴”不只能够带来乐趣，也有助于打破成规、放松身心，提高创造力。思维导图法鼓励参与的团队成员更多地运用色彩、图像，过程就像在做游戏，可以激发参与者的热情。换句话说，思维导图法是一种有趣的头脑风暴，可以带动项目团队成员积极投入，激发团队的热情。

运用思维导图法定义项目

采用线性的条列大纲很容易让人想到以前的经验模式，而忽略了不一样的选择。通过思维导图法，运用水平式的思绪绽放联想，我们能对定义项目内容“激荡”出更多选项，产生更有效的解决方案。龙华科技大学管理学院自 2008 年起将思维导图法导入教学课程，每年学校都举办“创新与创业竞赛”，学生构思产品创新或创业计划的项目时都采用思维导图法。

例如，“年终尾牙”的活动，用传统条列大纲大概就是写出“吃大餐”“歌唱表演”“抽奖”而已。但若采用思维导图法，根据分类与阶层法的原则，当大脑出现“吃大餐”的想法时，你补上一个“食”的上位阶，并把“吃大餐”分成“吃”与“大餐”两阶，从“吃”可联想到“素食”；大脑出现“歌唱表演”时你就加入“乐”的上位阶，也把“歌唱表演”分成“表演”与“歌唱”两阶，相信从“表演”上，你一定有很多的联想，同时把“抽奖”放在“乐”的下位阶。这时，你就会想到与“食”“乐”同位阶的还会有“衣”“住”“行”“育”等类别。从“衣”又可联想到当天参与尾牙的同事可以来一个“童话”“文艺复兴”“未来世界”的服装秀。从“育”也可以通过当天的菜品，引导同事健康饮食。

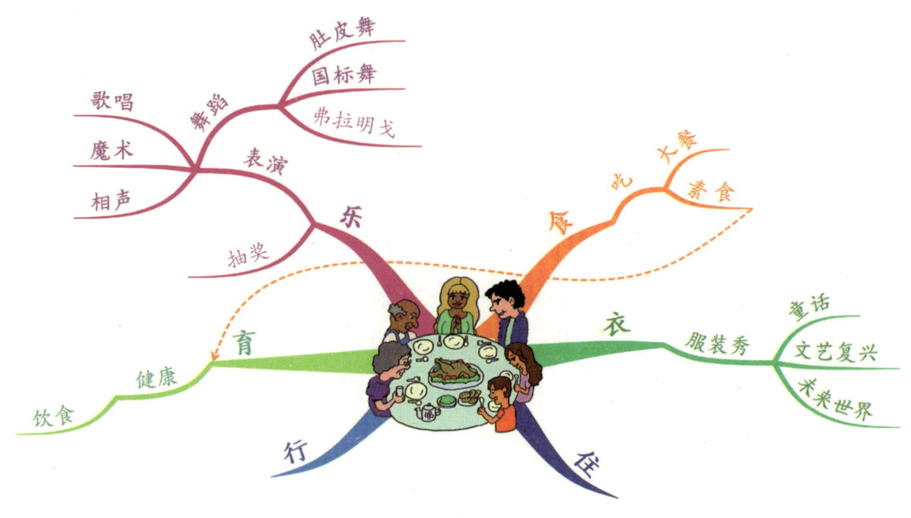

定义年终尾牙的活动项目

运用思维导图法规划项目

不少资深项目经理的困扰是觉得徒弟难教，与其费时间给徒弟解说，不如自己做比较快，但这样又会累“死”自己。其中一个关键因素是，过去多年累积下来的经验教训，或称隐性知识，很难用三言两语表达清楚。但是，龙立伟的论文研究则显示，如果能善用思维导图法的优点与特色，通过工程项目管理知识构建流程与步骤，并利用思维导图法的水平思考和垂直思考等联想技巧，可以有效协助工程师将个人隐性知识与经验转换为显性知识，这有利于项目规划管理的每一个流程的推进，将过去的经验教训作为新项目的参考依据。

布朗与海尔也指出，规划项目“任务结构分解”（Work Breakdown Structure，WBS）时非常适合使用思维导图法，因为它可以让项目成员专注于项目的目标，毫无遗漏地列出知识领域的细节。美国克洛斯温德（Crosswind）项目管理公司编写的《国际项目管理师认证考试准备大全》，在每个单元之后都附上一张以思维导图整理的内容重点，帮助学员厘清项目管理复杂的关系。台湾地区项目管理培训课程的讲师在上课时除了采用美国标准的教材之外，也会辅以思维导图整理的补充讲义。因为唯有清晰的思路，才能让你理解项目管理每一环节的含义与彼此的关系，项目规划才更缜密。

思维导图软件应用

美国项目管理协会（PMI）将项目管理分为五大流程、十大知识领域，在每个流程中都有不同的知识领域任务必须要执行。为方便项目执行人员厘清每个阶段分别该做哪些事情，我们可以用思维导图软件建立基本结构并将其模板化，以后接手项目时，就把这个文件的思维导图模板当作思考的起点。例如，在起始阶段有两件事必须完成，分别是“整合管理”的“发展项目章程”与“利害相关者管理”的“辨识利害相关者”。从“辨识利害相关者”又可发展出一个下位阶的思维导图，并与这个支干连接。其余各层级的做法皆相同，如此便能结构性地将项目内容层层发展下去。

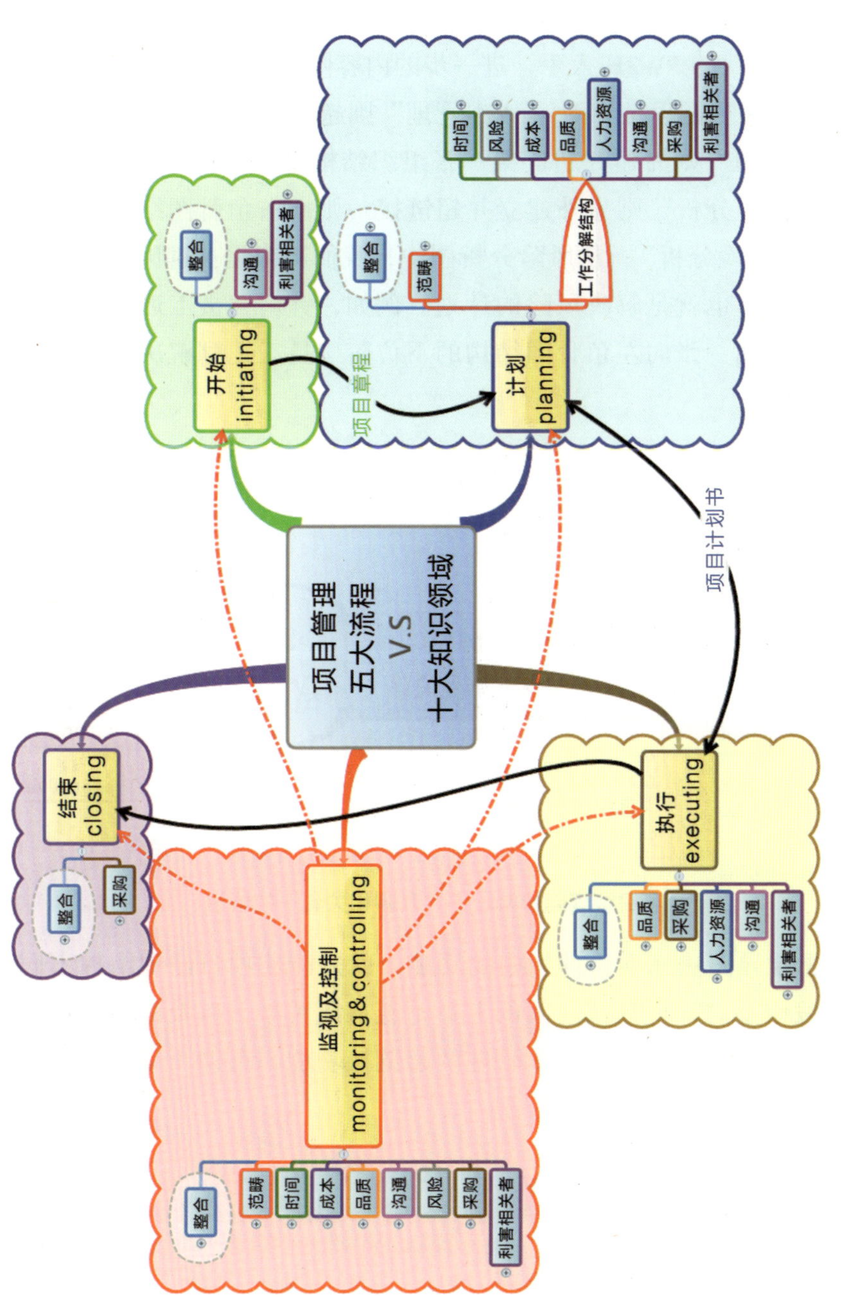

项目管理五大流程中十大知识领域的任务

有些小项目需要考虑的内容并不多，不见得需要正式项目管理的模式，但仍然可以将十大知识领域作为项目计划思考的起点。先从“范畴管理”的 5W2H 入手，进一步的内容则另外建立并链接到一张下位阶的相关主题思维导图；“成本管理”则超链接一个 Excel 文件，“人力资源管理”则另建并超链接一张组织结构架构的文件；“风险管理”中的“风险分析”则另外建立并超链接一张向右鱼骨图结构的下位阶“读书会风险分析”；从风险分析图中，我们再根据关键因素分别建立风险对应，也就是解决风险的计划。例如，针对“员工迟到”再建立并超链接到一张向左鱼骨图结构的下位阶“员工迟到解决方案”的思维导图。

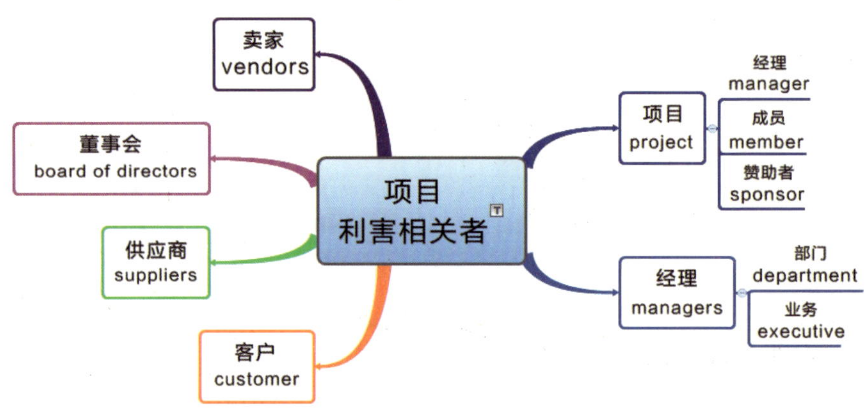

项目管理起始阶段中“利害相关者”的辨识

思维导图法在项目计划中的功能，就是能让项目经理掌握不同流程阶段中不同知识领域之间的上下垂直从属关系，以及横向连接的相互影响关系，应用思维导图软件的超链接功能，有助于掌控项目管理的流程脉络与厘清复杂的关系。

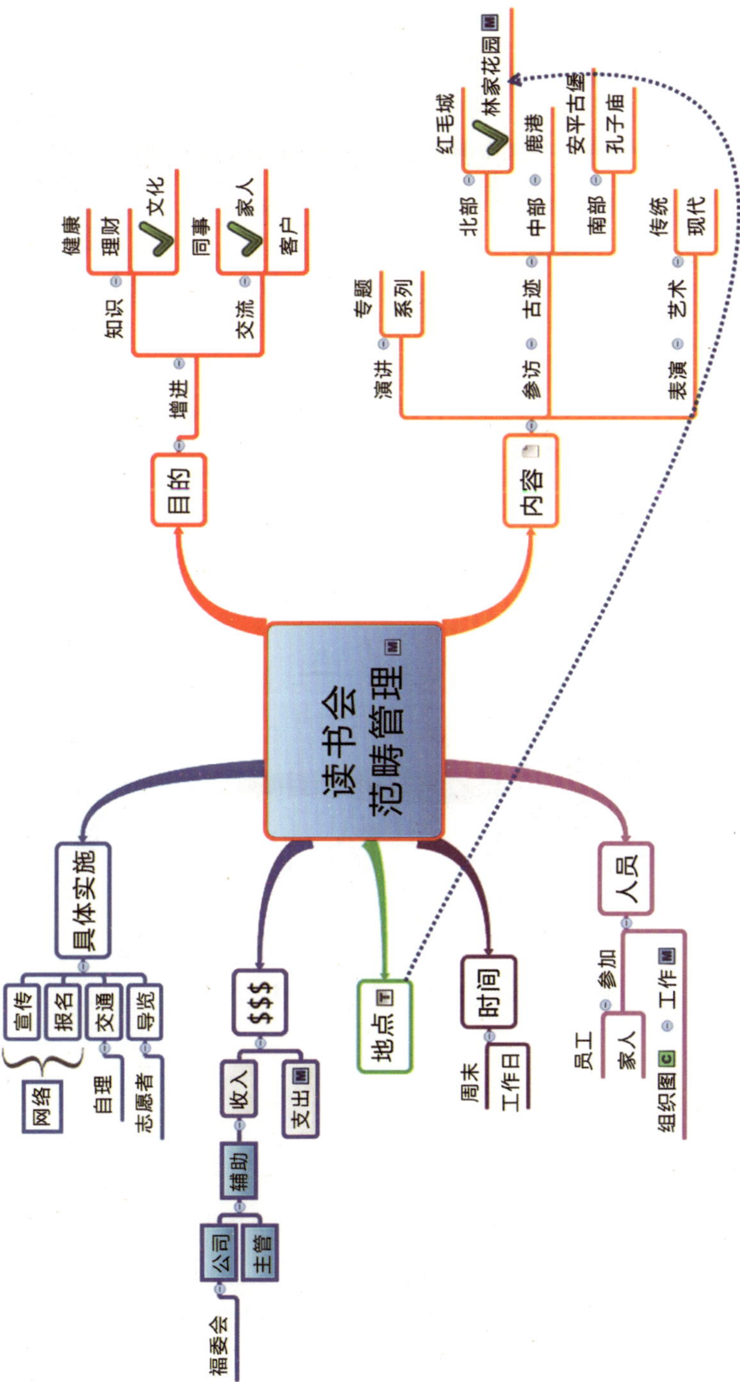

读书会范畴管理思维导图

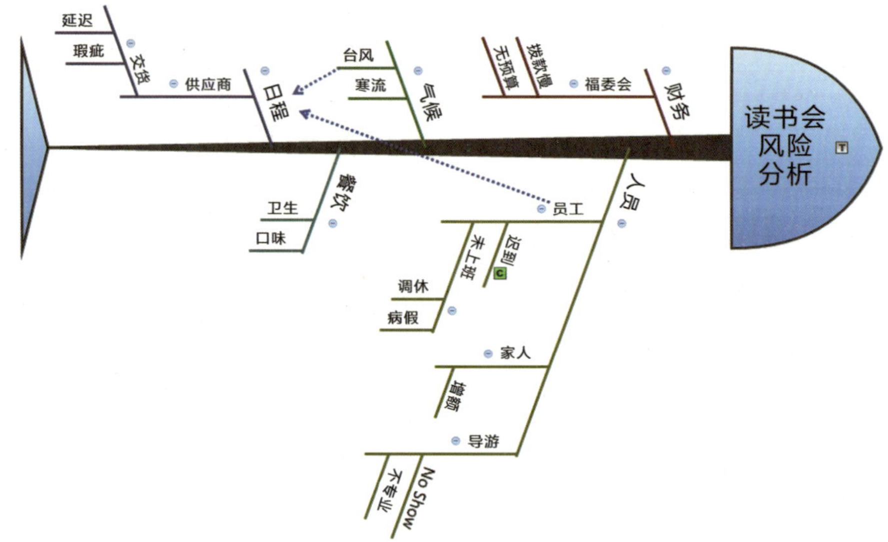

向右鱼骨图结构的“读书会风险分析”

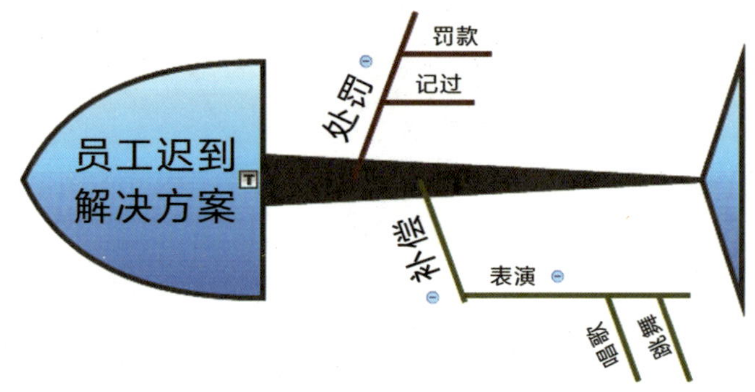

向左鱼骨图结构的“员工迟到解决方案”

创意标语

一项产品、一个活动，甚至企业形象，总是少不了标语，它可以加深大家的印象，例如，耐克运动鞋的“Just Do It”、远传电信的“只有远传没有距离”、上海世界博览会的“城市，让生活更美好”。过去，人们认为这些创意标语的产生是具有创意天赋的人独创的。但是，通过思维导图法，你也可以轻松想出许多出人意料的好点子。

标语就是用最简短的文字表达事物的特性、优点与内涵。基于这些特性，标语除了要有吸引人的辞藻外，还得具备差异性。为此，运用思维导图法就要在阶层结构中的每一阶，尽量多一些水平式思考的点子，用自由联想的方法想出点子。其方法步骤与原则如下：

1. 手绘方式为佳：使用计算机软件会让人的大脑处于固化的状态，轻松活泼的手绘涂鸦让人比较容易进入有助于创意构思的情境。

2. 根据题目在纸的中央画一个彩色图像。

3. 一开始就采用自由联想的方法，从中心主题产生第一阶概念，或第一阶、第二阶采用逻辑联想的方法，但第三阶以后全部用自由的联想。

4. 对思维导图中的每一个概念尽量采用水平思考的方法，这样可以扩展思考的广度；采用自由联想的方法可以突破僵化与传统的限制，产生出人意料的点子。

5. 在联想过程中，若因为某个关键词激发了灵感，就尽快在另外一张纸上写下初步的概念，以待之后重新组合或修改。

6. 最后修改、精简已经产生的初步标语，或跟其他标语合并成新的标语。

为了帮思维导图法想一个标语，我们公司全体员工在 2004 年一起头脑风暴，想出了许多标语。最后大家投票表决，胜出的是“脑内文艺复兴”，多年来一直在我们公司的文宣产品上使用。由此可以看出，只要用对方法，每个人的“创意精灵”都可以被激发。

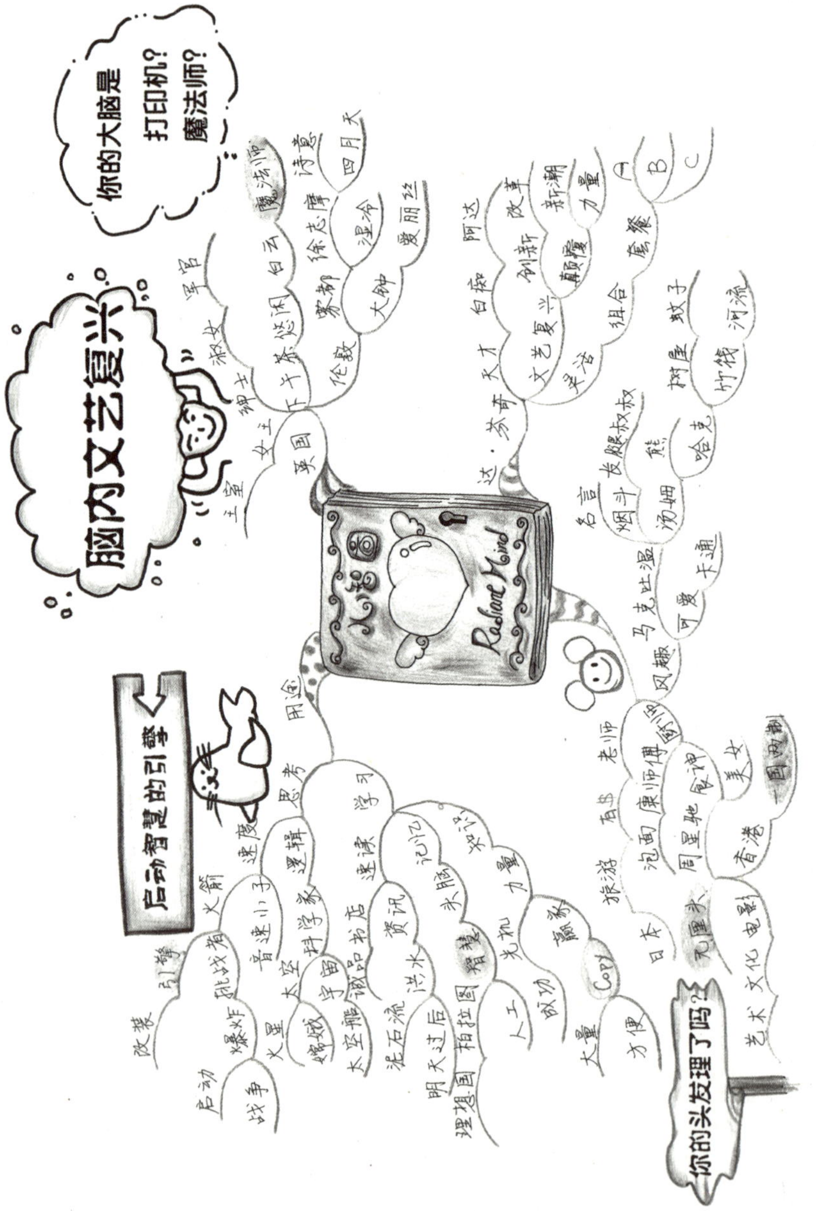

脑内文艺复兴

你的大脑是
打印机？
魔法师？

启动智慧的引擎

你的头发理了吗？

为“思维导图法”构思一句标语

会议计划

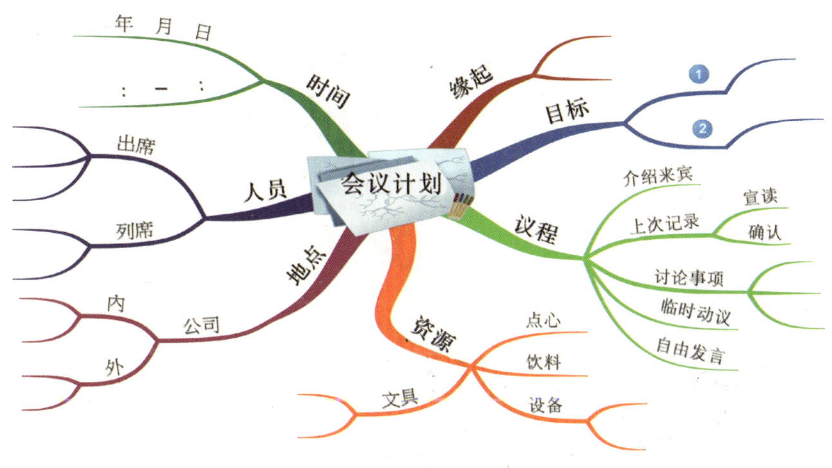

会议计划思维导图

“会而不议、议而不决、决而不行、行而不果”会让人害怕开会。原因往往是事前没有完善的规划，会议过程杂乱无章，会后才让人无所适从。因此，做好会议计划，自然就能提升工作效率。

首先，搞清楚本次会议的目的是关键，从目的中列出会议的议程，再思考为了让会议顺利进行，需要用到哪些资源，在什么地方、什么时间召开比较妥当，哪些人一定要出席，可以邀请谁来参与讨论。

在会议中，我们也可以运用思维导图记录重点，以供会后行动时参考。

营销企划

营销宛如空气笼罩着现代人，任谁也无法逃脱它的“包围”。美国市场营销协会（American Marketing Association，AMA）给营销的定义是：“规划和执行有关概念、物品与服务的形成、定价、推广和分配的程序，以便实现能够满足个人和组织目标的交换。”简单说，营销的主要工作就是“找出需要、满足需要、交换需要”。基于以上营销的定义，营销人员的优势是拥有取之不尽、用之不竭的创意泉源，洞察客户需要、产生诸多满足客户的新点子与策略。

营销策略
目标
决策因素
内部
财务
流程
产品
外部
顾客
竞争者
时机
决策者
主要
需要
想要
次要
需要
想要
目前
潜在
企划提案
效益
特点
条件
限制
面临问题

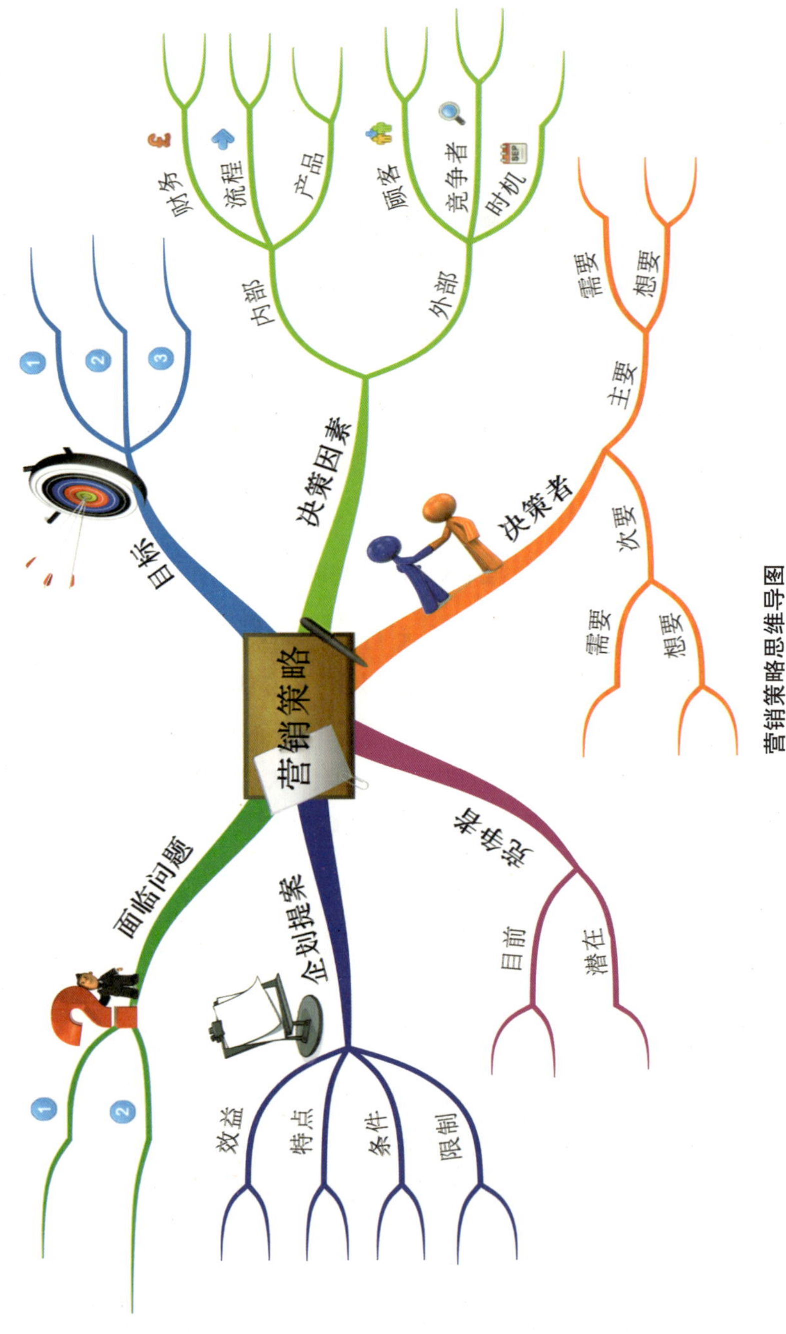

营销策略思维导图

杜邦公司前总裁伍拉德（Woolard）指出，如果无法感动客户，一切都是白费心机。要如何做才能感动客户呢？爱因斯坦曾经说过："想象力比知识更重要。"营销要能奏效，需要有想象力。从很多对成功企业的报道中可以发现，想象力与创意构成了成功营销的关键。精确的信息搜集与清楚无误的沟通是成功营销不可或缺的因素，因为客户一直在探寻事实的真相。

思维导图法强调发挥想象力并融入五官感觉的情境式的图像思考，通过树状结构，有层次地扩张营销所应思考方向的广度与深度。东尼·博赞与营销教学权威伊斯雷尔（Richard Israel）指出，运用"销售知觉及销售脑力矩阵"（Sales Mind Matrix）将大脑功能作为营销企划的检核，可以让营销过程兼具感性与理性，达到双赢的目标。我们应先发挥想象力，思考目标客户群的问题、需求与感受，再列出各种可能的营销目标，并决定其优先级，亦即营销定义中第一阶段"规划和执行有关概念、物品与服务的形成的程序"。形成首要目标，目标确定之后再进一步用"销售知觉及销售脑力矩阵"讨论营销企划的其他各种因素。

时间管理

时间是最特殊、最宝贵的资源。管理的定义为："协调组织资源，使其迈向实现组织目标的一种工作形态。""时间"本身无法协调组织，所以，要协调组织使用时间的事务。思维导图法的时间管理模式是先扩散思考再聚敛思考。从组织规划事情的类别项目入手，把必须做及想要做的事情分门别类地列出来，这属于扩散思考阶段。接着再标出一定要做的事项，并将其按优先级排列，然后给一定要做且已经确定在何时执行的事项标上日期、时间，这属于聚敛思考阶段。最后将内容记录到一张以一周七天为大类，早上、中午、晚上为中类，一定要做（must）、有空再做（nice）为小类的思维导图上，或记录到自己的活动日历（Outlook 等）里。如果发现一定要做的事项当中有若干项在时间上有冲突，就把优先级较高的事项先排入活动日历，看看优先级低的是否可以更换时间，或思考有无其他替代方案。最后检查活动日历中空闲的时间，把一定要做且优先级较高，但时间有弹性的事项，依据其属性或使用资源的共通性安排到适当的时间段，最后把空余的时间安排给优先级较低或只是想要做的事情。

一周
工作计划
(2011/09/12~18)
教学
企业培训
精英电脑
Wed.
14:00-17:00
佳能
Mon.
16:30-19:30
公开班
Sat.
09:00－18：00
"文官学苑"
高考班
Fri.
08:10-15:30
休闲
泡汤
乌来区
礁溪乡
电影
《昨日的记忆》
逛街
公务
行政
业务
讲师
Fri.
17:30-18:30
应酬
青商会
月例会
同学会
师大硕班
学习
图书馆
还书
演讲
经理人晨读会
硕士班
社区教育理论
Tue.
09:00-12:00
成人心理学
Wed.
09:00-12:00
成人学习与教学研究
Thur.
18:00-21:00

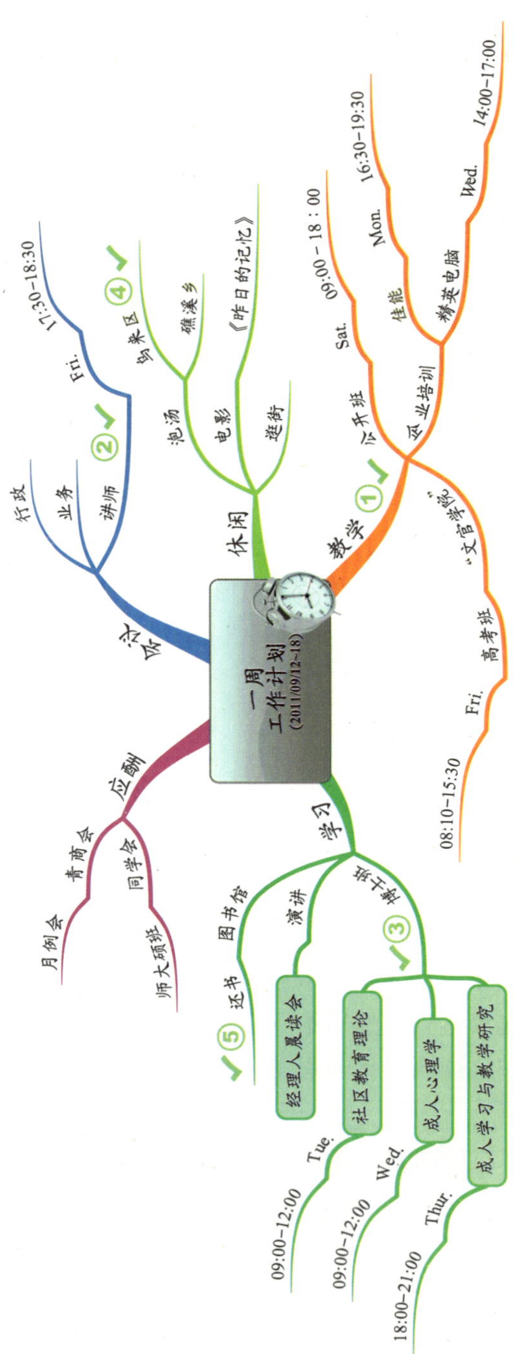

一周工作计划思维导图

人生规划

“机会，是留给有准备的人的”“我们无法掌握生命的长度，但可以扩充它的宽度”，这些至理名言都在告诉我们人生规划的重要性与必要性。无论是学业、事业、财务，还是健康与社交，都需要做好规划。因此，我们可以绘制一个涵盖大方向的思维导图，从“健康”“财务”“学业”与“事业”四个方向展开思考的第一步，并将“现状”“目标”，以及每个目标的“达成时间”与“做法”作为每一个方向的延伸思考。

如果有必要的话，我们可以针对四大主题，或主题之下的“现状”“目标”或“做法”，根据自己的需求，用另一个思维导图进一步盘点、分析与规划，例如，健康管理、财务管理与工作发展，我们称之为下一阶层的迷你思维导图。

本节的范例只是给读者一个参考方向，实际运用时可依照自己的需求进行调整，空白线条是给读者应用时自行填入适当的想法的空间，可以增加线条也可以减少线条。

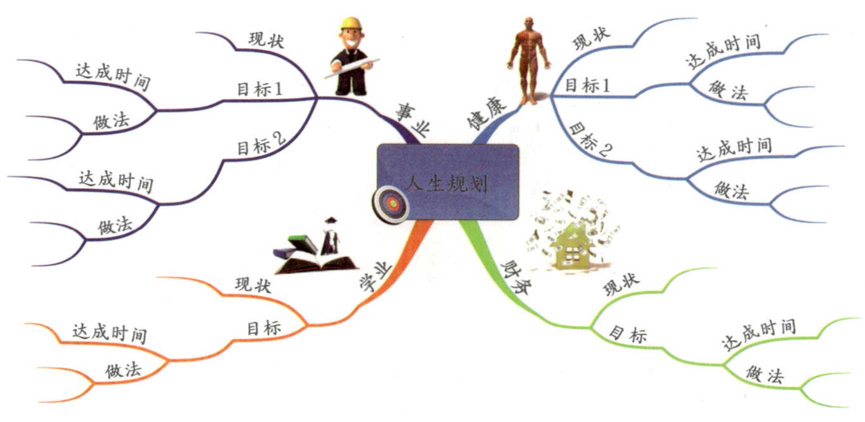

人生规划思维导图

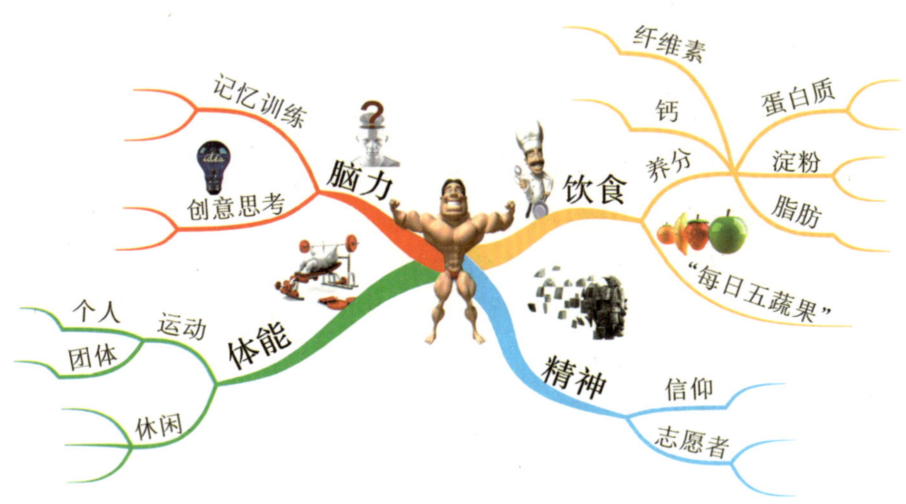

健康管理思维导图

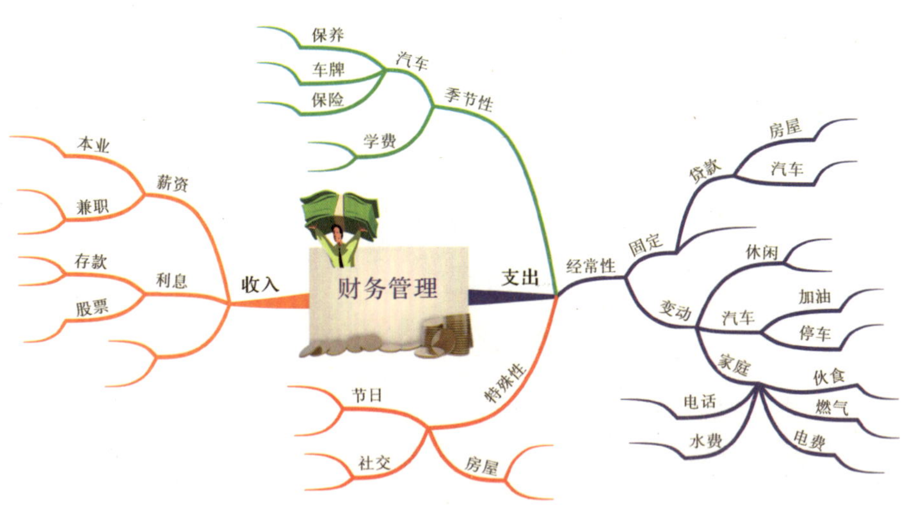

财务管理思维导图

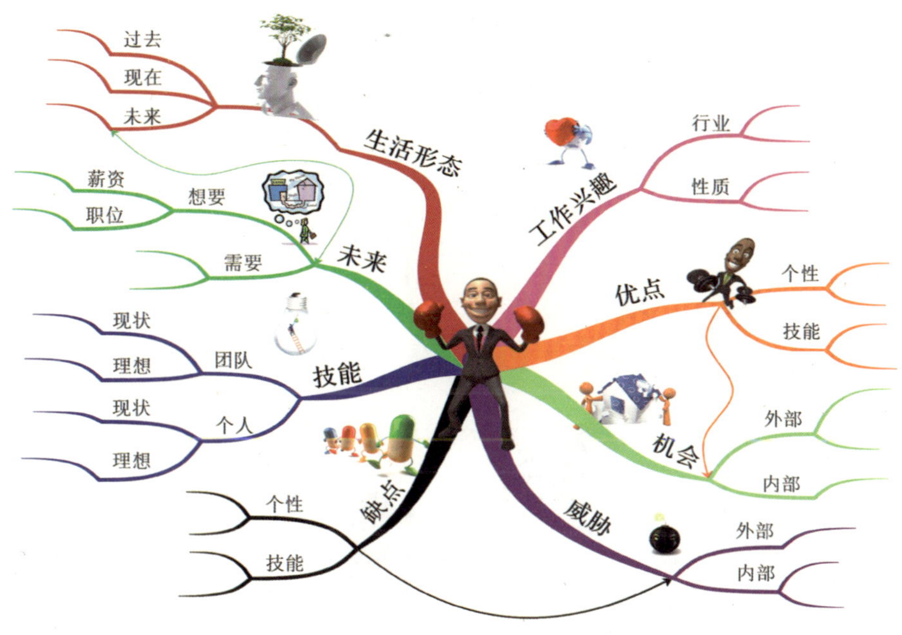

工作发展思维导图

创意自传、简历

制作一份清晰且吸引人的简历在现实社会应聘求职中是非常有必要的。将一叠厚厚的“自传”内容重点做成一张思维导图放在首页，可以让招聘企业的人事主管们在审查千篇一律的简历时，眼前为之一亮。

由于思维导图的结构清晰易懂，只呈现最有利的关键条件，容易给招聘的人事主管留下良好、深刻的印象。读者实际运用简历思维导图时，中心图像可以放自己的照片，六个主干上的主题也可以根据实际运用的场合设计。例如，升学申请时，就得有一个主题是“研究计划”或“进修计划”。第275页有一张作者简介思维导图，借此你很快就能大致了解我的背景。

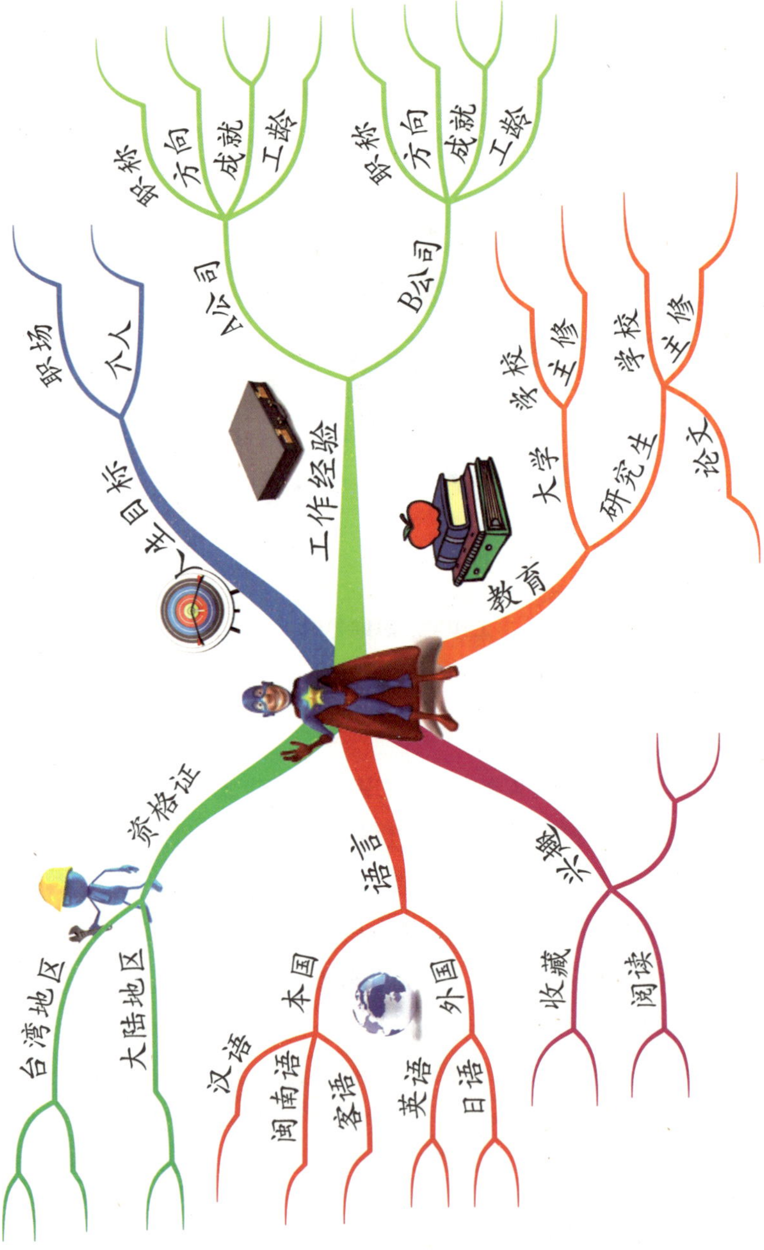
人生目标
职场
个人
工作经验
A公司
职称
方向
成就
工龄
B公司
职称
方向
成就
工龄
教育
大学
学校
主修
研究生
学校
主修
论文
兴趣
收藏
阅读
语言
本国
汉语
闽南语
客语
外国
英语
日语
资格证
台湾地区
大陆地区

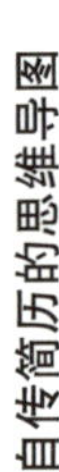

自传简历的思维导图

教育
大学
文化大学
观光事业管理系
专科
正修科技大学
电机科
研究生
美国
硕士
圣母大学
管理科学
中国台湾
硕士
博士
实践大学
台湾师范大学
企业创新
社会教育
工作
浩域企管
"文官学院"
讲师
班别
高考
普考
委升荐
荐升简
性质
兼任
课程
问题分析与解决
创造思考与管理
团队建立与领导
职称
董事长
负责
管理
教学
思维导图法
资格
台湾地区
大陆地区
观光局(1991年)
"考试院"(1995年)
劳委会(1980年)
劳动和社会保障部(2008年)
旅行业
领队
经理人
保险业
代理人
经纪人
工业配线
乙级技术士
高级企业培训师
思维导图法著作
专著
23本
译著
6本
论文
硕士
2篇
博士
1篇

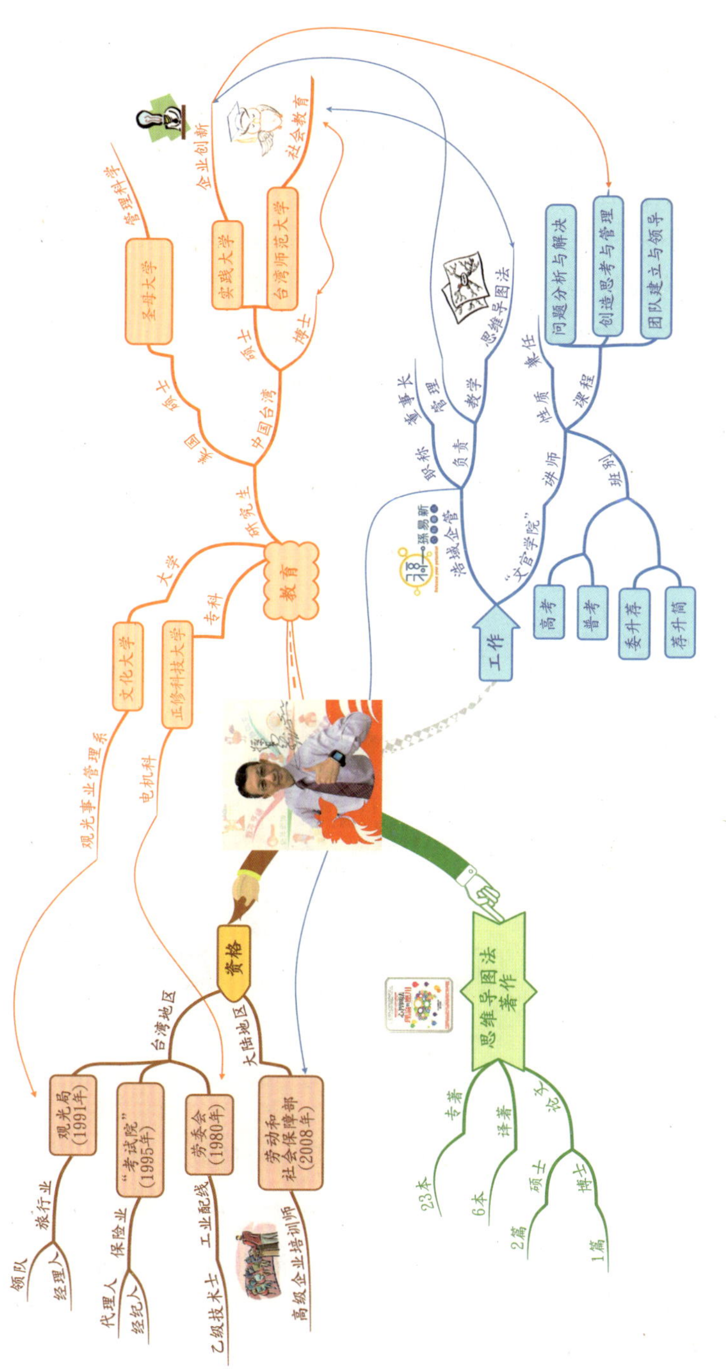

作者简介的思维导图

检核表（Check-Map）与备忘录（Memo-Map）

检核表的英文名称不应该是 Check-List 吗？怎么本节的标题会是 Check-Map？备忘录（Memo）还加个 Map 呢？想必各位读者一定能猜到，我们不是要使用传统的条列方式，而是要运用思维导图法。

条列式的检核表经常让人思维打结。以我曾经担任出国观光旅行团体领队十余年的经验，旅行社在出国前都会发给每位旅客一张条列式的“携带物品清单”。可是到了国外，还是有人忘记拿各种东西，询问团员是否有按照清单来准备，所有的回答几乎都是“看到那张密密麻麻的清单就头痛”。而且还有不少人带了根本用不到的东西，增加了行李重量。

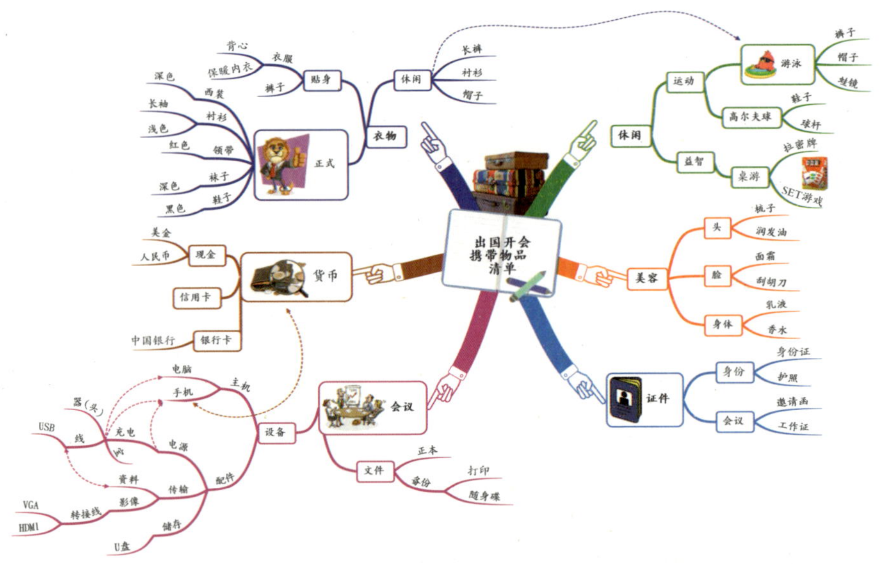

出国携带物品的检核表（Check-Map）

若你经常出国，而且没有太多时间思考与准备行李，思维导图法就是你的好帮手。上图是为了出国开会、演讲携带物品而整理的思维导图的列表模板。我以物品的属性及其在家中放置的位置来做分类，每次出国前，我会花五分钟检查思维导图中的项目，并按照具体情况略做调整。然后按照修正后的思维导图来打包行李，既快速又正确，效率极高。遇到其他需要用到类似检核表的场合也可以事先画一张思维导图。

备忘录是类似检核表功能的另一种生活好帮手。用思维导图法的优点是，根据属性分类所有的数据，清楚地将其呈现在一张纸上，并能看出不同类别数据之间的关联性，可以帮人快速查询所需信息。

工作上也可以在工作说明书的首页，用一张思维导图完整地列出所有的负责事项。下图是用来说明我工作内容的思维导图，从逻辑结构清晰的树状结构与网状脉络中很容易看出我的工作内容有哪些大类、中类、小类与具体事项，并可从小插图中对我的工作重点项目一目了然。

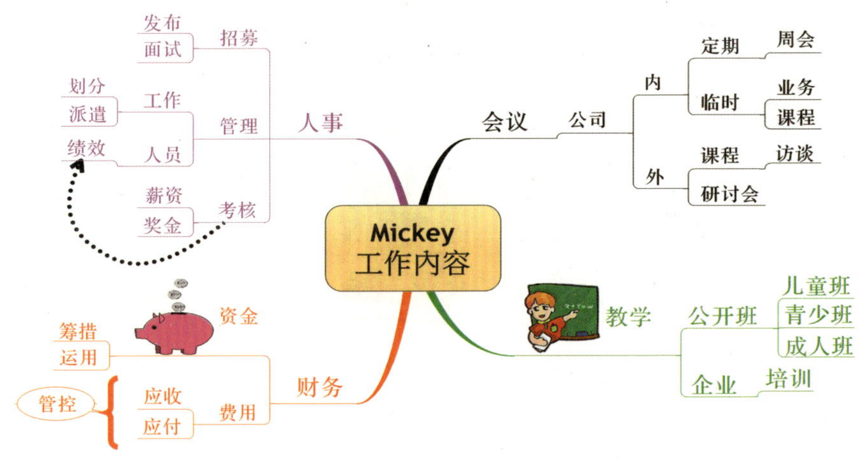

工作内容的思维导图

创意贺卡

感动才有价值，通过一张创意贺卡来表现诚意是不错的选择。创意贺卡的形式非常多，但是自制更能表现心意，巧思更能感动人心。

生日卡片

2004 年我生日那天收到一份很特别的礼物——同事陈资璧以手绘的方式制作的一张思维导图生日卡。

这张思维导图共分成三大类："工作""休闲"与"梦想"。她通过图像的方式表达了对我的祝福，工作上，她祝福我创建"思维导图法学校"的想法早日实现，以帮助更多的人。我的休闲嗜好"享受美食""做菜""打高尔夫球"与"泡温泉"也生动活泼地被展现出来。至于梦想，那就是每天可以睡大觉、遛狗、钓鱼，还把我心爱的毛小孩黄金猎犬画进了卡片。

创意生日卡

贺年卡

不仅生日卡片可以给人惊喜，岁末年初的圣诞卡、贺年卡也可以通过手绘思维导图的方式，表示真诚的关怀与祝福。

下面是我个人在岁末寄给学员的贺年卡，也是感谢卡，谢谢大家多年来一直对"孙易新思维导图法"的肯定与支持。通过思维导图中简短的四十几个关键词，表达了我无限的感激之情。

感谢
祝福
分享
期许
GLOBAL MIND MAP
CONFERENCE 2007
"A BRAIN
NEW WORLD"
2007
创新与学习国际研讨会

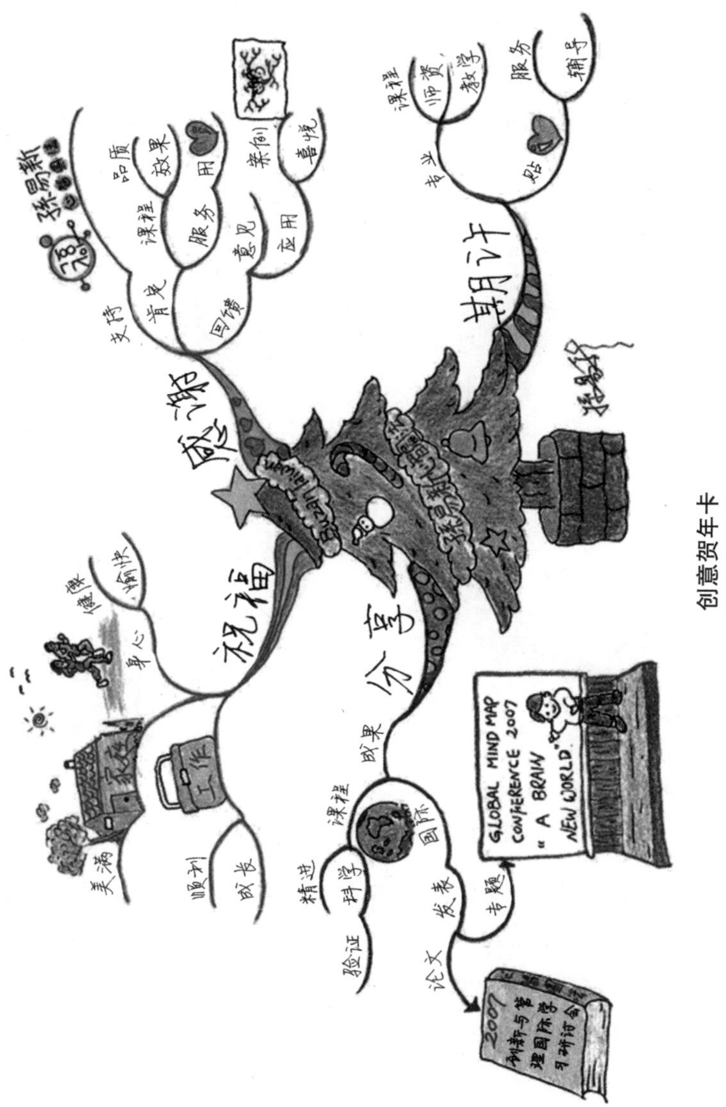

创意贺年卡

感谢卡

父母对子女的爱是不求回报的，身为子女，送父母一张卡片，尤其是自己制作的卡片，说不定会让他们很开心。下面是一个小学二年级的小朋友送给母亲的思维导图感谢卡，这让她的母亲觉得自己为女儿所做的一切都是值得的！

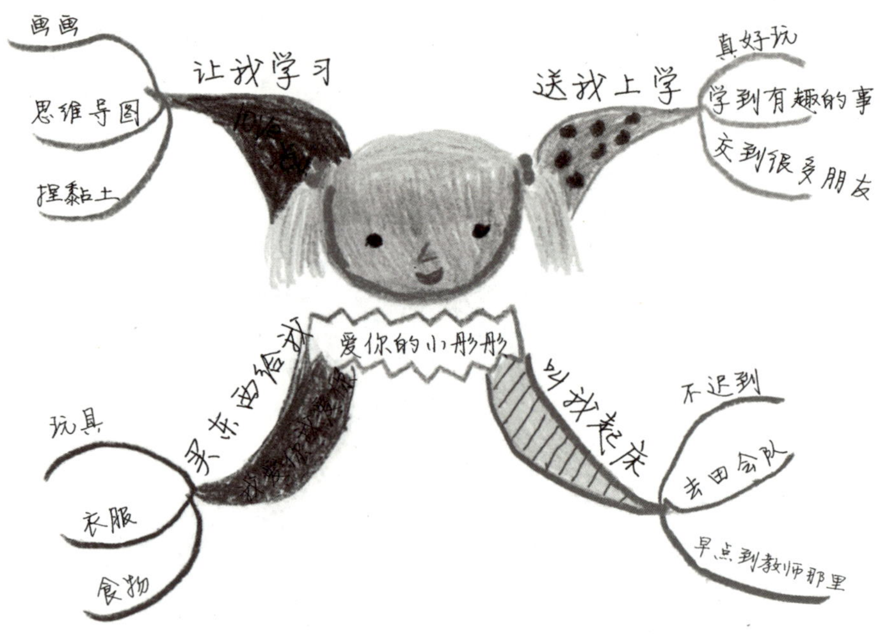

感谢母亲的创意思维导图卡片

近年来，国内与思维导图法相关的学位论文已有一百多篇，不少研究者为了让研究更具有真实性与价值性，在实验研究之前都先来参加我教授的思维导图法课程，甚至进一步接受思维导图法师资培训，有的老师在顺利完成硕士论文之后还画了思维导图感谢卡表达感谢之情，这让我深为感动，也激励我在以后的日子里无怨无悔地协助更多研究生从事思维导图法相关领域的研究。

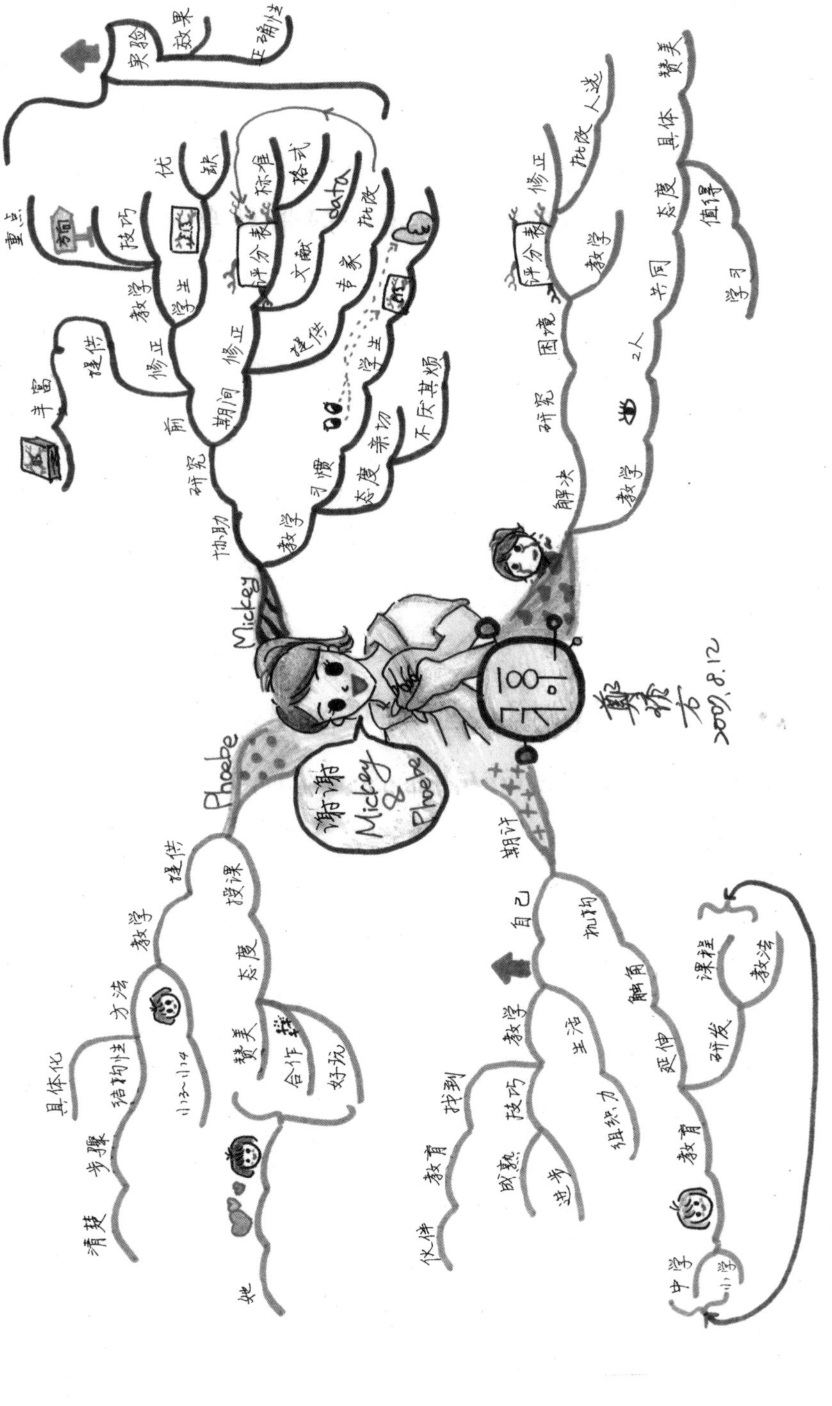

郑琇方老师绘制的思维导图感谢卡

第十八章

分析问题，解决问题

问题可分为已经发生的和未发生的两大类，针对已发生的问题提出的解决之道被称为应变性决策，预防尚未发生的问题的对策被称为前瞻性决策。在项目管理的流程中，决策几乎直接关系着项目成败。决策是指面临问题时，拟定各种可行的解决方案，以顺利达成目标的行为。

无论是处理已经发生的问题，还是预防尚未发生的问题，各阶段都会因观点的不同或涵盖的内容项目不同而略有差异。但不外乎下表中的几个阶段和常用工具。

问题分析与解决的阶段与工具

阶段	工具	
	扩散式的创造思考	聚敛式的批判思考
1. 发现各种问题与确认关键问题	□头脑风暴法 □思维导图	□柏拉图图表
2. 分析关键问题产生的原因	□头脑风暴法 □思维导图	□思维导图 □鱼骨图
3. 针对问题的原因提出各种解决方案	□头脑风暴法 □思维导图	□思维导图 □鱼骨图
4. 决定解决方案的优先级		□决策矩阵分析法 □双值分析法 □判定树
5. 解决方案的策略分析、计划与实施		□ STEEP 分析 □ SWOT 分析 □ PDCA 循环
6. 实施进度的追踪与成效评估		□甘特图 □检核表

预防重于解决，对于如何分析并预防未发生的问题，学者帕恩斯（Sid Parnes）与奥斯本在 1966 年提出的创造性问题解决模式（Creative Problem Solving，CPS）是一种有效的方式，后在美国纽约州立大学水牛城分校创造力中心发展至今。CPS 包括三种成分、六个阶段，每个阶段又分为扩散式的创造思考与聚敛式的批判思考两个阶段。

由此可知，在分析问题与解决问题时，思维导图法能帮助人们兼顾扩散性思考与聚敛性思考。本章将就常见的模式逐一说明。

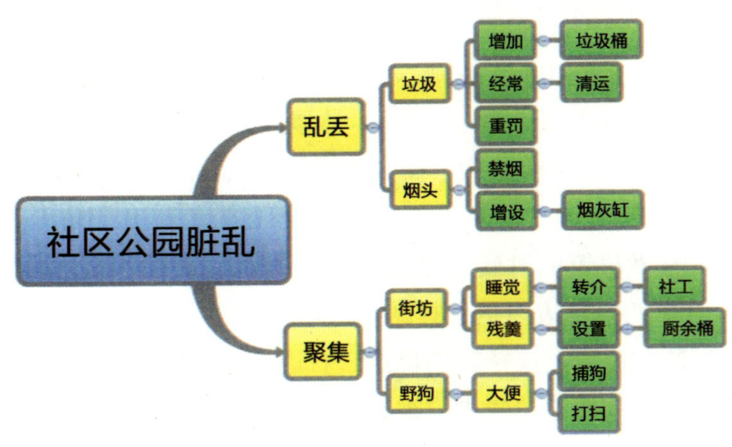

问题分析与解决的思维导图

问题分析与解决：系统思考思维导图

“不要只带着问题来开会，还要准备好解决方案”，这句话是职场新人的守则之一。有价值的员工不是要让主管喜欢你，而是要让主管需要你，主管需要的是碰到问题时能够分析问题并提出解决方案的人才。

起源于日本的新 QC 七大手法[①]的系统图又称树形图，是一种针对问题系统地寻求实现目标的手段，是一种以树状结构展开多层次分析，直到提出最佳解决方案的图解工具。其类型分为两种：第一类着重于分析问题，将构成问题的要因作树状展开；第二类着重于改善与解决问题，将解决问题的方法作树状展开。

思维导图本身就是典型的树状结构，再配合颜色运用做管理，将问题的“分析”与“改善、解决”合并在一张图中，这样更能让思维导图一目了然，从而刺激你产生想法，掌握彼此的关联性，也能让你的观点更具说服力。

---

① 新 QC 七大手法包括关联图、亲和图、系统图、过程决策程序图、矩阵图、矩阵数据分析法、箭条图。

解决两难的困惑：双值分析思维导图

是吃西餐还是吃中餐？是乘飞机还是乘高铁？是买房子还是租房子？是出国上学还是留在国内上学？类似这种需要做出选择的情况，是否经常出现在我们的生活中？碰到两难的时候该怎么办？

选择A既有优点也有缺点，选择B也既有优点也有缺点。本杰明·富兰克林做决策的时候，习惯拿出两张纸，分别在纸上画一条直线，在第一张纸的左边写上选择A的优点，右边写上选择A的缺点，在第二张纸的左边写上选择B的优点，右边写上选择B的缺点。后来，这个方法被广泛应用于销售中，被称为“富兰克林成交法”。这种以理性分析比较双边数据的方法，是一种增强说服力的方法。

这种用两个变项分析数据的方法被称为双值分析。可以把要分析的数据分成三种类型：第一种是介于两个变项之间的数据，第二种是个别属于这两个变项之内的数据，第三种是前两种的综合形式。

分析两难情况的问题可以运用双值分析的第二种类型。就A、B两种选项分别分析其优点与缺点，然后根据分析的结果，给每个项目打分（权重），如果该项目出现概率因素，那么权重分数还要乘以概率，然后把优点分数总和减去缺点分数总和，得出总分数；两边以同样的方式算出结果，比较之后便可做出选择。由于给予的权重在乎个人主观意识，且会受情境影响，其表面看似量化分析，实际上带有质性的成分，因此结果并不完全客观，只能作为决策的参考。

传统的双值分析是以条列的形式来写优缺点的，这样难免会让思绪打结。因此，诺斯采用了富兰克林成交法的概念，将某个决策所需考虑的因素用思维导图展开，针对每个要素项再描述说明两种不同选择所产生的影响，然后根据每个要素项、不同选择时的影响因素，分别打分（–100—100之间），最后再分别把同一种选择的分数相加，得到不同选择的总分，以作为决策的参考依据。诺斯称其为关键要素项双值分析思维导图。在下图的这个案例中，搬迁的总分是50，不搬迁的总分是–15，因此，搬迁对公司比较有利。

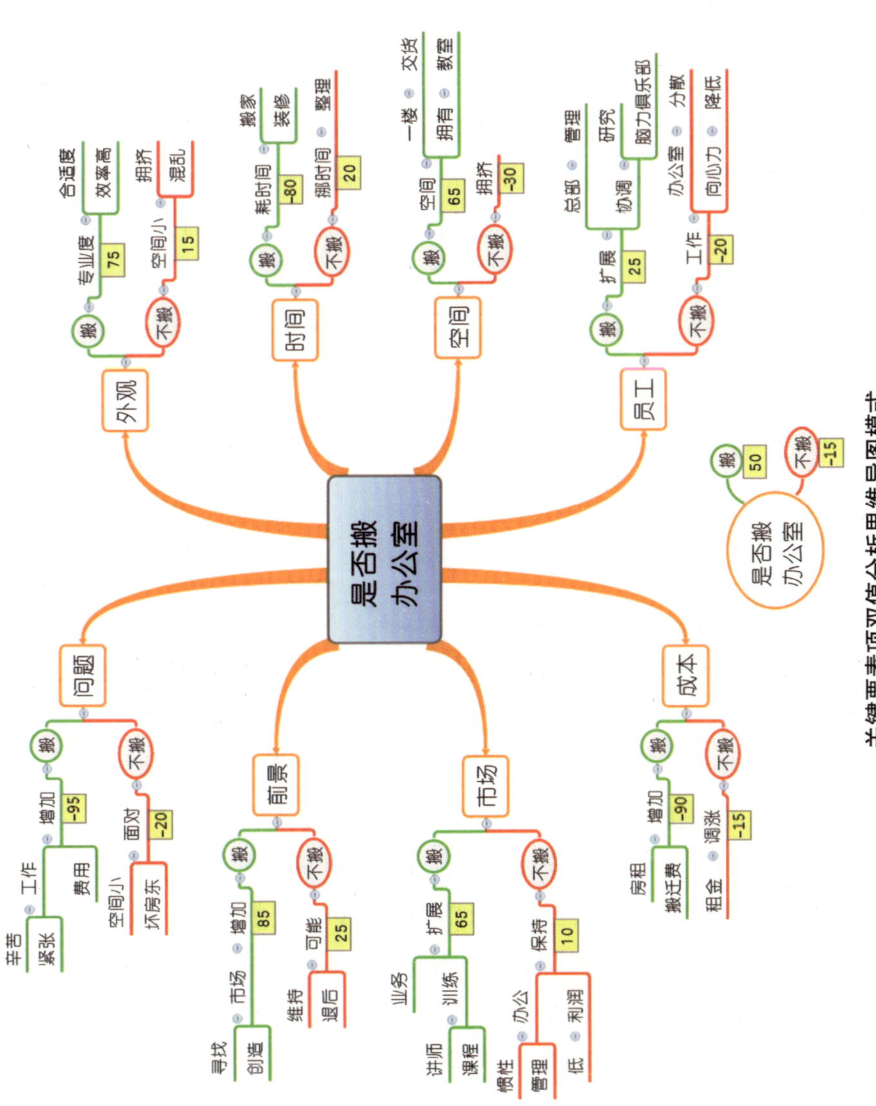

关键要素项双值分析思维导图模式

以思维导图法水平思考模式列出关键的事项，再思考每个变项在不同选择时会产生哪些影响，这属于问题分析时的定性分析。然后根据每个变项不同选择的影响，给予量化的权重分数，这属于定量分析。关键要素项双值分析思维导图决策模式可以帮助我们避免在过于主观、只凭直觉或考虑不周的情况下做出错误的决策。

在诺斯与东尼·博赞合写的《前进：思维导图指引你走上成功之路》(*GETAHEAD:Mind Map Your Way to Success*) 中，提出了另一种双值分析的模式，是面对不同选择（A 或 B，Yes 或 No）时，每种选择都展开优点与缺点两个分支，意即思维导图中的第一、第二阶层分别有两种状况的分析结构，再从分支之后列出优点、缺点的要素项，以供决策参考。

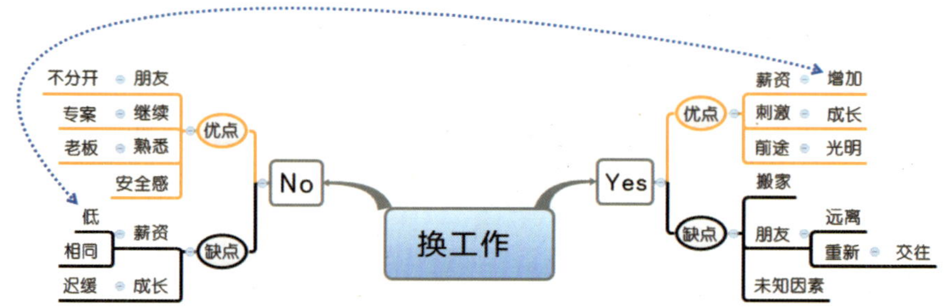

诺斯的优缺因素双值分析思维导图模式

决策时采用优缺因素双值分析思维导图模式容易让人产生一种困惑，即 Yes 的优点极有可能就是 No 的缺点，从而可能会导致无法做出判断。根据我担任“文官学院”课程讲师十余年的经验，将优缺因素双值分析思维导图融入拉斯韦尔（Harold Lasswell）《社会传播的结构与功能》中提出的 5W 传播模式（Who、say What、in Which channel to Whom、with What effects），更能发掘问题背后真正的问题，而不会只看到表象。“5W”即“五个为什么分析”，又称“为什么—为什么分析”，是一种诊断性技术，在企业管理中用来识别与说明因果关系，也可以用来定位问题，寻找问题的根源，以防止问题重复发生。操作方式就是不断提问前一个事件为什么会发生，所谓“五个”并不是一个确定的数字，可以多几个或少几个，重点是找到问题的真正根源。例如，发现屋顶漏水，可以通过以下几个方面寻找其根源：

提问："为什么屋顶会漏水？"
答案："因为有裂缝。"
提问："为什么屋顶有裂缝？"
答案："因为屋顶质量不好。"
提问："为什么屋顶质量不好？"
答案："因为施工工人偷工减料。"
提问："为什么施工工人偷工减料？"
答案："因为厂商没有利润。"
提问："为什么厂商没有利润？"
答案："因为厂商送红包。"

于是找到屋顶漏水的根源是厂商有贿赂行为。这个模式与思维导图法的往下位阶延伸的深度思考模式及树状结构中的因果关系不谋而合。双值分析思维导图模式针对双边选项，考虑每个优缺点因素，除了多思考几阶深度之外，同时也以扩展同一位阶的方式增加思考的广度，让问题分析兼具广度与深度，我称之为"5W双值分析思维导图模式"。下图是一个范例，但囿于版面限制只示范了思维导图右边的内容。

在用思维导图法分析问题时，建议每条线上尽量只写一个关键词，以便思考更多的可能性。例如，"增加见闻"写成"增加""见闻"，从"增加"又可想到"人脉"。分别用不同的颜色来代表不同的"概念"阶层，就容易让人理解总共发展了多少阶的深度思考，之后只要自己清楚，不一定必须用不同的颜色来代表不同阶层的概念，除非是团体讨论，为避免他人混淆时。

但光凭要素项的优缺点和数量的多寡，不足以协助决策者做出决策，优点要素项很多，但很可能都是无关紧要的优点，缺点要素项不多，但每个要素项有可能都是关键，反之亦然。因此，可以在不同选项的优缺点上给予量化的权重分数，再把权重分数分别相加，用优点总分减去缺点总分，得到某一选择的量化分数，这种方法可以平衡优缺点要

素项的数量与质量。不过，给予量化权重也会受到个人情境因素的

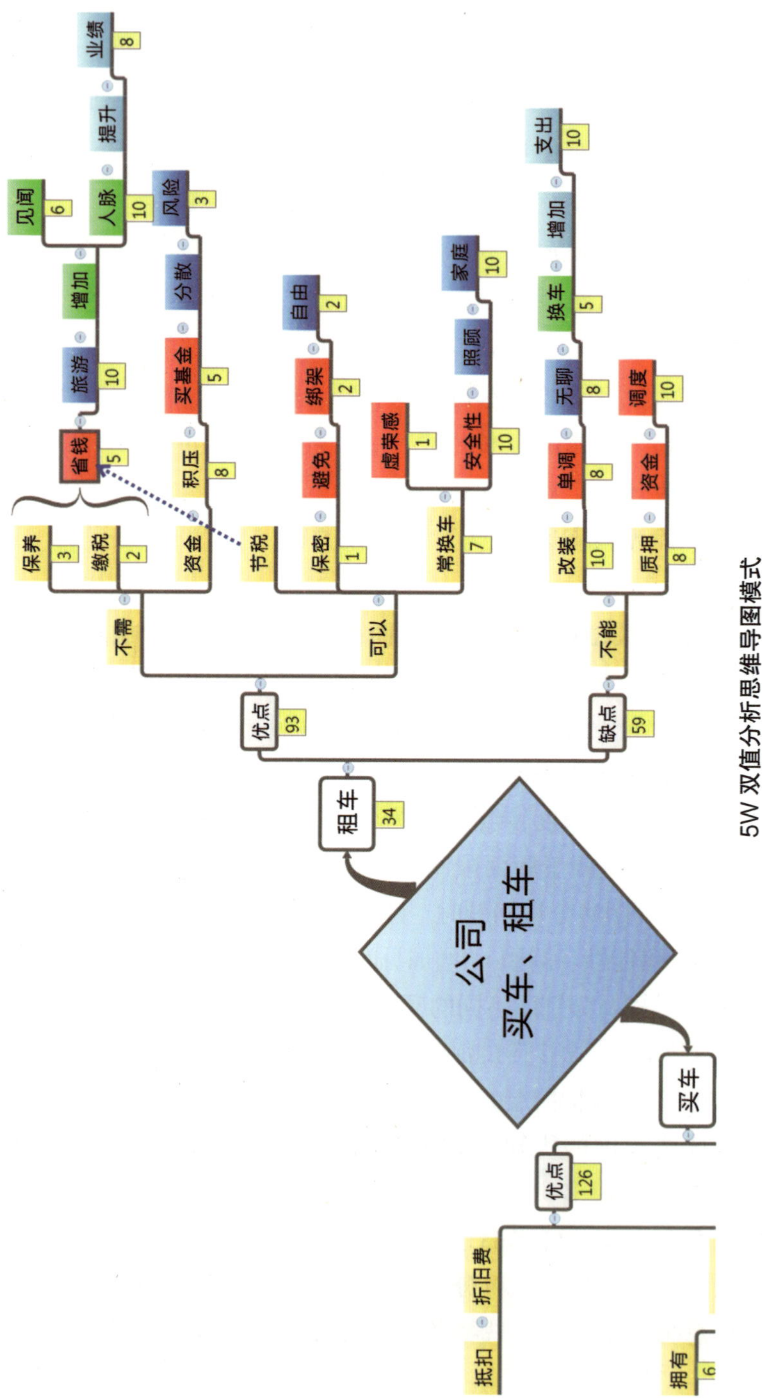

5W 双值分析思维导图模式

影响，总分也与要素项的多寡有关，因此，这个案例示范的并不是科学化的量化分析，但却可以为决策者提供较清晰的思路与判断的依据。

创造性问题解决的应用

在众多的问题解决模式中，帕恩斯与奥斯本在1966年提出的创造性问题解决模式算是比较全面的一种思考模式，也是预防问题发生的好方法。

最早的模式是线性解题五阶段，后来经过崔芬格（Donald J.Treffinger）、艾萨克森（Scott G.Isaksen）等学者的修正，其被分为三大部分、六个阶段，每个阶段又分为扩散性思考与聚敛性思考两个阶段。

思维导图法解决创造性问题过程的三大部分、六个阶段如下：

一、了解挑战

制造机会：属于寻找问题阶段，此时你的角色就像清洁者，主要任务在于集中精力在特定区域思考。

1. 扩散阶段：运用思维导图法的图像思考，让自己融入过去的类似经验、角色与情境中，脑海中浮现出问题的画面，从中找出目前的困惑，并运用思维导图法的分类与阶层法原则，以树状结构将面临的困惑进行分类，并用网状脉络指出不同类型的困惑之间的关联。

2. 聚敛阶段：接受各种挑战，并用系统的方法解决问题。从思维导图法的分类结构中，有系统、有脉络地找出关键要素。

探索事实：探索事实的阶段，你的角色就像侦探，主要任务在于探索问题的症结与事实。

1. 扩散阶段：配合5W1H策略，再次运用思维导图法的分类与阶层法原则，尽量搜集、整理相关资料，用许多不同的信息及观点来审视问题。

2. 聚敛阶段：将扩散阶段所构思的内容，选择重要的议题数据进行定义与分析，并整理成若干迷你思维导图。

建构问题：此阶段你的角色就像医生，主要任务在于找出病源。

1. 扩散阶段：同样以思维导图法的分类与阶层法树状结构与网状脉络的原则，思考从聚敛阶段所得到的重要议题数据图表形成各种可能的原因。

2. 聚敛阶段：可配合运用柏拉图图表（Pareto Diagram）筛选出关键问题的成因并对其进行清晰陈述，然后运用不同的颜色标示出问题不同程度的重要性与优先级。

二、激发灵感

想出主意：此阶段你的角色就像收集家，主要任务在于收集点子与主意。

1. 扩散阶段：延续第三阶段的聚敛性思考，用思维导图法将选定的问题作为中心主题。第一阶层展开造成此问题的各种原因，第二阶层生发出各个原因的不同解决方案。

2. 聚敛阶段：从思维导图中选择较具独创性及实用性的意见。

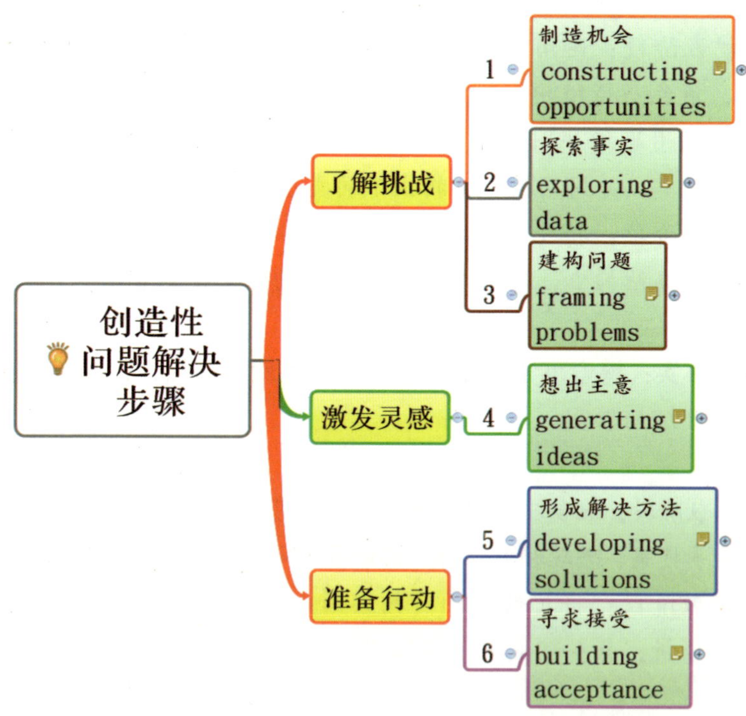

CPS 的三大部分和六大阶段

三、准备行动

形成解决方法：此阶段你的角色就像发明家，主要任务在于找出问题的解决方法。

1. 扩散阶段：列出各种可能的批判或评量标准，例如，问题的重要性与方案的可行性。

2. 聚敛阶段：选出几个重要的批判或评量标准，针对点子进行评价，以便形成更好的解决方案。例如，用四象限分析法，通过判断重要性与可行性的大小，评估各种解决方案。

寻求接受：这一阶段你的角色就像推销员，主要任务在于解决方法的推广与执行。

1. 扩散阶段：例如，以思维导图法的世界咖啡馆模式，邀请利害相关者一起来讨论问题解决方案的优点与缺点，考虑所有可能的助力与阻力，并列出可行的步骤。

2. 聚敛阶段：找出最有希望的解决方案，形成实施计划并采取行动。

应用 PEST 分析、SWOTs 分析与 SWOCEs 分析

PEST 分析、SWOTs 分析与 SWOCEs 分析是策略规划与决策不可或缺的工具，三者涵盖了整个大环境、自己的公司和部门，以及个人。就如同神通集团董事长苗丰强所言："任何企业，只要好好认识自己，并且看清楚周遭环境，右手握住大环境变化（PEST），左手把握自己的条件（SWOTs），就可以掌握自己的命运。"本节将就 PEST 与 SWOTs 分析说明其含义及其在思维导图法中的应用技巧。

PEST 分析

PEST 是分析总体环境中的政治（political）、经济（economic）、社会（social）与科技（technological）四种因素的模型，作为市场调查时外部分析的一部分，它能让我们了解、掌握总体环境中不同因素的概貌。近年来，由于环境生态议题备受重视，因此多加了一项生

态（ecology）。因此，也被称为PEEST（或STEEP）。通过PEEST分析，能有效了解市场的成长或衰退动态，以及目前企业的处境、潜力与未来的运营方向。在“PEEST分析思维导图”中，先从“政治”“经济”“生态”“社会”与“科技”五大主题展开，在每一主题之下再依照自己关心的方向列出次主题，然后，根据每一个次主题做市场调查、了解事实真相，把搜集来的信息整理到各个次主题上，从而画成一个有系统的树状结构，以供决策者参考。

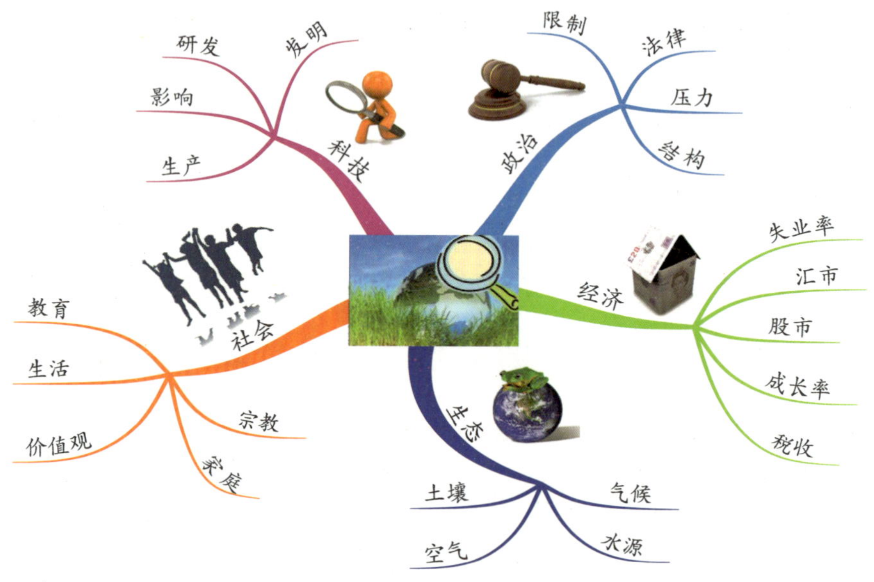

PEEST 分析思维导图

SWOTs分析与SWOCEs分析

SWOTs主要是用来分析组织或个人内部的优势（strength）与劣势（weakness），以及外部环境的机会（opportunity）与威胁（threat），以制定出未来发展的策略（strategy）。它是一个很有效率的工具，结构虽然简单，但是可以用来处理非常复杂的事务。针对企业或组织进行SWOTs分析时，S、W可以参考哈佛商学院教授迈克尔·波特（Michael E.Porter）在《竞争优势》一书中提出的价值链，O、T则是经由PEEST分析中检查大环境得到的结果。

296 页的“SWOTs 分析思维导图”一图是 SWOTs 分析工具的思维导图，它运用放射性思考方式，通过树状结构展开四大主题内容，并以合适的颜色对其加以区分。最后再以代表策略的蓝色线条，分别从各个项目之后展开，说明强化优势的策略、改正劣势的策略、落实机会的策略与去除威胁的策略。

思维导图法的思考模式特别强调“积极”，而“威胁”给人带来相对负面的感觉，因此在思维导图法中用具有正面倾向的“挑战”（challenge）来代替它。这不但能以理性的方式进行比较，而且能借此自省。

在分析优势的时候，面对现实的环境，有些优势与目前的问题无关，为避免列出太多无关的优势，可另建一个潜能（energy）主要分支，以树状结构列出目前用不上的优势，它们可作为思考备案或替代性选择方案的参考依据。最后，在 SWOCEs 的每一项下，再以代表策略（strategy）的蓝色线条，分别在 SWOCEs 各项之后展开，说明强化优势的策略、改善劣势的策略、落实机会的策略、面对挑战的策略与善用潜能的策略。

以上将“威胁”修改为“挑战”，另增加“潜能”的模式，被称为“核心职能导向的 SWOCEs 分析”，我将其发表于《多元知识管理系统：心智图法进阶篇》中。

综合本节所述，可以运用思维导图法的原则，先从 STEEP 分析中掌握大环境的各项因素，然后再根据 STEEP 的分析结果进行针对组织或个人在此大环境之下的 SWOCEs 分析，以发展出下一阶段的行动方案。

然而，分析问题与解决问题不能只使用思维导图法，还必须与各项策略或其他工具适当搭配，常见的策略与工具请参考第 296 页的“常见的问题分析策略与工具”一图。

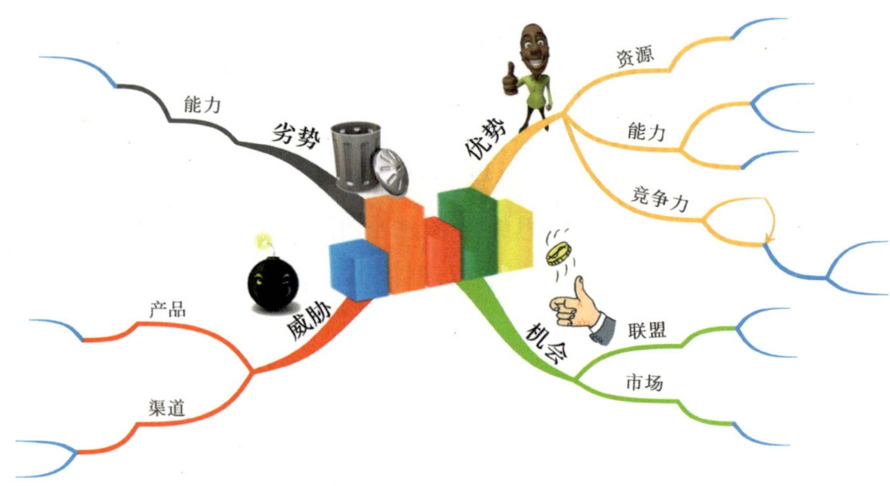

SWOTs 分析思维导图

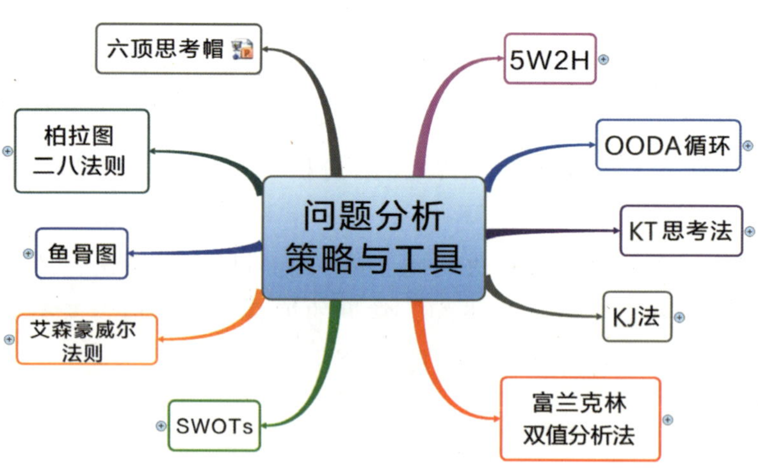

常见的问题分析策略与工具

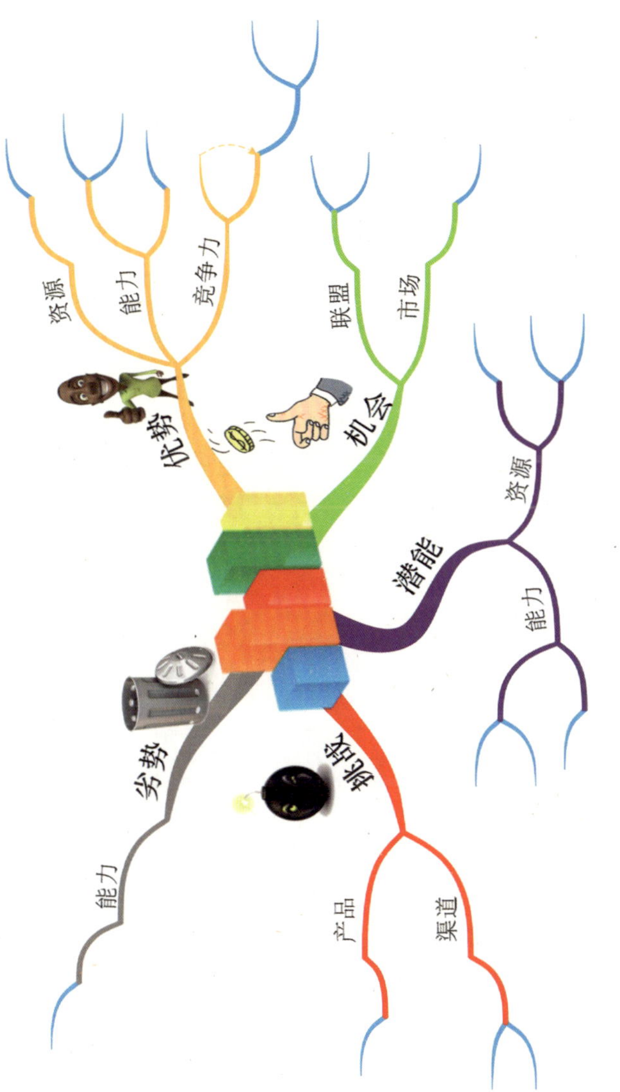

SWOCEs 分析思维导图

第十九章

会议简报与沟通

英特尔公司的创办人格鲁夫（Andrew S.Grove）曾经说，我们与他人的沟通是否顺畅，其决定因素不是我们叙述得有多好，而是我们叙述的内容被了解了多少。然而许多思维导图法的爱好者兴冲冲地把思维导图应用到公司的会议简报或学校的作业报告中，却碰了一鼻子的灰。其中最常见的问题不外乎三点：

1. 一张思维导图包含内容太多，字太小，看不清楚。
2. 只用自己看得懂的关键词，导致他人无法理解思维导图的内容。
3. 一定要画出色彩鲜艳、插图丰富的图，这才叫作思维导图吗？

听过许多人的经验分享，都说思维导图是一种很棒的简报工具。那么，究竟该如何使用它，才能在做简报时真正发挥其功效呢？

做简报

你是否希望：

演讲结束时，能取得自己所预期的效果？
利用一些工具、方法让自己演讲的内容更出彩？
系统地组织演讲内容，并给听众留下深刻印象？
将演讲内容生动活泼地传递给听众？
运用富有创意的大脑，让自己成为杰出的演说家？

传统的简报方式要达到上述五种期望有点勉强。在演讲或简报过程中需要不断与听众互动，因为应对现场状况需要你随机地跳跃式思考并通过生动活泼的肢体语言、声调来营造良好的气氛。

本节我将讲解如何在简报设计与管理上正确运用思维导图法，以及如何在 PowerPoint 简报软件中运用思维导图法。

简报的设计与管理

伊斯雷尔、诺斯与东尼·博赞指出，成功的简报必须让听众犹如阅读地图一般，清楚地看到内容全貌，并了解自己目前所在的位置。演讲者本身还必须对演讲主题有深度的了解，对自己充满信心，擅长沟通，善用肢体语言，系统地组织演讲内容。因此，可以用思维导图法配合思维导图软件组织内容。根据简报的功能、目的可将思维导图的运作方式分为以下三种形式。

一、将思维导图作为简报内容

思维导图是要给别人看的，内容不宜过度简略。用思维导图做简报是听众接收信息的过程，属于做笔记（Note-Taking）的方式，每一个线条上的文字可以使用一个或一个以上的词语，但文字要尽量简洁。就以台湾地区 2013 年出现的俗称狂犬病的“拉皮斯病”介绍为简报范例。

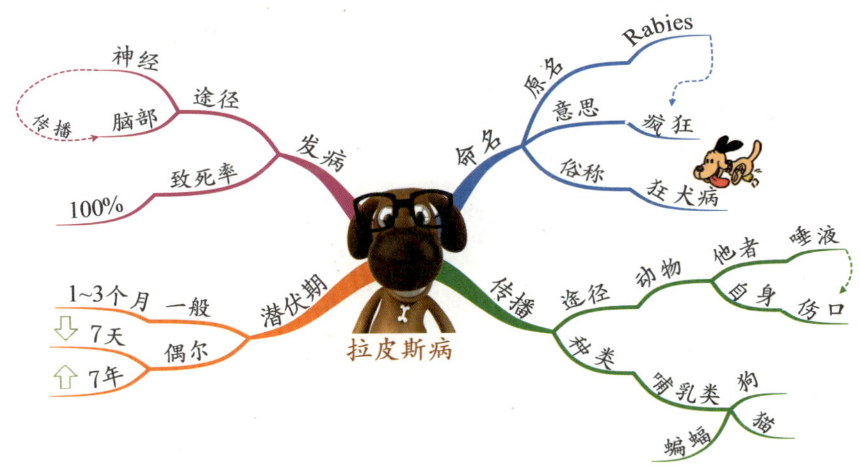

介绍“拉皮斯病”思维导图

在应用思维导图软件时，可以通过每一个节点上的“+”和“–”按钮来设计其后下位阶内容的出现或隐藏。点击“–”，可以逐层隐藏、若干层同时隐藏或从第一阶之后依次隐藏，点击“+”，可以让内容逐层出现若干层同时出现，或从第一阶之后依次出现，完全依照演讲内容与需求决定。

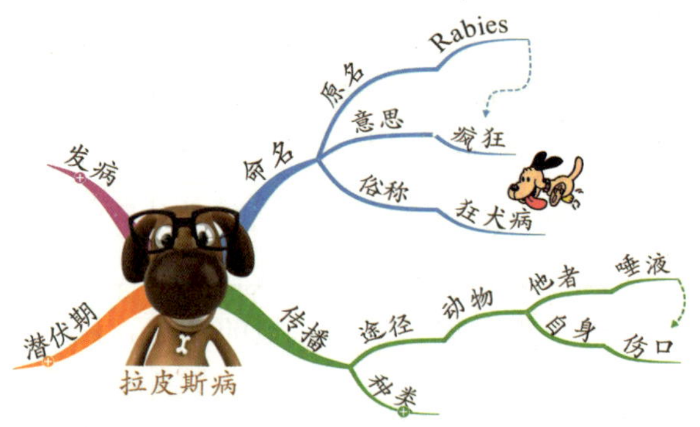

通过节点的“+”“–”来设计简报内容的出现或隐藏

为了让听众见林也见树，演讲时先报告内容第一阶的主干，让大家知道，他们在本次演讲中能听到哪几大类别信息；接下来，按照大类别的顺序，报告大类别之后的次类别；随后报告每个次类别之后的具体内容。有插图的重点内容，需要在每一个大类别报告完毕前再次强调，以强化大家对重点内容的印象，然后再换到另一个主干，报告下一个大类别。

介绍所有的大类别

报告某个大类别之后的所有次类别

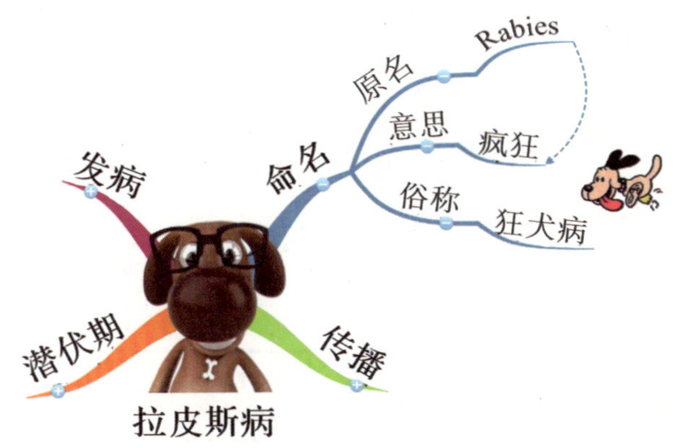

报告每个次类别之后的内容

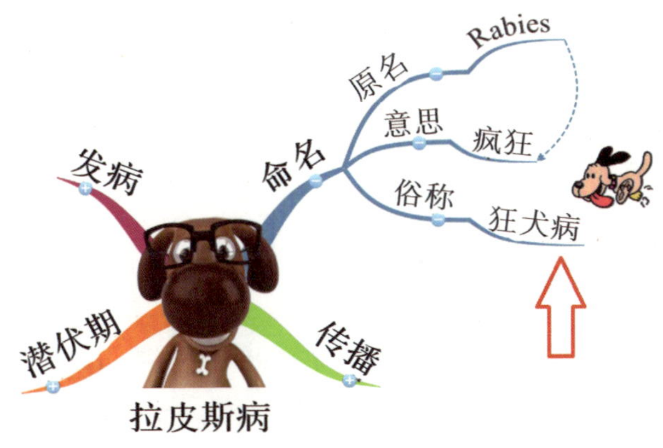

强调加插图的重点项目

二、用思维导图组织 PowerPoint

第二种形式是以思维导图作为简报的大纲结构，详细的简报内容须点击支干上的 PowerPoint 小图标，这样就能以超链接方式开启简报文件，进一步讲解细节内容。下图把上课内容的逻辑结构分成许多简报文件，每一个简报文件都只讲述一个小主题，上课的时候可按照原本的设计顺序逐一打开简报文件，或依照当时的情境、需求，跳跃式地打开不同简报文件来授课。

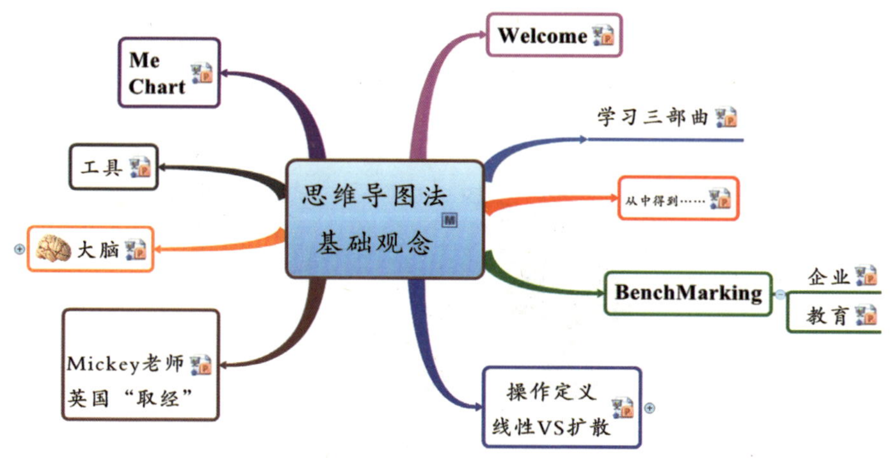

运用思维导图组织 PowerPoint

三、用思维导图做主要的简报内容，用超链接辅以必要的补充文件

第三种是以思维导图作为主要的简报内容，在有必要提出更详细的补充内容时，则超链接到网页、Word、PowerPoint、Excel 或 MP4 等文件。

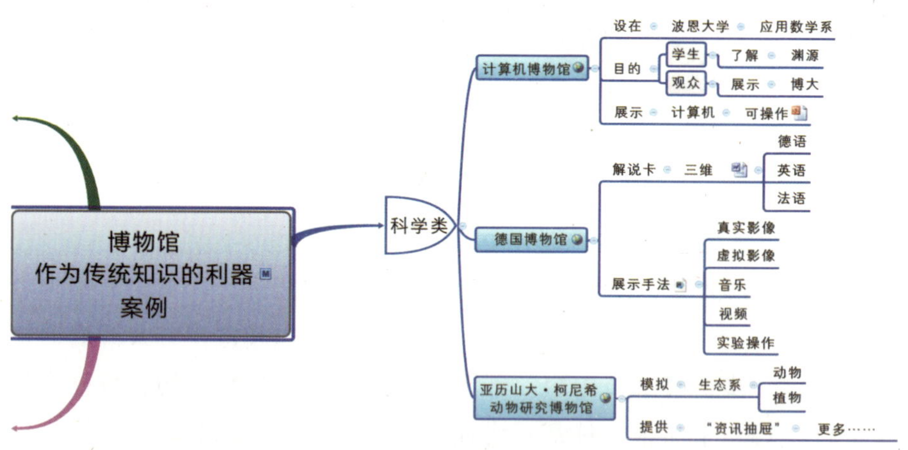

以思维导图做主要的简报内容，并用超链接辅以必要的补充文件

内容较多时，如果用一个页面展示所有内容的话，恐怕会有字体太小、需要手动滑动版面的缺点。因此，可以在第一个页面呈现大方向的

类别标题，接着采用超链接的方法，将其分别链接到各个主题的细节内容。需要进一步以 PowerPoint、Word、PDF 等文件说明的话，可在支干上做超链接。

如果简报的内容主题有其顺序性，除了可以采用顺时针方向依序列出每个简报的主题之外，也可以加上不同颜色的数字编号，让人更容易从视觉上辨别。若不同主题之间有关联性，也可以用箭头关联线条来说明其关系与顺序，必要的时候可以在关联线条上加补充说明。

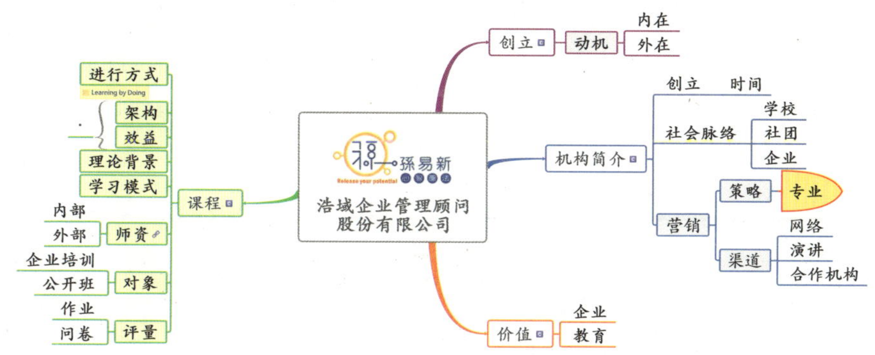

只呈现简报主题大方向的类别标题

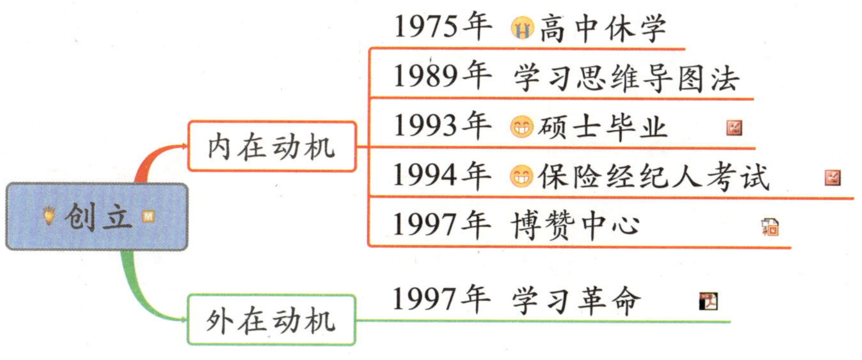

超链接到第一个主题“创立动机”，细节可超链接到
Word、PPT 或 PDF 文件

在 PowerPoint 简报文件内运用思维导图法

基于某些条件上的限制，在有些简报的场合必须以“一个”Power-

Point 文件来做简报，而我们又期望自己可以随着情境和需求很有弹性地做简报，这时候思维导图法就可以帮上大忙了。

首先要遵循“一个关键词”的原则。设计每一张 PPT 的时候，内容都只要传达、讲述“一个”概念即可；不是每一张 PPT 都加插图，而是遵循“重要地方加插图”的原则，只在特别需要凸显重点内容的 PPT 上才加上插图，所加的插图必须与主要概念有关，这样容易让人对内容产生联想，强化记忆效果。以第一张 PPT 作为目录首页，有层次地列出简报大纲，并将每个大纲超链接到对应的 PPT 上。九宫格图是不错的做目录首页的选择，在每个小主题结束的 PPT 上做个回到目录首页的超链接图标。在简报时，只要用鼠标点击所要报告的那行大纲文字即可链接到相应的文件上，在简报内容 PPT 中点击回目录首页的图标，就可回到九宫格图所在的目录首页。

一、前言 1. 知变、应变、求变、御变 2. 政府创新的重要性3Q 3. 用心创新得民心	二、创新思考内涵与基准 1. 创新思考与管理的含义 2. 创新思考与管理的五力 3. 创新思考与管理的四心 4. 创新的三要素	三、基本模式与原则 1. 问、想、做、评的创新思考模式 2. 阿亨的创新管理蓝图 PM五大流程 3. 创新思考与管理的法则
八、结语 兼具3Q的未来赢家	前言 / 创新内涵 / 模式原则 结语 / 创新思考 / 创新突破 创新案例 / 创新策略 / 创新技法	四、创新思考与管理的突破发展 1. 阻碍创新十因素 2. 创新管理的学习发展 3. ×问题与×创新
七、创新案例研讨 1. 激发个人创造力 2. 政府的创新服务 3. 改变将带来创新	六、创新思考策略 1. 头脑风暴法系列 2. 水平思考法系列 3. 创造性问题解决	五、创新思考技法 1. 九宫格思考技法 2. 思维导图思考技法 3. 奔驰法思考技法

PPT 的目录首页

在右下角做图示超链接回到目录首页

管理数字文件

计算机功能强大且便捷，但是不少人却因为不善管理文件而头痛不已。最常见的困扰是同一个文件因为临时或特殊需求而储存在不同目录下或磁盘里，等哪天修正文件内容之后，储存在其他位置的相同文件却没有同步更新，导致相同文件的内容不一致。若能善用思维导图法树状结构为主、网状脉络为辅的应用理念，以上烦恼便可迎刃而解。

所谓的“树状结构”是指该文件最适合放在文件中哪个类别目录，“网状脉络”是指该文件可能从别的类别目录中也能找到，那么就在原目录的地方选择该文件，按鼠标右键选择“建立快捷方式”，把这个快捷方式剪切并粘贴到其他有需求的类别目录下。以后需要开启或修改这个文件时，无论是通过原来的目录还是别的目录下的快捷方式，打开的都是同一个文件。

这个方法若要应用于外接磁盘驱动器或 CD，要注意外接磁盘驱动器必须设定一个固定的磁盘代号（例如 H），否则点击快捷方式时，会无法打开文件。

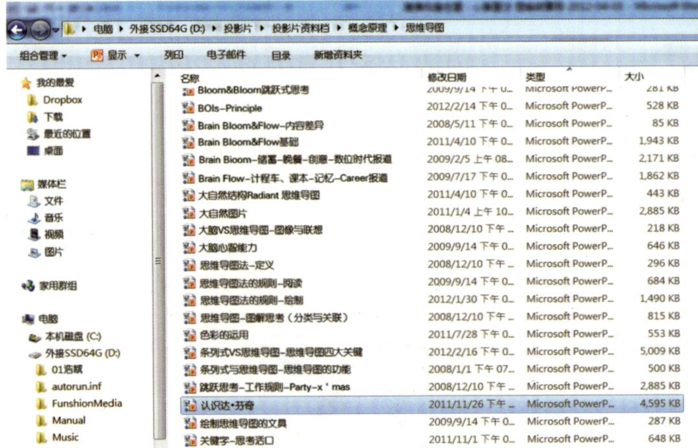

最适合将文件放置在文件管理中的类别目录位置

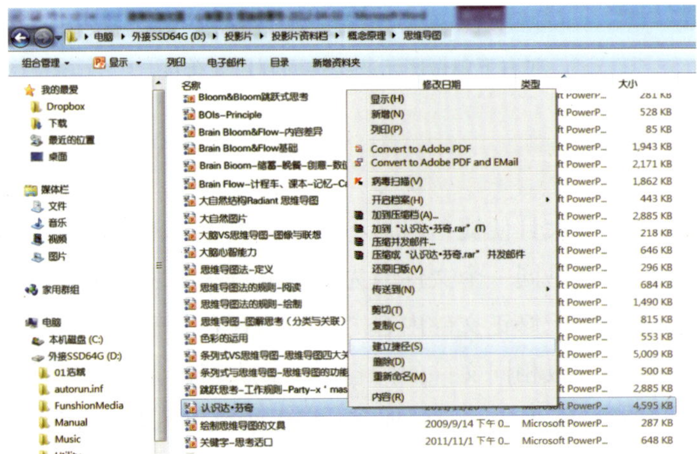

为该文件建立快捷方式

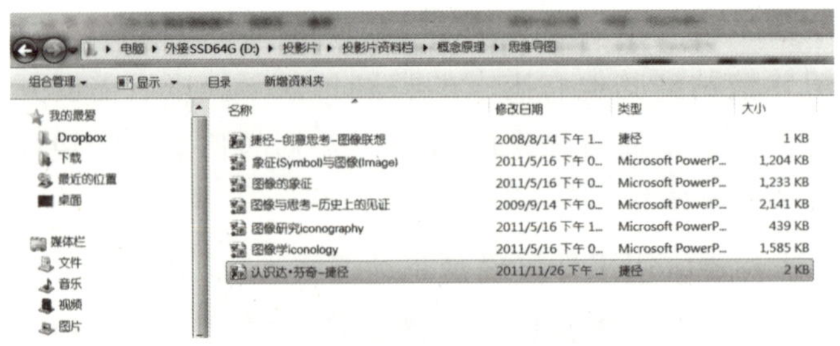

将文件快捷方式粘贴到别的类别目录之下

在会议沟通时应用思维导图法

会议的主要功能：
□汇集资源、智慧与能力
□互相激励、增进体谅
□分工合作、互相支持
□集思广益、解决问题

现实面临的情况：
□想法零散、无法统整
□争论不休、缺乏共识
□多说多做、少说少做
□派系林立、问题丛生

台湾师范大学名誉教授谢文全指出，沟通是个人或团体相互交换信息的过程，通过沟通建立共识、协调行动、集思广益或满足需求，进而达成预定的目标。思维导图法可以有效应用于会议中，以交换信息、集思广益。台湾地区已有不少学者关心此议题，在蔡智灿、黄俊能、龙立伟与陈劲帆等人分别进行的研究中发现，思维导图法对于系统思考、团队沟通、知识管理，以及将内在知识外显化，均有显著的效果。

因此，将思维导图法应用在会议沟通上具有三个特点。

跳跃思考的好帮手

人类大脑是放射式、跳跃式的思考模式，举一反三也是自然反应。在会议中陈述意见时一不小心可能会离题，而且一旦离题就收不回来。为了保证会议的效率，主席会要求大家一次只讨论一个议题，不可离题。但根据乔治·A. 米勒的研究显示，我们大脑的工作记忆区，也就是短期记忆只能记忆五到九组信息。当有新的信息进入大脑，被大脑处理的时候，原本在工作记忆区的数据就会被删除。这就是为什么会议进行中如果产生一个很棒的想法，但因为与目前讨论的主题无关所以没有立刻发言，过一阵子之后便忘了。相信开过会的人都有这种体验。

如果在会议进行中能够运用思维导图法记录讨论内容，当有人发表与目前主题无直接关系但又很有价值的想法时，就可以另建一个树状结构或迷你思维导图，把他的意见记下来。回到原本的讨论议题时，从思维导图结构中可以很清楚地看到之前讨论的逻辑结构与内容，要继续刚才的议题就不会很难。

以思维导图做会议记录工具还有另一个优点：可以清楚地看到原本预计讨论的众多事项中，哪些议题已经得到充分讨论，哪些议题讨论较少或尚未进行。因此，我们可根据思维导图的内容，随时调整或切换不同的议题。

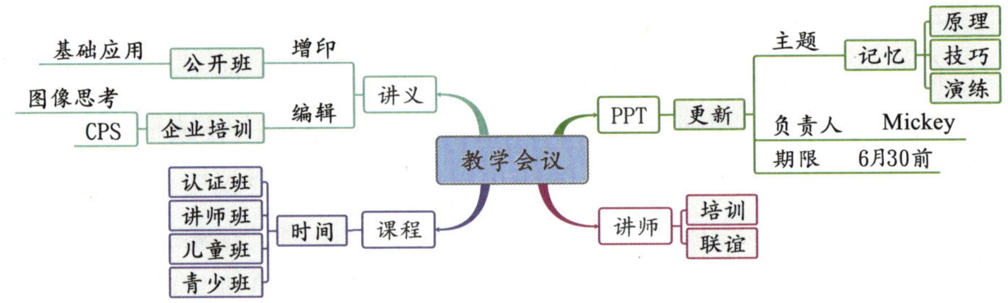

以思维导图记录会议讨论

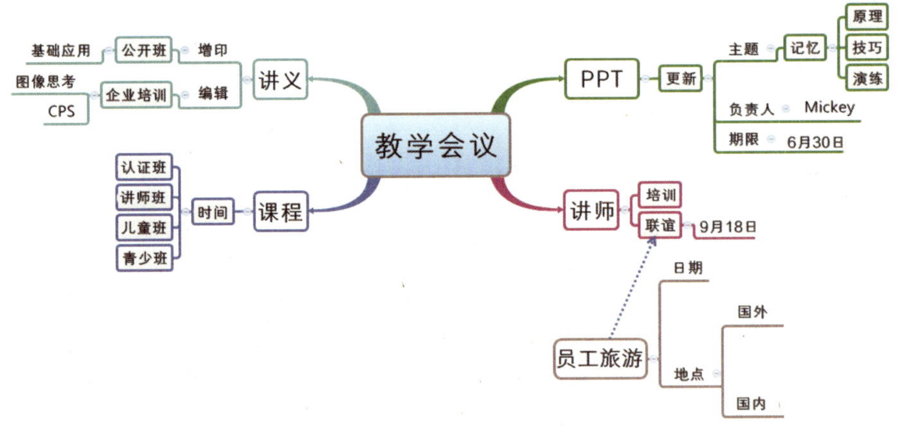

在另一个树状结构或迷你思维导图中记录跳跃式思考产生的想法

事先沟通没烦恼

很多会议的时间都浪费在了冗长的报告上，或因为信息不足而延迟讨论。提案人若能在会议前将口头报告要做的“背景资料”“优点”“缺点”“建议方案”等事先以思维导图法简洁地呈现出来，并将文件发给每一位出席者，让大家对该方案有初步了解，在会议现场就可以用最短的时间做最有效的讨论，并进行决策。甚至可以将文件放在公司内网共享，让会议参与者可以提前阅读，并增补必要的意见，在提出意见的地方输入自己的名字，让大家在虚拟会议室中直接进行交流。

提案人在会议前准备的资料

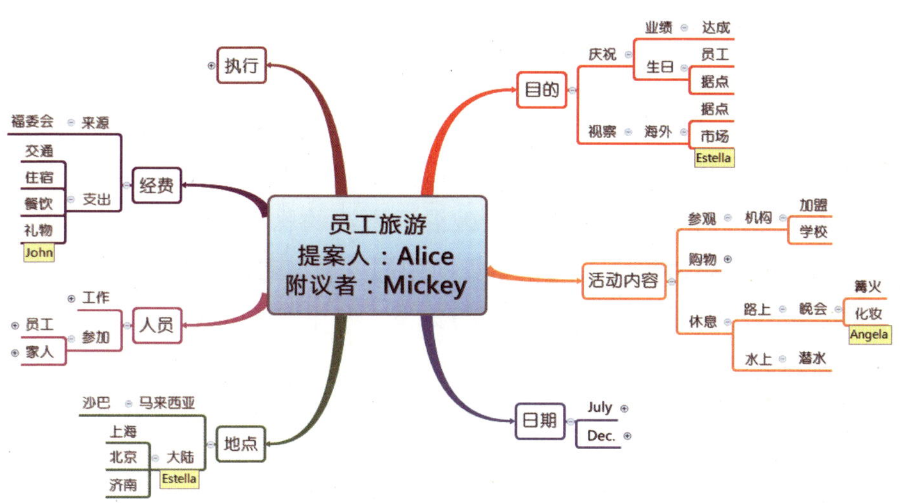

在虚拟会议室中交流意见

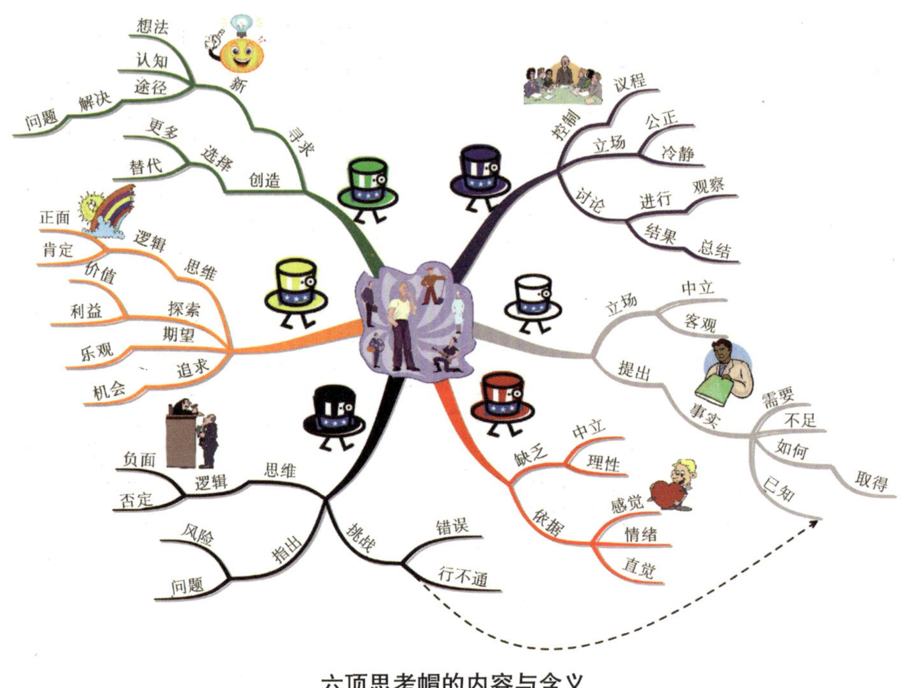

六顶思考帽的内容与含义

化解分歧达成共识

英国心理学家德·波诺提出的“六顶思考帽”是常被用来打破思考困境的水平式思考法，可用来处理争执不休的对立场合。德·波诺特别强调，六顶思考帽着重创意，可以衍生出无数单纯、圆满、有效且出人意料的答案，可以借以突破混淆不清的思考困境。水平式思考法又称扩散性思考法，从问题本身向四周发散，寻求各种不同的答案。这些发散性的想法之间没有特别的关系，每个答案也无所谓对错，但往往独具创意与巧思。

六顶思考帽在会议中的应用原则是，每次只戴一顶帽子。思考太负面消极时，可改戴黄帽子；太过乐观时，可改戴黑帽子；场面冷清、无人发言时，可改戴白帽子；情绪激昂时，干脆请大家暂时都戴上红帽子。

然而，分歧不会只发生在会议场合，会议也不会只出现在职场，家庭中也需要通过家庭会议来沟通意见。接下来就用一个父子沟通的例子来说明如何运用思维导图法化解分歧，达成共识。工作上的应用也是同样的原则。

读大学的儿子希望父亲为他买一辆重型摩托车，但是父亲不同意。为了避免父子关系僵化，于是召开家庭会议，两人分别运用思维导图法结合六顶思考帽的原则，在充分说明儿子想买的重型摩托车的牌子、性能与价格（白色帽子）之后，两人分别就自己的观点，用思维导图列出购买重型摩托车的缺点（黑色帽子）、优点（黄色帽子），与可接受的替代方案（绿色帽子）。分别检查儿子与父亲观点的思维导图，找出父子在哪些类别或项目中有共识，并在思维导图中做个记号。然后讨论有共识的代替方案是否能够解决有共识的缺点。如果可以的话，事情便可圆满解决。从本案例中可发现，如果儿子要与同学、朋友出去郊游，父亲把家里的车子借给儿子使用，就可解决彼此都担心重型摩托车的安全问题与下雨、寒冷等气候问题。

如果在替代方案中没有共识，可以进一步讨论，要满足彼此都想要的优点，又能避开彼此都担心的缺点，还会有哪些替代方案。

化解分歧，达成共识的三顶帽子

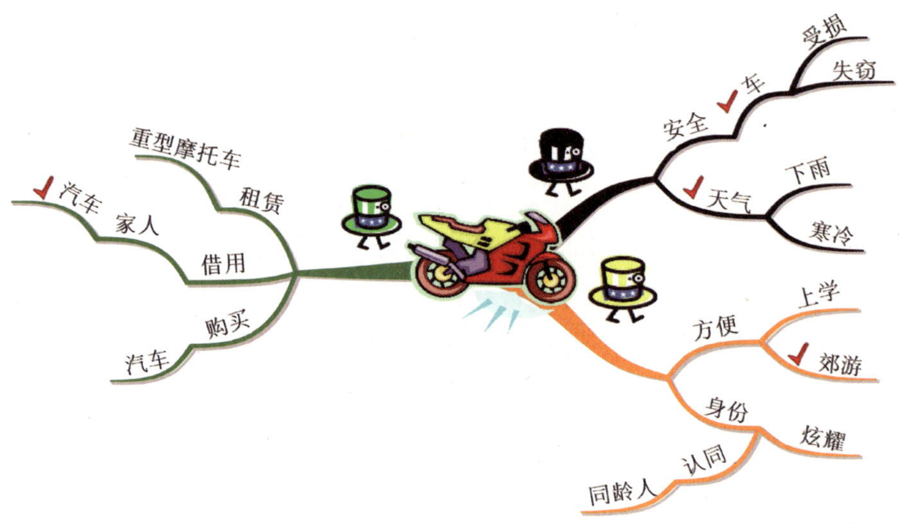

儿子根据自己的观点，列出购车的缺点、优点与代替方案

父亲根据自己的观点，列出购车的缺点、优点与代替方案

第二十章

使用思维导图软件

1997 年，我刚从英国将思维导图法引进华人世界，当时，推广速度缓慢的原因之一就是手绘思维导图在使用上有一定的限制，不是每个人都擅长画画，因此，它不容易被接受。近年来，思维导图法能快速扩散，其中一个重要原因就是绘制思维导图的软件尤其是免费软件的普及。接下来，我将重点说明手绘思维导图与计算机绘制思维导图的优缺点、适用场合及我常使用的三套思维导图软件。

手绘 vs 计算机绘制

计算机化的思维导图固然有优点，但手绘思维导图也并非一无是处，它们各有优缺点。计算机软件绘制的思维导图称为计算机数字思维导图，运用它时，可省去涂改的麻烦，并可随时增加、删减信息或调整结构。林秀娥、赵健成的研究结果也证明了这些优点。洪靖雅的研究结果更详细说明了手绘思维导图与计算机数字思维导图的优缺点与共通点。

手绘思维导图与计算机数字思维导图的比较（洪靖雅版）

	手绘思维导图	计算机数字思维导图
优点	1. 能以简单的纸笔配合色彩绘制。 2. 工具容易获得。	1. 能快速绘制出心中所想的思维导图。 2. 容易变更思维导图结构，可快速增加分支；容易移动分支，可省去数次修改的麻烦；不会造成画面凌乱，使思维导图更精美。 3. 不必画图，软件中已有默认的图形样式，可以直接将其复制粘贴；思维导图的分支可以与计算机中的其他数据做超链接。 4. 易将画好的思维导图插入 Word、Excel 等其他软件，配合应用。 5. 不受限于纸张大小。 6. 计算机的储存空间大，数据易保存。 7. 计算机可辅助图像绘制能力较差者绘制图像。

续表

	手绘思维导图	计算机数字思维导图
缺点	1. 受纸张大小的限制，纸张大小不够时，需要在较大的纸上再画一次，或是在另一张纸上继续画下去。 2. 若要在原先的某个节点插入新的概念分支时，可能需要重新绘制图示或修改。 3. 无法将思维导图画得四平八稳，形状不美观，对于绘图能力较差者来说，使用上会有限制。 4. 更改不易，可能经历数次涂改，画面会变得混乱。 5. 不易于储存及管理，画好的图无法再利用。 6. 使用者往往会有怠惰现象，懒得将画好的分支改成另一条分支。	1. 学习者少了运笔的流畅性与上色、构图的乐趣。 2. 不利于存取，要配合计算机与软件才可以使用，便利性不佳。 3. 不如手绘思维导图记忆深刻，无法立刻记录突如其来的灵感。
共通点	1. 能将注意力专注于主题上，强化主题重点所在。 2. 通过必要的关键词，可以使联想更清晰、正确，增进创意及记忆力。 3. 浏览思维导图时，看到关键词后常常会有许多新的联想不断浮现，能发挥人们的想象力。 4. 能一次俯瞰全貌，不会遗漏信息；思考时不会受限。 5. 能轻易将内隐知识转变成外显知识。 6. 依颜色或影像对事物有直觉的理解，让他人容易了解自己的想法。	

以我个人多年使用的经验，归纳手绘思维导图与计算机数字思维导图的优点与适用场合如下：

手绘与计算机数字思维导图的比较（孙易新版）

	手绘思维导图	计算机数字思维导图
优点	□只要有纸笔，随时随地可使用 □轻松愉快、无拘束地扩展思绪 □能对内容产生深刻印象	□可随时调整思维导图内容结构 □以超链接方式指出不同概念甚至不同思维导图之间的关系 □方便管理

续表

	手绘思维导图	计算机数字思维导图
适用场合	□没有计算机的时候 □创意构思、头脑风暴时 □需要记忆思维导图内容时	□整理文章重点的笔记 □文献资料的统整 □问题分析 □项目管理

分析比较两个表之后，可以了解到计算机数字思维导图与手绘思维导图可以在不同需求、场合相互搭配使用。不过有一个关键点是先得掌握思维导图“法”的原则与操作规则，否则有这么好用的数字软件却达不到真正的效益就太浪费了。比如做简报的时候，我们会使用 PowerPoint，它确实是比以前手绘板书或透明胶片投影的方式方便太多了，但若不了解简报技巧、视觉思考、信息吸收的原则，采用数字简报也只是看起来方便、酷炫，但达不到简报所要的效果。所以，使用计算机数字思维导图时，也必须遵守思维导图法的原则与操作规则，这样才会收到好的效果。

好用的绘图软件

目前市面上的思维导图软件非常多，常见的有 Mindjet 公司的 MindManager、SimTech 的 MindMapper、OpenGenius 的 iMindMap 和 Ayoa、NMS GlobalPty 的 Novamind、Match Ware 的 MindView、MindGenius 的 MindGenius、Mode de Vie Software 的 My Thoughts、CMS 的 iThoughtsHD 和 CSOdessa LLC 的 ConceptDraw 等，以及开放性的软件 Freemind、Xmind、DokeosMind 等。其中 Xmind、iMindMap、MindManager 是我常用的思维导图软件，它们将常用到的思维导图的功能免费提供给大众使用或提供几天免费试用。由于这两套软件的操作接口、功能会随着版本的更新而有变动，因此在本节中仅略述其版面样式与使用场合、时机。

Xmind

在诸多思维导图法软件当中，Xmind 属开源码自由软件，程序由

Eclipse Foundation（http://www.eclipse.org）与 Apache Software Foundation（http://www.apache.org）两个组织开发。

开源码自由软件的原始程序皆可从该公司网站下载，因此你会从网上发现一套名为 Dokeos Mind 的思维导图软件，从“plugins”中似乎可看出是改编自 Xmind 的程序，两者的版面样式、操作接口几乎完全相同。无论 Xmind 还是 Dokeos Mind，在启动之前请先检查你的计算机是否安装了 Java，因为这两套软件都需要在 Java 的环境下执行。

DokeosMind 的下载网址：http://www.dokeos.com/en/mind
Xmind 的下载网址：http://www.xmind.net/downloads/

Xmind 除了具备完整绘制思维导图的功能之外，还包括鱼骨图、组织结构、树形图、逻辑图、二维表格等结构，并增加了一些附加功能，例如，“录音”、“头脑风暴”、自动“简报”、“显示甘特图”，输出“PDF 文件”、“Word 文件”、“PowerPoint 简报文件”等，不过，要使用这些附加功能就需要付费。如果纯粹运用 Xmind 软件来实践思维导图法，免费的功能大致够用。

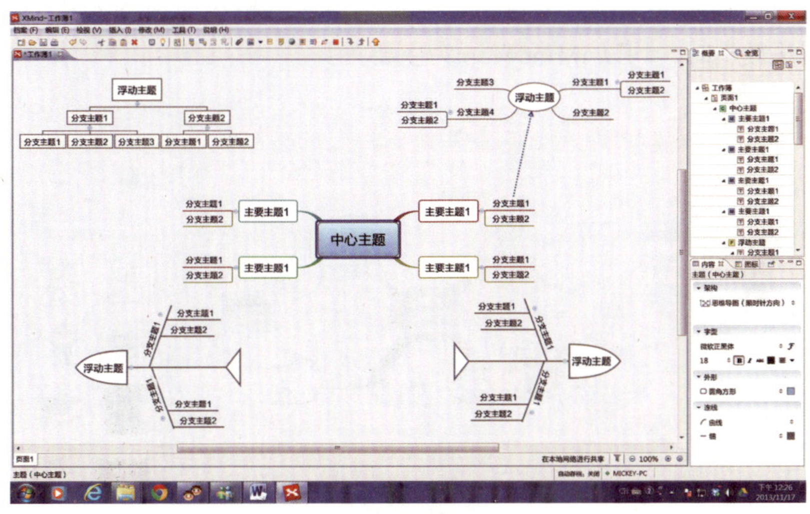

Xmind 版面样式

Xmind 软件操作起来很简单，又能有效地输入资料，在一个文件中可以同时开启好几个页面，每一个页面有一个主要的思维导图。在空白地方可随着需求增加浮动的迷你思维导图，每个思维导图中的任何一个主题都可以彼此做超链接、加插图，更改线条、文字的颜色使用起来也很方便。另外还有“标签”“备注”“外框”“摘要”“关联线”的功能，非常适合整理文章笔记、汇总大量的文献资料、上课或听演讲做笔记、做会议记录、问题分析、项目管理。

iMindMap

2007 年底，全球第一届思维导图法国际研讨会在新加坡举行，我应邀前往做专题报告。抵达下榻饭店后，我收到一封来自英国 Think-Buzan 软件公司（后更名为 OpenGenius）负责人格里菲斯的留言，他约我在咖啡厅见面。我如约来到咖啡厅时，格里菲斯很兴奋地拿出计算机，向我展示一套像手绘一般的思维导图软件，并征询我对操作与功能上的建议。我根据多年对思维导图法的深入研究及思维导图软件的使用经验，提出了许多意见，并应格里菲斯的请求，为即将上市的这套 iMindMap3.0 版软件进行操作接口与功能内容的中文翻译。这套软件也深得东尼・博赞的认可，东尼・博赞与格里菲斯等人从事思维导图法教学时，均以 iMindMap 为主要工具。

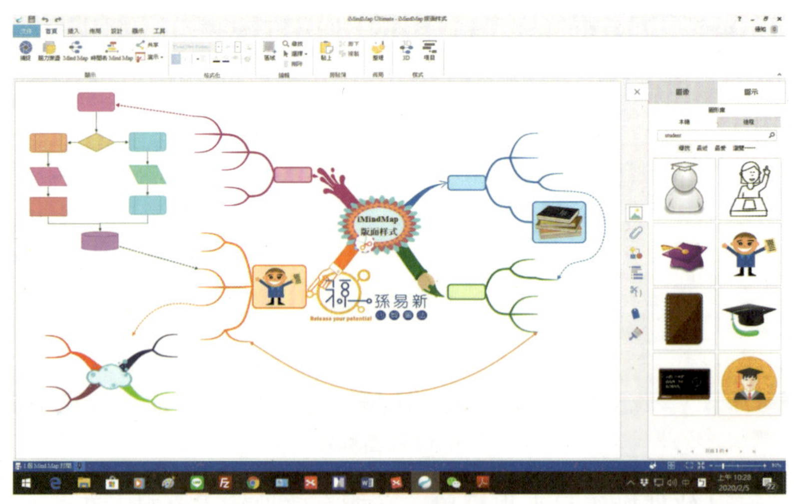

iMindMap 版面样式

这套软件做出来的思维导图有手绘的效果，可以展现得非常漂亮且有个人特色，又不失计算机软件的弹性、方便，这是其优点。但是绘制的速度较慢，得自行做一些必要的版面美工编排，这也算是小小的限制，但还不至于构成缺点。它除了有适用Windows与Mac操作系统的版本之外，也有适用于平板计算机、智能手机的iOS和Android系统的版本，兼容性非常好。

由于这套软件对激发创意与记忆内容的效果较佳，因此比较适合头脑风暴、创意构思、学生为准备考试做笔记，以及制作会议简报或教学PPT、讲义等。

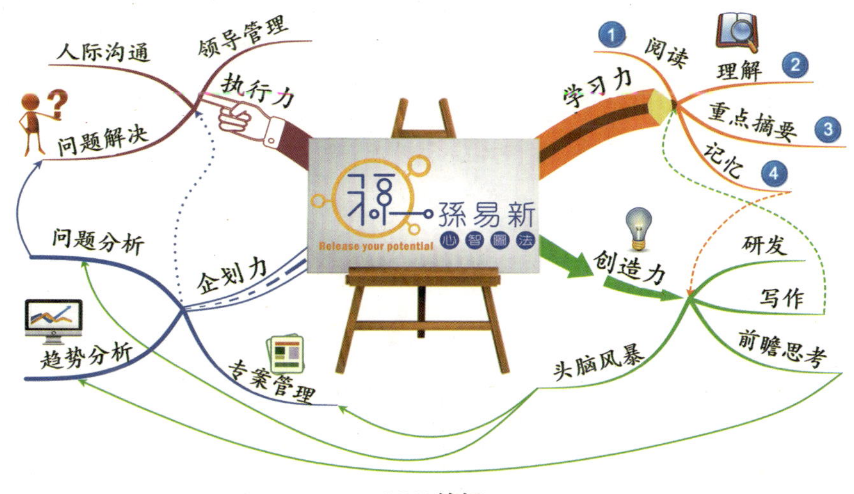

PPT 简报

以上是我常在笔记本电脑上使用的软件，其他还有不少好用的软件，大家可自行从网络上下载试用，SimTech的MindMapper也可以绘制出类似iMindMap能绘制的具有美感的思维导图。至于在平板电脑上，我常用的思维导图软件是CMS的iThoughtsHD，它的优点是可将思维导图文件格式转成电脑所使用的iMindMap、Xmind甚至MindManager的文件格式。思维导图的软件虽然好用，但若未能正确理解思维导图“法”，充其量也只是一张树枝形状的图而已，不仅成效有限，甚至比传统条列式的方式更混乱。因此，务必先掌握思维导图“法”的精髓，按照正确的操作策略进行，这样软件才会为你如虎添翼，大幅提升你的工作、学习效率。

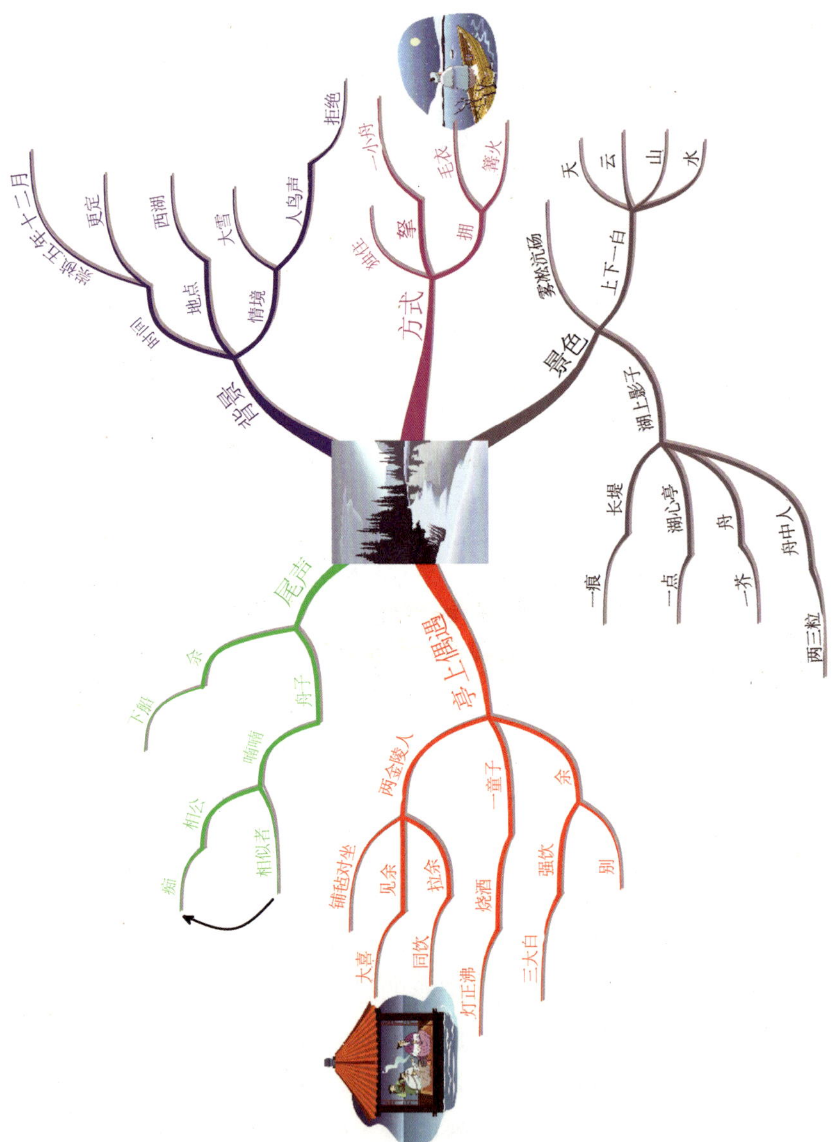

学生准备考试的学习笔记：《湖心亭看雪》

致谢与书单

在书的最后，我列出对本书的完成有所帮助的书目并推荐给读者朋友，也以此表达对各位作者的诚挚感谢！

中文书单：

《心智图阅读教学——国文》 王心怡著
《视觉创意思考与方法》 王其敏著
《有意义的学习——概念构图之研究》 余民宁著
《Luhmann：社会与教育系统的共振效应》 吴美瑶著
《台湾训练质量系统为台湾形塑优质国际化人才》 林三贵著
《休闲农场场主职场学习能力与气氛之研究》 林佳静著
《成人发展、性别与学习》 林美和著
《台湾心智图法学位论文研究之分析》 孙易新著
《小学生学心智图先“生活化”再“课业化”》 陈映慈著
《发挥图像思考的最大效力》 薛良凯著
《员工教育训练对企业竞争之影响》 苏心怡著
《学习如何学习》［美］亨特著 彭真译
《心智图图解大脑使用手册》 吴正豪著
《心智图跨国企业采用的思考法》 陈芳毓著
《我的人生没有偶然》［日］胜间和代著 王慧娥译
《成人的自我调控学习》 王政彦著
《高龄学》 黄富顺著

《记忆的秘密》［美］普罗著　洪兰译

《大脑小宇宙》［英］葛瑞菲德著　陈慧雯译

《超高效心智图学习法》［英］东尼・博赞著　蔡承志译

《龙樱》［日］三田纪房著　章泽仪译

《脑科学为基础的课程与教学》王建雅　陈学志著

《布罗卡发现大脑皮质上的“说话区”》王道还著

《过目不忘的记忆法》伍全裕著

《睡眠不足影响记忆及反应能力》李昀澔　邱慕天著

《心智图法 MindMapper~LearnSmart》孙易新　陈资璧著

《由语义透明度所引发的再认记忆镜像效应行为与事件相关脑电位研究》黄硕杰著

《语言发展心理学》靳洪刚著

《语义网格模型、方法与应用》吴朝晖　陈华钧著

《图书信息分类架构在组织与呈现知识上之应用》邱子恒著

《金字塔知识管理》洪明洲著

《语义学》徐烈炯著

《语义学概要》徐道邻著

《妙笔生花之思考宝典》卢渊源著

《教学心理学——学习的认知基础》［美］盖尔等著　岳修平译

《大脑如何思考》［美］卡尔文著　黄敏伟　陈雅茜译

《K 书高手》吕宗昕著

《考试高手》吕宗昕著

《研究效度》周文钦著

《悦读读书会》林振春　詹明娟著

《打电玩锻炼推理能力》洪兰著

《成人的高峰学习》胡梦鲸著

《孙易新心智图法基础应用》孙易新著

《改造创意思考的武器》陈龙安著

《教育心理学》程薇著

《KJ法的基本理念及应用》 黄惇胜著

《金字塔原理》 温肇东著

《左脑右脑平衡运用心智图：项目管理的利器》［美］布朗　海尔著　李田树译

《多元智慧的教与学》［美］坎贝尔　迪金森著　郭俊贤　陈淑惠译

《7Brains：怎样拥有达·芬奇的7种天才》［美］葛柏著　刘蕴芳译

《创造力I理论》［美］斯腾伯格著　李乙明　李淑贞译

《创造力II应用》［美］斯腾伯格著 李乙明　李淑贞译

《图像思考不可不知的学习方法》 李欣蓉著

《你也能当记忆高手》 李翠卿著

《创造力训练方案对企业人士提升创造力成效之研究》 林妙玲著

《心智图应用大搜集（1）》 孙易新　陈资璧著

《多元知识管理系统：心智图法基础篇》 孙易新著

《多元知识管理系统：心智图法进阶篇》 孙易新著

《心智图思考法》 孙易新著

《心智图法创造思考训练方案对激发企业人士创造力成效之研究》 孙易新著

《如何运用心智图激发创造力》 高子羽著

《世界咖啡馆》 高子梅著

《整合心智图法与概念构图于数字内容创意脉络之研究》 张玮容著

《展出你的创意：曼陀罗与心智绘图的运用与教学》 许素甘著

《改造创意思考的武器》 陈龙安著

《计算机化心智绘图在创造思考教学上之运用》 游光昭　蔡福兴著

《通过可视化思考激发创意》 蔡崇建著

《迎战未来的关键学习（6）：心智图法》 颜秀雯著

《学习地图》［美］柯林罗斯　麦尔孔尼可戴著

《落实多元智慧教学评量》［美］戴维拉齐尔著　郭俊贤　陈淑惠译

《学习革命》［美］珍妮特沃特［新西兰］戈登德莱顿著　林丽宽译

《现学现用！商业图解思考法》［日］开米瑞浩著　林欣怡译

《改变一生的曼陀罗 MEMO 技法》［日］今泉浩晃著　洪伟智　徐尘亮译

《逻辑思考法图解》［日］西村克己著　柳俊帆译

《四种笔记魔法想到就能做到》吴永佳著

《逻辑学入门》林照田　蔡承志著

《曼陀罗思考法》胡雅茹著

《曼陀罗九宫格思考法训练方案对寿险人士提升创造力成效之研究》孙德富著

《PMP 国际项目管理师培训课程讲义》展颉著

《运用图像组织教兔子乐于思考》梁云霞著

《心智图法结合绘本阅读教学方案对小学儿童阅读理解能力及创造力之成效研究》陈孟妏著

《自然科思维导图法创造思考教学方案对小学学生创造力与自然科学业成就之影响研究》黄玉琪著

《图解思考法》翟文明　楚淑慧著

《心智图教学方案对小学五年级学生创造力、学习成就、学习动机之影响——以自然与生活科技领域为例》蔡文山著

《易经创造思考训练模式之建构与应用》蔡巨鹏著

《全脑学习万“试”通》黎珈伶著

《静心冥想与曼陀罗创作活动对学生创思表现影响之行动研究》萧幸青著

《心智图法教学方案对身心障碍资源班学生创造力影响之研究》钱秀梅著

《心智图写作教学方案对小学学生创造力及写作表现之影响》 钱昭君著

《潘诺夫斯基图像学理论之研究》 周志勇著

《图像学》 陈怀恩著

《教育社会学》 叶至诚著

《六顶思考帽》［英］德·波诺著　江丽美译

《六双行动鞋》［英］德·波诺著　李宛蓉译

《色彩能量的奥秘》 石朝霖著

《认知语言学概论》 李福印著

《MindMap 学习天书》 马彦文著

《生命的密码色彩知道》 张志雄著

《颜色魔法书》［日］野村顺一著　李晔译

《实用色彩学》 陈英伟著

《透视记忆》［美］斯奎尔　埃里克·R. 坎德尔著　洪兰译

《心智图学习法（3）：笔记高手》 孙易新　陈资璧著

《心智图学习法（4）：记忆高手》 孙易新　陈资璧著

《鹰架学习理论在小学生活科技的教学应用》 张玉山　王肇峰著

《心智绘图法课程之学习成效研究——以南投县政府小区大学为例》 陈盈达著

《论文及报告写作概要》 郭昆谟著

《台湾地区图书信息学及其引用文献之研究》 陈旭耀著

《师、生、毕业论文：台湾社研所之知识社会学考察》 傅淑贞著

《美国书目计量学评析》 傅雅秀　李德竹著

《小学生 100 分笔记术》［日］亲野智可等著　卓惠娟译

《心智绘图与摘要教学对小学五年级学生阅读理解与摘要能力之影响》 魏静雯著

《心智绘图应用于文章构思的研究——以小学六年级学童为例》 吕秀瑛著

《心智绘图在小学五年级记叙文写作教学之研究》 林秀娥著

《创新教学策略之研究》 林美玲著

《基测写作测验评分规准暨相关说明》 洪美雀著

《小学五年级运用心智绘图于博物馆学习之行动研究——以科学工艺博物馆“科学开门”探索厅为例》 梁美贵著

《心智绘图结合摘要教学法与写作教学法对小学四年级学生阅读理解与写作能力之行动研究》 庄景益著

《心智图法在初中国文读写教学上的应用》 谢美瑜著

《记忆策略应用于初中社会学习领域历史科教学成效之研究》 林挥凯著

《记忆术》［日］高木重朗著 林怀秋译

《认知心理学——理论与实践》 郑昭明著

《国际项目管理师认证考试准备大全》［美］托尼琼斯著 博圣译

《逻辑思考首部曲：5W2H》 张鸿著

《营销管理：理论解析与实务应用》 曾光华著

《项目管理知识体系指南（第三版）》 卢有杰 王勇著

《整合思维导图于营建知识管理应用之研究》 龙立伟著

《创造性问题解决（CPS）模式》 陈龙安著

《创造性问题解决（CPS）模式的沿革与应用》 汤伟君 邱美虹著

《教育行政学》 谢文全著

《整合心智图法于群组工作情境之研究》 陈劲帆著

《研究室内通过心智图活动提高研究互动》 黄俊能著

《计算机化思维导图应用于写作教学对小学五年级新住民子女写作态度与写作能力之影响》 洪靖雅著

《自由软件思维导图与合作学习教学策略于小学自然与生活科技课程之行动研究》 赵健成著

《思维导图丛书》［英］东尼·博赞著 周作宇等译

《开窍宝典》 陈正中 樊有美 陈谕萱 陈永成著

《概念地图书系：图析题典丛书》 文永明等著

英文书单：

Collins, E. F. Loftus. *A Spreading Activation Theory of Semantic Processing*

Collins, M. R. Quillian. *Retrieval Time from Semantic Memory*

D. Baddeley. *Essentials of Human Memory*

Giddens. *The Constitution of Society*

Paivio. *Imagery and Verbal Processing*

R. Peterson, P. J. Snyder. *Using Mind Maps To Teach Social Problems Analysis. Paper Presented at The Annual Meeting of The Society for The Study of Social Problems*

J. F. Meyer, R. O. Freedle. *Effects of Discourse Type on Recall*

J. F. Meyer, D. M. Brandt, G. J. Bluth.*Use of Top Level Structure in the Text：Key for Reading Comprehension of Ninth Grade Students*

Kirchner. *Mind-map Your Way to An Idea: Here is One Approach to Rooting out Workable Topics That Move You*

M. Taylor. *Children's Memory for Expository Text after Reading*

Minto. *The Minto Pyramid Principle: Logic in Writing, Thinking and Problem Solving*

Ringom. *Creative Mind-Maps*

Griffiths. *GRASP The Solution*

Howitt. *3-D mindmaps: Placing Young Children in The Centre of Their Own Learning*

Picton. *MindMaps: Reflecting on Nature*

Rose . M. J. Nicholl *Accelerated Learning for the 21st Century*

Rose.*Accelerated Learning*

A. Kolb.*Experiential Learning Experience as the Resource of Learning and Development*

Boud, R. Cohen, D. Walker. *Understanding Learning from Experi-*

ence, In Using experience for Learning

Kenny, D. Kashy W. Cook *Dyadic Data Analysis*

Sibbet. *Visual meeting: How Graphics, Sticky Notes, and Idea Mapping can Transform Group Productivity*

Stufflebeam, A. Shinkfield. *Evaluation Theory, Models & Applications*

Pratt. *Andragogy as a Relational Construct.* Adult Education Quarterly

P. Ausubel. *A Cognitive Structure Theory of School Learning*

Dharma Singh Khalsa. *Brain Longevity:The Breakthrough Medical Program that Improves Your Mind and Memory*

Bono. *Six thinking Hats*

D. Gagné. *The Cognitive Psychology of School Learning*

Tulving. *Episodic and Semantic Memory*

Woolard. *Creating a New Company Culture*

Jameson. *Postmodernism, or, The Cultural Logic of Late Capitalism*

S. Bellezza. *Mnemonic Methods to Enhance Storage and Retrieval*

A. Miller. *The Magical Number Seven, Plus or Minus Two: Some Limits on our Capacity for Processing Information*

D. Fischback. *Mind and Brain*

Ebbinghaus. *Memory*

Gardner. *Creating Minds*

Gardner. *Frames of Mind: The Theory of Multiple Intelligences*

Gardner. *Seven creators of the Modern Era*

Von Restorff. *Über die Wirkung von Bereichsbildungen im Spurenfeld*（*The effects of field formation in the trace field*）

A. Simon. *How Big is a Chunk*

KELLER. *Using MindMaps to Explore Teaching Resources*

S. Bruner. *A Study of Thinking*

Stein. *The Brain and Learning*

Tresidder. *1001 symbols : An Illustrated Key to The World of Symbols*

Wheeldon, J. Faubert. *Framing Experience: Concept Maps, Mind-Maps, and Data Collection in Qualitative Research*

Wycoff. *Mindmapping: Your Personal Guide to Exploring Creativity and Problem-Solving*

D. Novak, D.B. Gowin. *Learning How to Learn*

P. Guildford. *Creativity*

John F. Sowa. *Conceptual Structures : Information Processing in Mind and Machine*

Joy Reid. *Different Styles for Different Learners*

Bromley . L. Vitis, M. Modlo. *Graphic Organizers*

Katz, Fodor. *The Structure of a Semantic Theory*

G. Gortzis. *Selecting Healthcare Information Systems Provided by Third-party Vendors: A Mindmap Beyond The Manuals. Informatics for Health & Social Care*

S. Vygotsky. *Mind in society: The Development of Higher Psychological Processes*

K.Cook, R. E. Mayer. *Teaching Readers about The Structure of Scientific Text*

A.Just, P. A. Carpenter. *A Theory of Reading: From Eye Fixations to Comprehension*

Bruce-Mitford, K. Wilkinson. *Signs & Symbols: An Illustrated Guide to Their Origins and Meanings*

Bruce-Mitford. *The Illustrated Book of Signs & Symbols*

Egan. *Reflections on Effective Use of Graphic Organizer*

G. Barite. *The Notion of Category : Its Implications in Subject Analysis and in The Construction and Evaluation of Indexing Languages*

P. Driscoll. *Psychology of Learning for Instruction*

P. Satija. *Classification : Some Fundamentals, Some Myths, Some Realities*

S. Knowles. *The Adult Learner*

Macer, R. J. Darryl. *The Next Challenge is to Map The Human Mind*

Farrand, F. Hussain, E. Hennessy. *The Efficacy of The Mindmap Study Technique*

Philip C. Candy. *Self-Direction for Lifelong Learning*

Glaserm. *Instructional Psychology*：*The Acquisition of Knowledge and Skill*

H. Wozniak. *Introduction to Memory*

Israle , V. North，T. Buzan. *Radiant Speaking Course Book*

Mckim. *Experience in Visual Thinking*

Pike. *Creative Training Techniques Handbook* , Lakewood Books

Strohmeyer. *Mind Maps: Not Just for Brainstorming*

W. Hulhavy, I. Swenson. *Imagery Instructions and The Comprehension of Text*

B. Kletzien. *Proficient and Less Proficient Comprehenders' Strategy Use for Different Top-level Structures*

Koshman. *Categorization and Classification Revisited: A Review of Concept Inlibrary Science and Cognitive Psychology*

Thorpe. *How to Think Like Einstein:Simple Ways to Break The Rules and Discover Your Hidden Genius*

A. van Dijk. *Semantic Discourse Analysis*

Buzan，R. Israel *Brain Sell*

Buzan，S. Abbott, *Mind Maps for Kids: Max Your Memory and Concentration*

Buzan. *Master your Memory*

Buzan. *Mind Maps at Work*

Buzan. *The Buzan Study Skills Handbook: The Shortcut to Success in Your Studies with Mind Mapping, Speed Reading and Winning Memory Techniques*

Buzan. *The Mind Map Book*

Buzan. *The Power of Creative Intelligence*

Buzan. *The Speed Reading Book*

Buzan. *Use your Head*

Buzan. *Use your Memory*

Hunt. *Learning to Learn: Maximizing Your Performance Potential*

Johnson. *PMP Exam Success Series: Bootcamp Manual*

Krasnic. *Concise Learning: Learn More & Score Higher in Less Time with Less Effort*

本书终能付梓，我衷心地感谢英国博赞中心前执行长凡达·诺斯女士、世界资优教育协会会长吴武典博士、惠普科技前副总经理陈国钦先生、蔡璧煌博士，台湾师范大学李瑛教授、林振春教授、潘裕丰教授、黄富顺教授以及实践大学陈龙安教授等人的鼓励与支持。另外，也对出版社表示真诚的感谢。

为了回馈更多想要学习思维导图法的读者，我所创立的“孙易新思维导图法”培训机构非常乐意安排专业讲师前往各个企业、政府机关、学校、社团等单位演讲、授课，并培训有心从事思维导图法教学的专业讲师。